神の指示によって生きる

―服部知巳先生のスブド人生と遺された偉業を偲ぶ

前嶋 仁

22世紀アート

服部知已先生（法号：聖風）

ムハマッド・スブー・スモハディウィジョヨ
スブド会員はババと敬愛して呼んでいる
ババの右後方の背の高い男性はシャリフ・ホウシィ（通訳）

はじめに

「人は神の指示に従って生きて行くべき運命にある」
「スブドとは神の指示によって生きることである」
「生きるとは神の指示に従って行動することである」

前記の啓示は本書の主人公である服部知巳先生が霊的修練《ラティハン》によって神より受けられた教えです。

これは人生の根幹に関わる重大な教えであります。

本書は、この啓示に従って、忠実な神の下部《しもべ》となって、一生を過ごされた服部先生を、顕彰する目的で出版されたものです。

服部先生がお没《なく》なりになった後、浜松市三方ヶ原町で開業医をしているスブドメンバーの前嶋仁氏が「服部先生追悼誌」の出版を提唱されました。

当初は、スブド会員から原稿を募集して、会員宛の出版を計画していましたが、諸般の事情により、急遽一般公開に踏み切りました。

その結果、会員向きに書かれた原稿ですので、一般の方には、馴染みにくい専門用語も出て来ますので、編集の際に、多少手直しを試みました。その代償として、（会員にとっては）今更何を、と感じる箇所も、しばしば、あると思いますが、その辺の事情を御了解願えれば幸甚です。

服部先生は名古屋でも三本の指に入る名医として高名な眼科医でした。

方や内面での（決して）人の目に立たない哲学・人生観・人格・徳性・見識の分野では、博学にして、知る人ぞ知る、の境地の人でもありました。

人並み以上の努力と研鑽を積まれた事は勿論ですが、それらの研鑽努力を、最も効果的に導き開花させたのは、神との接触によるリードが有ったからです。

この事はごく一部のグループの人しか知られて居ない事ですが、紙の指示を聞き〝神の意志に従って行動された〟「人生の達人」とも言うべき「本当の生き方」をされた方です。

先生が、神との接触が可能になったのは、梵語の（スシラ・ブディ・ダルマを略して）スブドと称するグループの 霊《たましい》 の礼拝行《ラティハン》をしたからです。

この霊的修練《ラティハン》によって（最終的には）神の言葉が聞けるようになり、常に神の指示を受けて、行動する生活をされて居ました。

神は（神の）指示が伝えられる先生を、仲介人として絶えず（私達グループの）メンバーに助言・指示を送られました。その指示・助言を記憶の海に放流してしまうのは勿体ないと気づいて日記帳を購入しメモしたのが、私のスブド日記の始まりです。従って本書に記載されている事は、すべて事実にもとづいたノン・フィクションです。

私事で恐縮ですが、追悼文の原稿を書くには（データを整理してからの方が良いと気づいて）スブド日記の抜粋整理にかかり、仕上げて読み直して見ますとこれが案外纏まっています。これをこのまま発表した方がリアルに、先生の真の姿や神のトークが、ダイレクトに伝わり下手な文章にアレンジするより余程ましな原稿だと気がつきました。

しかし、です。この抜粋整理したスブド日記を発表するという事は三十五年間にわたる私の恥を紙上に曝すことになり些か躊躇を感じます。

とは、申すものの、この〝世にも不思議な物語〟とも言うべき事実を公表する事は〝神の実存〟と〝ラティハンの神髄〟と〝先生の受ける力〟をすべての方に認識して戴ける絶好の資料でもあります。

且つ不肖の身で神の指示を（世的生活中でも）如何に受けるべきか、と苦心惨憺して、漸く、受けて、行動するコツをつかむ経緯は（神との関わりを持つ上で）大いに参考となるデータを提供することになります。

〝神に任せなさい〟と言われて、何処まで自力でやるべきか、はたまた、何処から先を神様にお任せして、よいかの限界が分からずに、随分と暗中模索したものです。

任せよといわれても、どの様にお任せして良いか分からずに苦慮して、甘えてはいけないと自力を使ったら、次の集団ラティハンで「神は何時もお前と一緒にいる。何故神に任せないのだ。お前は何故こんなに痛むのか判るか、心のわだかまりが痛みとなる。神は何時もお前のそばにいる。神にすべてを委ねなさい。お前に何が出来ると言うのだ。何も出来はしないではないか。神に任せなさい。（一九八四年六月三十日）」と叱られてしまった話。

等々日記から抜粋転記しながら、反省させられたり、教えられることも多々ありました。

このまま服部先生から教えて戴いた〝神からの教え〟を私の小さな名誉の為に私蔵することは、神様の（服部先生を通して私達人間に教えようとした）神意に背くことになり、且つ服部先生の本意に添いかねる結果になりますので恥を忍んで発表する気になりました。

尚、参考迄に申し上げますが、前記の「神に任せなさい」の（具体的方法の）答えは、服部先生が二十八年前に受けられた啓示「意志は捨てよ、意志を使うのは、絶えず内部の流れに、注意を向ける事のみに、意志を使うべきであり、それ以外に意志を使うべきではない。そうすれば、内部の流れが意志し、頭を使い、この身を動かすだろう。それが本当の生き方である」の中にありました。「頭を使うな、頭を空っぽにせよ」の指示は、「意志は捨てよ、意志を使うのは、絶えず内部の流れに、注意を向ける事のみに、意志を使うべきであり、それ以外に意志を使うべきではない」という事を具体的に言われているのです。このようにして頭を使わずに、（言い換えれば、思考力を使わずに）内部の流れに、注意をしていれば、「内部の流れが意志し、頭を使い、この身を動かすだろう。それが神に任せる方法であり、本当の生き方である」と言うことになります。

神に任せる方法は〃自力を使わずに静観すること〃と少々早とちりをしながらも、この神の言葉を早速活用して「意志を捨てよ！　意志は内部の流れに注意を向ける事のみに使い、内部の流れに任せることが神に任せることである」と（自分の意志を使わずに）日常生活で実践している内に気がついたのですが、内部の流れ（即ち神の意志）が頭を動かし、この身を動かした結果が、時には適切な追加処理であったり、或いは新たなる対策になったり、また或る時には指示がなく静観していたら（〃人間の理解を超えた処で、神の力が神の意志する方向に有効に働いている〃というスブドの原則により）それが思いがけない好結果を招いたり、又は、それが最上の対策であったりして、悟るところが多々あり良い勉強になりました。

この頭を使わずに〃内部に任せる〃生活態度は、あながち〃何もせずに成り行き任せに放置して、ただ漫然と暮らしていること〃とはならず、冒頭に書いてある啓示の「生きるとは神の指示に従って行動することである」の啓示そのものの生き方であり、（神への）全託の神髄であると気が付きました。

このように意志決定を〃内部の流れ〃即ち神に任せて行動した後は、尊天トーク《クマラ》の啓示にある如く、「よいことも悪いことも、すべてを神に任せる事が全託である」と達観して、（成り行きにあれこれ思考を巡らさずに）ありのままに「全ては神の御意志である」と受け入れることが（究極の）全託と悟りました。

この様に体得してみますと前述の〃神に任せなさい〃と言われて、何処まで自力でやるべきか、はたまた、何処から先を神様にお任せして、よいかの区別がつかずに悩んだ疑問も、任せよといわれても、どの様にお任せして良いか分からずに苦慮していた等の〝すべての疑問〟は、人間の日常的思考、即ち人間の言葉（の常識の範囲）で神の言葉を推測した為に陥った疑問であり迷いであったと解りました。

所謂、何処からどこまでが自力の範囲で、どこから先は神様にお任せする領分か、と考えるのは余りにも事務的にして人間的思考であると気が付きました。

「神の言葉は、人間の言葉とは違うから、何時か、ああそうかと思い当たる事がある。それまで心の隅に記憶しておけばよい」と先生からアドバイスされた通りの結果になりました。

解って仕舞えばコロンブスの卵と一緒で、「なぁ〜んだ。そんな事か」となりますが、それまでが大変でした。神様も随分と根気よく、叱ったり、諭したりして私達を導いて下さったものです。

尚、老婆心までに、申し上げますが、知識と思考とは全然（性質の違う）別のものである、と明確に認識して下さい。知識は徹底的に有効に活用して下さい。

それで頭が汚れる事は絶対にありませんし、神様に叱られる事もありません。

このように「すべてを神に任せる方法」「日常生活で神の指示を受ける方法」等々と、日記の再読で改めて悟るところ多々ありました。

出版提案者の前嶋氏は国立図書館に納本しても、恥ずかしくない本を作りたいと意欲を燃やしています。

頒布方法も（スブドの組織を通さず）市販となった以上は全国の人の目に留まります。それだけに、甘えは許されません。内容の充実した、分かり易い、有益な良い本を提供する必要があります。その為には恥をかいても、真実を発表する必要をひしひしと感じます。

登場人物も出来るだけ、普通の名前を使ったほうが読み易いので、A氏、B氏の表現は避けました。多少プライバシー的に問題があるかも知れませんが、それ以上に恥を承知で、拙い体験を発表している私に、免じて此の件は御勘弁願います。

閑話休題。先生の口から、「クマラが話をする……云々」と言うシーンが多々出て来ますが、最初の頃は「神が……」と言われていたのですが、何時の間にか「尊天《クマラ》が話をする……云々」に変わっていました。

又鞍馬山が文中に時々登場して来ますので、その関係を頭書に説明しておきます。

私は昭和二十八年（一九五三）鞍馬寺の猿投別院の信者になり、鞍馬寺の祭神に、より良く近づく為の礼拝方法として、スブドの霊的修練を取り入れるのを目的にスブドに入会したのです。元々鞍馬寺の信者ですから昭和三十三年頃には鞍馬山の本山にも時々参拝していました。

服部先生は無宗教のままスブドに入会されました。そしてスブドの霊的修練の最中突然、口が〝くらま、くらま〟と言い出して、結果的には鞍馬山に呼び出されたのが、鞍馬山に行く発端となったようです。鞍馬寺にお参りに行くのではなく、鞍馬山の霊気の中で、神の指示又は力を受けに行くのが目的でした。鞍馬山は霊地で神の力が受け易い処と言うことです。

私も先生のお供をして入山している内に、本堂では「真言」を唱えてお参りしたり、「すべては尊天にまします」と祈念しますが、私も専ら神の力を受けて内部（魂）の浄化をするのが目的で鞍馬山に行くようになり、山中で森林浴をしながら、俗塵を払い、魂のリフレッシュを受け、世俗を離れ、一日神と共にいる心境が忘れ難く、月参りを心掛け、先月で丁度満九年になります。除夜の鐘と同じ百八回参籠したことになります。


服部先生と違って、私などは神の力を受ける力も弱く、礼拝の時の全託度も低く、未だ神の言葉を（自分の魂で）聞いた事はありません。すべては服部先生を通して受けた〝神の言葉〟でした。それでも開魂《オープン》を受けたお蔭で、何とか霊的修練《ラティハン》で、魂の浄化を受ける事は出来ました。

一番困ったのは、実生活に於ける神への全託でした。どの様にしたら良いか、皆目見当がつかず悩んだものです。遠回りを重ねて、このことが理解出来たのは、「追悼誌」の原稿をまとめる為にスブド日記を整理しながら、先生の遺された言葉やクマラトークを読み直して、このことに、やっと気がついたという始末です。随分とドジな話です。

そういう野暮天が言うのも愚かだけれども、この「服部先生追悼誌」を読まれたあなたもぜひ、神の存在を信じ、人生は如何に生きるべきかを考える糧にして戴ければ望外の幸せです。

　またスブド会員の方々にはスブドの基本である「受けて、行動」の原則を実行する縁《よすが》の足しになれば、これに過ぎたる喜びはありません。

一九九六年十一月三日

伊藤孝司

目次

神様と対話の出来た服部先生の思い出　伊藤孝司

プロローグ一

本誌の主人公である服部知巳先生（法号聖風）の霊的礼拝《ラティハン》は（我々の霊的修練《ラティハン》に対する認識・常識を遥かに超えた）次元の高い素晴らしいものでありました。

これを発表紹介してスブドの発展に少しでも役に立ちたいというのが出版提案の動機となりました。
（注：梵語のスシラ・ブディ・ダルマを略してスブドと称す。〝神の指示によって生きる〟という意味です）

しかし、実際問題として、取り組んで見ますと思いもよらぬ問題が待ち受けていました。

それは皮肉な事に、常識離れをした素晴らしい事実を公開すると、そのレポートは、一般的な認識の枠を超え、常識の枠を外れているから、「誤解を招く恐れ」があり、計画を見直してはどうかという事でした。

しかも、それはスブドとして最も重要な領域ラティハンに絡んだ事で、（私達の）知情意の及ばない、神とジワ（魂）との領域の事ですから、始末に困ります。

とは言うものの、服部先生を紹介するのに、先生のラティハンを除外して話したら〝ワサビ抜きの寿司〟同然でまるで様になりません。

又そのような事をしたら、服部先生のラティハンの実態から懸け離れたラティハンを紹介する事になり、それでは真実と違う先生の姿を伝える事になり出版の意義がありません。

スブドマンの基本的生き方は「受けて、行動する」が原則です。

これを高度のレベルで実現され、忠実に、実行されたのが服部先生です。

先生の真摯な姿はスブドマンとして、心底から、神を信じ神を拝し、神を愛し神からも愛され、その指示を忠実に守り、そのジワ（魂）は神の言葉さえも聞ける程に浄化されていました。

その事はラティハンを共にする私達会員に、限りなき希望を与え、且つ、励みにもなりました。

然し乍ら、その真実を紹介するには余りにも次元が違い過ぎて、その素晴らしさを誤解なく伝えるのが難しいと言うのが〝玉に疵〟とは皮肉な話です。即ち、「桁違いに浄化された人ゆえに、そのラティハンは我々の常識を遥かに超えていました。その実態は〝神の言葉〟までもトークの形、又はダイレクトで聞くことが出来ました。ラティハンを共にした会員の内部状態を手に取るが如く感じ取られていたのは事実です。私の一つの事例を挙げれば『二日前にあった事故を察知され（ラティハン後に）その事例を具体的に指摘され（その従業員の事故は仕方がない事ではあるが）それより（私の）内部生命力が大変弱っているのが心配だ。スペシャル・ラティハンが必要だ』とアドバイスされた事もありました」。

前記の如き服部先生に纏わる事実を幾ら説明しても、実際的には「一緒にラティハンをして体験しなければ到底理解できない」と言う懸念で、それらの事実を発表するのは〝誤解の種〟となり、引いては、服部先生の名誉を傷つける事になる、とする自重説も台頭して来ました。とは言うものの、先生の『神と共に歩まれた人生の実録』をこのまま自分の記憶の中に私蔵して置いてよいものか、良心的に迷う所でした。

あれこれ考えている内に、その迷いを解くキーを見つけました。

それは服部先生が一九八八年に教えて呉れた「ジワ（魂）を汚さない方法」がヒントとなりました。

（注：阿頼耶識《あらやしき》という経巻に書かれている〝仏教の神髄〟に触れる教義です）

「どうしたら汚さないのですか」という質問の答えに「それは良い考えをジワに入れ、悪い考えを入れないことだ」と言われました。そこで「良い考えとは如何なる考えですか」と尋ねたら「明るい考え、肯定的・積極的・楽観的な考えが良い考え」であり、「暗い考え・否定的・消極的・悲観的な考えは悪い考え」とのお答えがありました。

良い考えは肯定的・積極的考えと割り切って、〝日本の社会に巣食っている悪しき「否定的習慣」〟には、お引取り願って、服部先生の好きな積極的思考・楽天主義で、誤解されないよう細心の注意の下に、先生の体得された〝ラティハンの神髄〟を懇切丁寧に余す事なく披露して、スブドの限りなき可能性を会員に認識して貰うべく、又一般読者の方々には、神の存在を身近に感じ、神の恩寵と導きとは、如何なるものかを知って戴けるよう、全力を挙げて努力する決意を固めました。

平成八年八月八日記

プロローグ二

服部先生のラティハンは全くの全託、全託の全託であった。

その結果、浄化されたジワは神の指示を受け（先生の）口は無意識の内に動かされ、その指示は言語となって現れたのです。

私達のレベルではブーダ、シーダ、ウーダ、バパ、スーダ、ウー、くらいの奇声、異言の発声で終わってしまいますが、先生の場合はシーダ、ブーダ、バパ等の意味不明の言語もありましたが、その他に、正確な日本語となって発せられる場合が多々ありました。

しかも先生のラティハンは全くの全託・無心の境の全託であったので、完全に神の支配下にあって、神の浄化・力・意志を受けていましたから、先生の身体は常に神の意の儘に動き、合掌した手に誘導される如くラティハン会場を移動されている姿を垣間見たことがあります。

そのラティハンは、時には神の代理として、（神の御意志の儘に）所謂、神の名代或いは代弁者として、指示又は啓示を私達（集団ラティハン中の）会員に伝えることが間々ありました。

その啓示を受けた会員の中には、服部先生御自身も含まれていまして、無心全託の境地で（御自分の口が勝手に発声する）「神が話をする、お前は……云々」と自分の口が勝手に動き、自分自身に向かって発せられた指示・啓示を、御自身で聞き、ラティハン後、「神様も、うまい事を言いなさる」と感心しながら述懐されていた事も、しばしばありました。

会員の中では、低次の諸力の持ち合わせが多く、一番叱り易い、私が反面教材として取り上げられ、よく叱られました。叱られた本人、即ちこの私は、〝胸に覚えあり〟の事柄が多く（無条件降伏で）素直に従うことが出来ました。

お蔭で浄化も出来て、その上〝指示ありて〟の体験ですから、その注意の意味する事も良く理解出来ました。（注：ラティハン後に、先生は叱られた私に向かって「君は神に愛されているなぁ」と言われた事がありました。当時の私は半信半疑でキョトンとしていましたが、今では、全くその通りですと素直に感謝しています）

褒められた事は、年に一、二度はあったと記憶していますが、初期は叱られっぱなしで、愛の鞭が殆どでした。

そのトークは正鵠を得ており、そのまま、記憶の海に放置して置くのは勿体ないと思い、昭和四十二年（一九六七年）からメモに残し、四十三年に日記に転記し、以後スブド日記として今日まで続いています。

このような素晴らしいラティハンの実態と服部先生の在りし日を偲び、これを記録として一冊の書物に纏め出版すべく、東海支部で原稿の募集を開始しました。

いろいろ検討しているうちに、思わぬ問題が浮上しました。

それはヘルパーガイドにある、

『ラティハン中に他人に助言することは、バパにより一般的に禁止されている』という項目に〝服部先生のラティハン中に時たま出る会員に対する「神が話をする云々」のトーク〟が、です。

これが、『ラティハン中に他人に助言することは、バパにより一般的に禁止されている』に該当し抵触してはいないか、と言う疑問です。

単純に字句の通りに読めば、抵触しているようにも取れますが、よくよく考えてみれば、服部先生の場合は特殊も特殊、恐らくバパ御自身も想定されなかった特別のケースであると気が付きました。

そのように達観した目で読み直して見ますと、『ラティハン中に他人に助言することは、バパにより一般的に禁止されている』との条項は『ラティハン中に他人（のしているラティハン）に助言することは、バパにより一般的に禁止されている』という意味に解釈するのが正しいと理解しました。即ち括弧の中の言葉が省略されているという事に気づきました。

ラティハンは、「始めます」のサインで、全員一斉に全託するのがルールです。ラティハンで全託している会員の言動は（知情意から解放されたジワと肉体の発露ですから）即ち、神とジワ（魂）との神聖な領域ですから、（余程の事がない限り）〃助言やセーブ〃は、しないのが原則です。

又ラティハンの本質として、全託しなければラティハンは止まって仕舞います。従って（普通は）自分のラティハンをするのが精一杯で、他人の事までは構ってはいられないのが通常です。即ち自らのラティハンを止めなければ助言は出来ません。従って、この場合に助言したとすれば、助言した人は、その時点でラティハンをしていない事になります。

又ラティハンのリーダーは神様ですから、神様のリードに従って、真摯に、行っている会員のラティハンに、他人が口出しすることは（基本的に）許されません。かような訳で前記の如きアドバイスがバパから出されたものと推測出来ます。方や服部先生の場合はラティハン中であり、（殆どの場合は）御自身の浄化が終わった後で指示が出ていたようです。

①先生も（私達と同様）ラティハンをしていて、受けたものが、そのまま口から発声されて居ます。
（注：我々の発声するアーとかウーとかの奇声とレベルは違いますが同質のものです）

それが先生の場合は受けたものが神の意志であったので、神の言葉として発声されたのです。それは明らかに助言ではあるが「神の助言」です。

（注：ヘルパーガイドで禁止されている「人間の助言」ではない事は明らかです）

私達は神の指示・助言を求めて霊的礼拝《ラティハン》をして居るのです。ですから私は先生を通じて時々受けた

「神が話をする。お前は云々」の言葉は神の指示・啓示・注意・警告・教えと思って有難くお受けして、素直に信頼と服従の心で従って来ました。そして未だかつて一度も裏切られたことはありませんでした。念のため申し上げますが、前記の「神が話をする。お前は云々」の言葉は一度たりと言えども服部先生個人の助言と思った事はありません。

全託の状態でラティハンをしているとき先生の口から（啓示的）助言が出たのです。先生が全託を止めれば指示・啓示は出なくなる。この事は服部先生が真摯にラティハンをしている最中に起こる（啓示的）助言である事を意味しています。

（注：前記のラティハンを止めて助言するのとは、条件が全然ちがいます）

②服部先生の人間的な意志から出た助言でなく、すべては全託の境地で〝受けた言葉〟即ち、神の意志を「神の指示」として、先生を通して伝えられたものである。言うなれば、「人間の助言」ではなく「神の指示」であると認識すべきです。

③その指示啓示は、会員のラティハン中の行為に対するものでなく、ジワ（魂の状態）・信仰・世的生活態度に関するものであって、神様の言葉に相応しい格調高い内容の教えです。

④（啓示的）助言をうけている会員は、ラティハンの邪魔にはならず、そのままラティハンを継続しています。寧ろ一段と全託の度合いが深まるのが常でした。以上の考察により服部先生のラティハン中のトークは「ヘルパーガイドにある『ラティハン中に他人に助言することは、ババにより一般的に禁止

されている』に該当する助言ではない」と言う心証を得ました。

又その言葉の内容から見ても、ラティハン中に服部先生の口を通して（私達が）聞いた言葉は神からの啓示・指示と信じ真摯に受け入れられるものでした。

その具体的指示、即ち神の教えを（ただ）人の口を通した言葉であるからと言う理由だけで「ラティハン中に他人に助言することは、ババにより一般的に禁止されている」という禁止事項に該当すると決めつけるのは不合理で「事なかれ主義」の消極的思考の悪しき「否定的習慣」と斬って捨てました。

私は神の指示が得たくてスブドに入会したのですが浄化過程で霊覚能力も未熟で指示を受ける事が出来なかったのです。その時、神の指示が的確に受けられる程に浄化された人が、たまたまヘルパーとして居た為、その人を通して（神は必要な）助言を与えて呉れたのです。

これが出来るという事は、ヘルパーとして最も理想的ヘルパーの姿と言えます。この様にヘルパーとして理想的なモデルがあると言うのに「誤解を招く恐れがあるから公表しない」とするのは余りにも消極的思考と考えました。

幸い此処に、服部先生のラティハンに良く似た文献がありました。

それはスブド日本の初期の機関紙「季刊スブド」に「グループ・ラティハン中の出来事」としてマングンジャヤの寄稿文が、Ｂ５版五頁にわたって述べられています。その概要は［(ラティハン中に）会員に対してトークの形で現れたヘルパーの助言、即ち「助言又は予言、及びそれに対する心得と対策」

が語られている実例でした。

数例の中の例として〃助言と行動〃に関するものがありました。

それは次の如く述べられています。


【或る晩グループラティハンをしていると、誰かが私の肩をつかまえて、肩や背中をマッサージし始めたのである。同時にジャワ語で歌い始めた。この歌を聞いて、私は其の歌詞に感動させられた。その歌詞は、

「もっと忍耐強く、もっと完全に神に全託すべきである。あなたがゴールに達するには、忍耐と信仰を以て、神に全託する以外にない。それ故、もっと忍耐強く、真実の信仰を以て神を礼拝せよ」　～略～

彼も私のラティハンに干渉しようとしてやっているのでは無いのが分かっていたから、そのままにして置いたのである。

ラティハンを終わるに当たり、歌い乍らに、彼はこう言った。「おー！　全能の神よ、この男に光明と導きを与え給え。彼を導いて、御身そのものなる真理に至らしめ給え。彼に聖なる祝福を恵み給え。アーメン」そして彼はラティハンを止め、私のそばを離れた。……】

【かつてラティハン中に女子ヘルパーが、会員に「間もなく、大きな試練が、訪れるでしょう。神に

対する貴女の礼拝が、試されるのです。もっと深く神に全託し、何事が起ころうとも信念をもって受け容れなさい。全ては神の御手にあるのです」とトークした。その時、この助言を受けた婦人は皆目見当がつかなかったが、それ以上の説明を聞こうとはしなかった。その翌週になって、助言の意味が明らかになった。彼女の二歳位の子供が家庭内の事故にあって死んだのである】

【ジャカルタの女子会員グループで、ラティハン中にヘルパーが会員の一人に近付いて、その会員に関した事柄について助言を与えたとしても、それは普通のことである。たとえ助言が不請のものであっても、会員としてはヘルパーが個人的な事情に立ち入ったとは感じないのである。

会員はヘルパーに大きな信頼をよせており、ラティハン中のこのような干渉を気持ちよく受け容れるのである。ヘルパーから受ける助言とかメッセージが、しばしば本物であるという事実から彼らの信頼感はでている。ヘルパーは自己の受けたメッセージを流す通路となり、それを特定の人に伝えなければならない。何故ならば、その人はまだ自分では受けることが出来ないからである。】

寄稿文の終わりは次の様な結びの言葉で終わっています。

「ラティハン中、訳の分からぬ行動を行為をとることがあるが、これは時として、特別の目的をもっている事があるが、当事者にとって、その事が分かっているとは限らないのである。

思うに、我々のなすべき最上の事柄は、ラティハン中に我々に起こるどんなものでも受け容れること、そしてもし前述の如き事例が誰かに起こったとしても、その為に、その人があれこれ悩まないように配慮した方が良い。多分彼にとって有用なものであろうから。

この事を心に留めておけば、他の人達のラティハンによって、最早我々が乱されたり、まごつかされたりする事はなくなるであろう」……以上。

蛇足とは思いますが、東海支部に於ける服部先生のラティハン中の言動で私達会員は迷惑と思った事は一度も無かった事を申し添えて置きます。

〃スブドの意味〃誌の第四談話『神への服従』の二頁目の末尾にバパは、全託について「言葉を換えて言えば、あなたがたは、内部での強力な「生命力」のはたらきを通して、神の意志があなたがたの内部になされるのを許すので有ります。

これは、次のように説明されます。例えばあなたがたが、誰かと一緒に居て、彼のしたいと望む事を、何事でも許すとします。とすれば、彼があなたを抱えて持ち上げようと、手を摑んでひっぱたこうと、あなたはそれに抗らうことなく、彼の望むままに何事にでもしたがうはずです。神に対する全託とは、このような性質のものであります。」と述べられて居ます。

服部先生は前記（バパの説明）の如く全身全霊を神に任せた、全くの全くという全託状態のラティハンは、神の力の通路となり、神の使者としてのヘルパーの役目を果たされました。時に応じて神は助言を（先生を通じて）私達に与え、又神が必要とおぼしめせば、先生の身体を使い私達を浄化されました。一例を挙げれば、ラティハン中の（ある日突然）後頭部と足の踵とを床につけ、太鼓橋《ブリッジ》のように反り繰り返った事がありました。慣れない姿勢で、どうなる事かと思っていたら、絶妙のタイミングで這って来て背中で、私の背中を支《ヘルプ》えて呉れた人がいました。その人は服部ヘルパーでした。「これぞ誠のヘルパー」とラティハン後、駄洒落を言いながらその時の有り様を話し合った事もありました。

この一例でも分かる如く服部先生のラティハン中の言動は、すべて神より出たものと信じて疑った事は有りませんし、私達は神からの恩寵として受け入れていました。

閑話休題。註釈が思いの外に、長くなりました。本題に戻ります。

私は（先生を通じて受けた）啓示によれば四十二～四十三歳で低次の諸力によって押し殺されそうな内部状態であったのに、現在生きていると言うのはトークによる啓示に従い、神の力を受けて浄化した結果であり、服部ヘルパーの啓示のお蔭と感謝しています。決して（人間）服部先生の助言とは思ってはいません。

この様なスブドの鑑、ヘルパーの鑑であるスブドの神髄を究めた服部先生の非凡な霊覚能力を、一般常識では考えられないと言う理由で発表を危惧する消極的思考には賛成できません。

誤解されるほどの素晴らしい霊覚能力ゆえに発表する価値があるのです。

何卒会員の方々も既成観念や偏見に囚われず良識ある見識で、スブドと共に生きた服部先生の真《まこと》の姿を、この記録を通して（誤解なく）御理解されん事を願っています。

前記の如き所感により服部先生のスブド人生を（心置きなく）筆の赴くままに紹介させて戴く所存になりました。

服部先生は私達の常識の範囲を遥かに超えた境地まで浄化されていますので、ラティハン中のみならず、日常生活中にも神の声を聞くことが出来ました。

その事は、相談や霊的な事を質問したとき、時々内部を見つめるような表情を十秒か二十秒された事がありました。それは明らかに神様に問い合わせしている御様子でした。その証拠には、的確にして簡単明瞭の言葉が返って来るのが常でした。五年か十年前「神の言葉が聞けなければ本当にラティハンをしたとは言えないよ」とポツリと私に言われた事があります。

此の「至言」を以て服部先生のスブド人生を御推察下されば幸甚の至りです。

東海支部の揺籃期と服部先生の印象

この世で最も尊敬し信頼した人が、今年（平成八年）の六月十四日に没なられました。その方は名古屋市在住の名医として知られた眼科医の服部知巳先生です。

ラティハン中に神様が命名された法号は聖風と申されます。

私にとっては、（スブドの同胞として）兄とも慕い、頼りにしていたお方でした。先生に初めてお会いしたのは名古屋市水主町の後藤氏の事務所の二階で一九六〇年三月の事でした。スブド東海支部はラティハン会場を岐阜の小金神社から前記の場所に移転した頃です。

会員は先生の他に後藤氏、日野誠氏、岡崎の鈴木八郎氏、パン屋さんの山口氏、訪ねて行ったのは、新入会員の（一緒にオープンを受けた土屋氏と私）二人です。

これが当時の全会員です。前記の先生の御他界を以て私以外は全員冥界入りをされて仕舞いました。

当時のスブドは揺籃期の時代で、スブドを正しく理解せずに入会した人が、私を含めて殆どでした。山口氏はヨガの行者で「薔薇の匂いを手から出してやる」と言って驚かされた事が印象に残っています。どうも、ヨガの能力アップを目的として入会されたようです。

また後藤氏は商品相場の仲買をしていたので、先行き相場を予測する必要から、スブドに予知能力や霊能等の神通力を期待していました。特に小豆の相場に影響する秋と春の北海道の気候についての予知情報に関心があり鈴鹿峠の西の土山の椿神社に（鈴木さんの紹介で）お伺いの卦を求めて居たこともありました。

鈴木氏は易（気学）に興味を持ち印鑑鑑定と幸運印の販売を生業にしていましたから霊能力又は予知能力を期待していたようです。私と（私の友人）土屋氏は霊能力又は予知能力を期待して入会しました。

日野氏は小金神社に関係していたから宗教的関心からの入会と、推測しますとまともにスブドを認識していた人は日野氏と服部先生くらいで、後は（良く言えば）多士済々（悪く言えば）くせ者揃いでした。その結果として、山口氏はラティハン会場として（現在使用中の）正寿寺を紹介して、間もなく、お休みが多くなり、やがて休会され、少し後に急逝されました。後藤氏はオープン後三、四年で休会しましたが、スブドで修得したテスト（注：英訳の際テストと誤訳されたのですが、「神の意志を尋ねる方法」の事です。私はテストを「伺問」と和訳しています）の技法を利用して「おまかせ道場」と称する、求めに応じて、神のお告げ・予知・予言的な回答をする新興宗教の教祖さまになり、「天声」と名乗り、信者をつれて観光バス十数台を連ね伊勢神宮参拝や、岐阜の夜叉ヶ池登山をした事を風の便りで聞きました。宮内庁御用で参内するまで有名になり、週刊誌にも登場する生神さまになってしまいました。

私の家内も（友達に）誘われて（私の）知らない内にファンとなり「お伺い」を聞きに仲間と一緒に夜半過ぎ迄かかって出掛けていたことも度々あり、「昨夜の地震は大きかったがあの古い二階屋の家でもよくもったね」と仲間同士で話をしているのを聞き、アレ！　と思い「それは水主町の後藤さんの所か」と尋ねたら「そうだ」ということで、少々驚きました。「スブドをアレンジした、まやかしの全託での指示を有り難がって信じるなんて！（本家のスブドマンが身近にいて、しかもそのグループの中には神の言葉まで明確に聞けると言う服部先生が居ると言うのに！）馬鹿らしくて話にならぬ。灯台下暗し、とはこの事だ」と思いましたが、話しても無駄と、分かっていますから話は、そこで打ち切りました。

然し乍ら知人のパチンコ屋に与えた占い的予言はことごとく当たり絶大の信用を博していました。家内も親しい友達ですから、誘われたのはその筋と推測はつきました。その後（縁あって）知多半島のお寺で後藤氏のスブド紛いのテスト風景に接し、先生のテスト又は先生の口から出る霊言とは比較にならぬほど幼稚でしたが、世間ではこの程度でも生き神様扱いをして居るのを知り、スブドでテストを受ける事の出来る幸せに感謝しました。

余談ですが、後藤氏は長寿時代としては、割合に早く没なられました。先生は「後藤さんは（信者から）受け過ぎて早死にしたのではないか」と雑談で言われた言葉が印象に残って居ます。

鈴木八郎氏は土屋氏を通してスブドに誘って呉れた恩人ですが、占いに興味を持ち運命学にも関心が深く気学に通じていました。スブドに予知能力を期待されていたようです。その意味ではテストに関心が強かったのは後藤さん同様と思います。スブドに入ってから、自分の信じていた運命学が（職業的にも）スブドと両立しない事に気づき（長くラティハンに励まれましたが）結局はスブドから去られました。

日野氏は元気溌剌アルファアルファじいさんというマンガの主人公を連想しました。ラティハンも元気そのものでした。東京に転居されました。

東京で一緒にオープンを受けた土屋氏はスブドに祭神の無いのに奇異を感じ「神を礼拝」しているというが、本当にそうだろうか？　と私共々心配したことがありました。私もそうでしたがスブドは霊能修行する所、霊能力や予知能力が霊的修練で身につくと期待して入会したのは確かです。二人で水主町の会場に通ったのですが半年位で土屋氏は退会して不動尊を守り本尊として霊能獲得の修行をしていたようで〝霊能治療〟を得意とする程の霊能力を持ちましたが、十年程前に胃ガンで没なられました。彼も後藤氏と同じで治療する際に受けたものが原因で早逝されたと思います。

服部先生は（最初にお目に掛かった時）無口で何も言われずに山口氏の話されるのを黙認されていました。猛者の中では、一番頼りない感じで印象は薄かったと思います。然し乍ら、正寿寺に移ってから、会場が広くなったせいか、ラティハンで起こった浄化の運動は激しいものでした。（ラティハンの批評はしてはいけないと後日知りましたが）「まるで蛸踊りのようだ」と仲間で話し合った事が有りました。そのラティハンが激しい浄化をしている結果とは（未熟な私には）知る由もありませんでした。それよりも漢方やお灸や易の話をされる人の方が頼りになると思って喜んで聞いていた事は恥ずかしき次第です。

その当時から最も受けて、最もスブドを信頼していた先生を、（それほど受けているとは分からぬ私達会員は）先生の話されるスブドに対する信念を「少々スブドにのめり込み過ぎではないか」と批判し合った事を思い出して「燕雀安んぞ鴻鵠の志を知らんや」というのはこの事と反省しながら、このレポートを書いています。

尤も当時のスブドとしてのガイドブックはベネットの書いた「二十世紀の奇跡スブド」しか無く、その本も〃受けるとはどういう事か〃とか、ラティハンの説明は〃霊的修練〃と翻訳した熟語の程度で、その本質、目的は余り詳しく紹介されて無かったように記憶しています。ラティハンは体験して理解するものですから当然と言えば当然でしょう。しかも、正直に白状すると、私自身としても「二十世紀の奇跡スブド」は半分読んだ程度の横着者で、専ら、初心の霊能力を期待してばかりしていて、〃字は読めど中身は読めず〃の状態でした。

このようにスブドの本質とは違うものを期待して入会した人が殆どでした。

実態はこのようにスブドを誤解して入会した会員が、その誤解している目的（例えば霊能目的・自己催眠等々）を持ったまま、会員になりそうな人に、スブドを紹介して説明していましたから当然と言えば当然の結果、この様な認識不足の会員構成になるのは当然です。

水主町会場当時の会員でスブドの本質を正しく理解して入会した人は服部先生だけと言うのが実情でした。（注：日野氏の事はよく分かりませんが、日野氏は英語が出来て外国の文献が読めたから割合とまともな認識を持っていた可能性はあります）

これが東海支部揺籃期の会員レベルでした。

山口氏の紹介で（現在も使用して居る）正寿寺に会場を移しました。ラティハンする場所は広くなり奇声を発しても、誰憚る必要もない気楽な会場が確保出来ました。然し乍ら、当時の正寿寺は少々荒れていて、障子は所々破れていて、真冬と言えど炭火一つなく、随分寒い思いもしましたが、今となれば懐かしい思い出であります。住職も既に四代変わっており、スブドの方が寺の主的存在です。

余談ですが岐阜の小金神社でラティハン会場を断られ、一度或るお寺を借りた時、元気のよい日野氏を筆頭にドタバタの振動と奇声をあげるラティハンに、住職が驚き一度で断られ、後で悪魔払いのおはらいをしたそうです。

今となれば笑話ですが、スブドの会場探しにはお互いに苦労します。その点三十五年以上も正寿寺を会場にする事の出来た東海支部は恵まれています。

服部先生と初めてテスト（神の指示を受ける伺問）を受けた貴重な体験

中小企業近代化政策として昭和三十六年に企業の集団化政策が施行されました。その第一期に全国で十の団体が承認されました。私の会社の所属している豊田市鉄工団地協同組合は、その中の一つでした。何分とも初めての法令ですから、通産省や県の商工課のお役人も戸惑い、一緒に研究し助成に必要な書類や予算まで（鉄工会の）私達と作り上げて、承認まで漕ぎ着けて発足させました。鉄工会の役員をしていました関係で、団地組合に加入したのは良いですが、初めてのケースで将来どのようになるのか参考になるデータやサンプルはありません。私達がサンプルの立場で、国の方は早く成果が見たくて建設を促します。

私は昭和三十年頃取引先のトヨタ自動車の人から、「クラウンも千五百台〜千八百台の時代と違って、今では八千台生産している。生産に協力してはどうか」と言われ、三十二年に工場を造り、何とか軌道に乗せ、三十六年には八百万円の三百トン油圧プレスを入れた所で、この上の資金の余裕はなし、と言って折角作った組合から脱退するのも心残りであり、土地の割当ても千二百坪あり三割は納付済みと言う状況です。

（注：最初は土地だけ買って将来に備える予定で鉄工会のメンバーで内密に土地の買収を進めていたのですが、前記の助成法が発表されたので、この法案に便乗することにしたのは良いが、土地だけ買って五年後に備えようという計画は許され無くなったのです）

そこで思い余って先生の所に行きテストをお願いしたのです。それは三十七年の春の事です。テストということで、私も一緒にラティハンを始めたのですが、間もなく先生が「伊藤は神を信じていないからテストをするな」と言われたからテストはしないが、このままラティハンを続けよ。と言われ一緒にラティハンをしました。

ラティハン中に何となく分かり、終わってからはっきり分かってきました。それは、若しテストで「イエス、工場移転しなさい」と指示が出たとします。その結果新規工場の建設費用で金銭的に苦しむでしょう。その時、多分「神様がＯＫと言われたからその指示に従った。その為に金繰りで塗炭の苦しみ」と（神に向かって）責任転嫁して恨みがましく思うでしょう。「ノー」と出て、組合から脱退していれば、当座は楽で良いだろうが、数年先に団地組合員の工場が軌道に乗っているのを見れば、あのとき神様が「ノー」と言われたので発展のチャンスを逃したと、これまた惧みがましく思うでしょう。

結局のところ神に甘えて「お墨付き」が欲しいが為のテストと反省し、苦難を覚悟の上で新工場建設に当たり、三十八年の夏には移転完了しました。予想通りの資金的苦労には悩まされましたが、テストをした時の反省があり歯を食いしばって乗り切りました。移転前の工場敷地は六百坪でしたので、倍の敷地があれば充分と思っていましたが今では手狭で苦労しています。

反省第一は神に責任転嫁の為のテストは駄目です。苦労を避ける為のテストは甘えのテストです。慎むべきです。

第二は、テストをする時は、必ずテストしても「良いか、悪いか」のテストをして、神の指示を仰ぐ事。理由は（私の場合のように）いろいろありますが、例えば「今は駄目だが、来年は良い」というタイミングの微妙に関係する事には、テストの許しが無く時が過ぎ行き、テストOKと（テストの）許可が出たときのテストでGOの許可が出れば、迷う事なくスムーズに達成できます。野球のバッティングで一番難しいのはタイミングの取り方らしいが、社会活動でも一番難しいのはタイミングの取り方です。こればかりは幾ら考えても、また、幾ら頭の良い人でもタイミングばかりは、ままになりません。スブドのテストはタイミングをとる最高のテクニックです。

第三は、テストは幾ら考えても分からない時、テストにすべてをかける気になった時にテストすべきで、乱用はいけません。乱用すると占い的になります。テストは神の指示、許可、又は意志を聞く方法と理解すべきです。

第四は、前記の私の場合のように「テストをするな」も立派なテストの答えです。日を改めてテストの許可の出るまで待ちましょう。これも一つの忍耐です。

先生の「テストするな」のテストは正解でした。それにしてもテストを受けたのは、先生のオープン後三年目の事です。このとき早くも、「伊藤は神を信じていないからテストをするな」と神の言葉が聞けたということはまさに驚異です。恥ずかしながら私はこの時は全然気が付きませんでした。私のオープン二年目の出来事でした。

服部先生より受けた確証第一号

入会。オープン（開魂）後、鞍馬寺への信仰を続けながら、スブドへの信頼は半信半疑。それでもラティハン会場には休んだり出席したり、しながらも二年経った或る夜の事です。

ラティハンでぼんやり立って居ると、服部先生の手が私の胸の辺りに当たりました。そうしたら合掌して居る手を解き、両手で私の身体をまさぐり乍ら段々と下の方へ下がって行き、次は私の右足を探りながら足の甲をさぐり出した時は、「眼のお医者さんが頭の反対の足を」と（何となく）ユーモラスなものを感じて居たのですが、最後に私の右親指の所を押さえて「痛い、痛い」と言い出した時には内心吃驚しました。

実はスブドに入会して半年後に氏神、挙母神社の祭礼の山車（八台）の引き出しを見に行き（曲がり角で曲がり過ぎて暴走した）、山車（高山市の山車と同じ大きさ）の車軸が（道路右側にいた）私の膝を後ろから払い通り過ぎました。その為尻餅をついた私は一瞬、スブド機関紙で読んだ「ラティハンをして難を逃れた話」が脳裏をかすめました。そこで慌てて立ち上がるのを止めて、そのまま（馴染み深き）鞍馬の尊天様に〝助けて！〟と念じジィーとしていました。

直ぐ後輪の車軸が（尻餅している）私の左肩甲骨辺りを払いのけ通過して行きましたが、右足甲の半ばより親指に掛けて車輪に轢かれました。革靴は捩れたように変形して居ます、直ぐ病院に行って靴を脱ぎました。靴の中は血の海と覚悟して脱いだのに出血もしていません。医者は事情を聞いて「この足はどうなって居るのだ」と呆れ顔で、今日は日曜日だから明日レントゲン検査をするから来るようにと告げました。検査の結果は異状なしです。しかし親指の第二関節に少し違和感は有りました。八千円の新品の靴は台なしですが、医者の言った「親指の無いのは日本人にとって大変な事だよ」と言うことからみて〝不幸中の幸い〟であったことは事実です。

それより増して幸運で有ったことは、尻餅をついたとき手をついて慌てて立ち上がろうとしなかった事です。若しあの時、手をついて居れば轢かれて掌は完全に無くなって居ます。

事故の有った晩、背中の痛みと共に（痛みの原因の車軸で払い除けられなければ）一メートル以上ある木製の車輪に轢かれ一命にも拘わる大事故に成り兼ねなかった事を思い出し、ぞぉーっとしました。そして事故発生と同時にスブドの全託を思いだし、ラティハンの代わりに鞍馬の尊天にすがり神にすべてを委ねた事の幸運を感謝しました。

当時「スブドに入ると何か有るぞ」という予感はして居ましたが、一方でスブドを知って居て良かった、ラティハンの代わりにした全託で助かったという思いも頻りでした。全託で助かったという思いと共に、日頃信仰して居る鞍馬の尊天様のお蔭という思いも強く、半々の気持ちで両方のお蔭と思う事にしました。事故は一九六〇年の出来事でした。

（注：後年スブドで礼拝している唯一全能の神も、鞍馬の神も同じ神様と（個人的には）確信出来ました）

話を前に戻します。当夜のラティハン後に、「二年程前に山車に轢かれた事が有る。」と告白しますと、会員一同この確証第一号に驚いて居ました。

その後、先生からトークが出るようになった或る日のラティハンで、再び足の親指を押さえ「この事故は神の与えた災いである」と明確な教示が有り、事故の成り行きから見てあの程度の事で済んだのは神の介在が有っての事と思って居たので、矢張りそうだったのかと思う反面、〝神の与えた災いである〟には少々疑問を持ちました。

事故後二十年経った或る夜のラティハンで再び「この足の事故は神の与えた恩寵である」というトークがあり、ラティハン後に先生から解説があり、「この恩寵がなければ君は今頃死んで居るであろう」という事でした。

まあ、この頃になりますとスブド暦二十年になりますから、さも有ろうと納得致しました。然し乍ら昔、近藤さん？ が「お前は物や金が何の為にあるか知らない、神が必要と認めれば金銀財宝山ほどやろう」とラティハンで先生の口を通して言われて居たのを聞いて居ましたが、まさか「必要と認めれば災いもやろう」と言うこと迄含まれているとは気が付きませんでした。

この事があって、それ迄半信半疑であったスブドが信じるに足るものであるという確信が持てる様になりました。

服部先生のトークの摩訶不思議。毘沙門天の真言

前述の確証第一号から半年位後の集団ラティハン《ラティハン》中のことです。（相変わらずの中途半端な心情で）鞍馬の別院への参拝をしながらスブドの霊的修練の会場に未だ少し疑問を持ちながら通うこと（開魂《オープン》して）二、三年目の或る夜の集団の霊的修練で、私の近くで「ベイシラマンダヤ、ベイシラマンダヤ」と繰り返し繰り返し呟いている人がいます。この言葉（呪文）は、私が子供の頃より父親譲りで、信仰し

ている毘沙門天の真言です。

この件で仏教の喜言は、人間による造語ではなく、神呪と知り、毘沙門天も想像上の仏ではなく実在する神であり、且つ霊的修練で礼拝している神様に、不安と疑問のあったスブドも信じる事が出来るようになりました。

そして今まで鞍馬とスブドと別々の神を信じ、二足の草鞋をはいているようで、すっきりしない気分や不安も解消して、鞍馬の神も、スブドの神も一緒であると判り安堵しました。

その夜の礼拝行が終わってから、一応、ベイシラマンダヤの件で会員に尋ねましたが、誰一人として、その真言を知る人もなく、正に、これは全託によってのみに受ける事の出来る神よりの言葉と知り、改めて「神は実存する」の感を深めました。

（注：鞍馬山の御本尊は千寿観世音菩薩　毘沙門天王　魔王尊《サナートクマラ》を三身一体の尊天として尊崇し奉り宇宙の大霊として祀っています。

日本で最初に毘沙門天が出現したと言われる奈良の信貴山の真言は、ベイシラマンダヤで、鞍馬山の真言は、ベイシラマナヤであります（前出のベイシラマンダヤの真言を呟いた）服部先生が後日、鞍馬山のクマラ様に呼び出されると言う因縁が有るにも拘わらず、信貴山の真言を唱えたのは不思議で興味深いことです）

この真言の一件から半年後の集団ラティハン中に、先生が今度は「クラマ　クラマ」と言い出し、次の一週間後には、「クマラ　クマラ」と言い出しました。

それを聞いて二度びっくり！

何故かと言えば、梵語のクマラが訛って鞍馬になったと鞍馬寺の縁起本に書いてあったのを記憶していたからです、服部先生は（当時）鞍馬寺に行った事もなく、（当然の事ながら）その様な事は知る由もありませんでした。

その他、次から次へと人知を超えた不思議な事が（先生を通じて）おこり、遂には誰が何と言おうと神の実存は否定出来なくなり、〃神は厳存する〃と確信する事が出来るようになり、〃神は有りや、無しや〃の〃人生に於ける最も重要にして難解な謎〃も解けました。

信貴山の貫長さんに会ったとき、「真言」とは何を意味していますかと尋ねたら、「オンは南無、ベイシラマンダヤは、毘沙門天の本名、ソワカは賛仰」と教えられた。南無は帰依ですから、オン、ベイシラマンダヤ、ソワカと真言をとなえる事は「毘沙門天にお任せします」となります。即ち、「すべてを任せます」と言うことで、信仰の基本は全託にある事を示しています。蛇足になりますが、先生がベイシラマンダヤと呟いていたのは、毘沙門天とコンタクトしていたことになります。

鞍馬山と先生を結ぶ不思議な物語

昔、先生から聞いたのですが、「正月にラティハンをして居たら突然『くらま、くらま』と言い出して「鞍馬に来い」と言う。それで家内に『鞍馬は何処か』と聞いたら『京都でしょう』というアバウトの返事。仕方なく、行けば何とかなると出掛けて行った。入山して本堂の前に行ったら、何やらお祭りをして居た。少し眺めて居て、帰ろうとしたら奥の院の参道があったので登って行った。奥の院に着いた。そこで少しラティハンをして帰った」と言われました。（お祭りして居たと言うのは多分初寅のお祭りと推定します）

数年経った後、先生と鞍馬山に行ったとき京都駅前の市電乗り場で、先生が「初めて鞍馬に行くとき駅の出口でどちらに行って良いか分からず困り〝来いと言われたので来たのだから連れて行ってください〟と言ったら、足が動きだしトコトコと此処まで来た。そこで聞いたら、『ここで百万遍行きに乗り、出町柳で乗り換えて鞍馬行きに乗れ』と教えられた。これは鞍馬の縁起本に書いてある〝白馬に導かれて鞍馬に行き開山された鑑禎上人〟と同じようなみちを辿り導かれた」と話されました。

毘沙門天と鑑禎《がんてい》上人

現在、鞍馬寺本殿の奥深く、本尊宮殿のもとに一体の座像が安置されています。合掌して端座し、熱烈なる信仰を秘めながらも慈愛あふれる温顔、これが鑑禎上人のお像です。

奈良の都ではなやかに大仏開眼の法要が営まれた翌々年、唐の高僧鑑真和上（六八八〜七六三）が八人の弟子をともなって日本へ渡来しました。このことは井上靖著『天平の甍』によって衆知のとおりです。一行のなかで最年少の二十余歳の青年憎が鑑禎上人でした。

唐の沂州《きしゅう》の人で、鑑真和上に師事して天台学と戒律を修め、師に従って来朝してからは唐招提寺の戒壇で律儀を広めました。延暦年間（七八二〜八〇六）に示寂したと伝えられています。来朝六年後、師の鑑真和上は七十三歳で唐招提寺を開創し、やがて七十七歳で遷化します。その間、両眼の不自由な師僧のおそばにいて、まめまめしくお仕えしお世話したのが、この最年少の鑑禎上人でした。唐招提寺の東室に住み、なれぬ異国の生活にたえながら伝道に精進していましたが、師の没後七年目の宝亀元年（七七〇）になると、遠く鞍馬山までやってきたのです。

宝亀元年正月四日（寅の日）の夜のことです。奈良の唐招提寺にいた鑑禎上人は、山背国北方の高山に霊地があるという夢を見ました。夢がさめてから、その霊地を訪ねて行こうとしましたが、ある村まで来ると日が暮れてしまい、北方の空に紫色の雲がたなびいているのが見えました。それで翌日そのあたりまで行ってみましたが、どこに霊地があるのかよくわかりません。しばらく休息している間に、うとうと眠りこんでしまい夢を見ました。その夢のなかにりっぱな老僧が現われて、

「明日の朝、日の出のときに、東の方にすばらしいものを見せてやろう」と告げました。

夜が明けると、朝日の輝くなかに、宝の鞍を負った白馬の姿が、蓋《かさ》のようになって一つの山を覆っているのが見えました。上人は我を忘れて嶮難ものかは、懸命にその山の頂上までたどりつきますが、そのときすでに白馬の姿はありませんでした。山頂から少し下りた中腹に掌のような平たいところがありましたので、そこに柴を集めて焚火をしているうちに夜になってしまいました。そこへ、髪をふりみだして眼を電光のように輝かせ、口から毒気をはきながら女のような鬼が現われました。上人は驚き恐れながらも、錫杖をふるって鬼の持っている鉾を焚火のなかにたたきおとし、力いっぱい鬼の胸を突きさしました。ところが鬼はびくともせず、錫杖を噛みくだいてのみこんでしまいました。危険を感じた上人は、すばやく朽ちた大木の下に逃げかくれ、一心に神呪を唱えると、朽木が倒れ鬼をおし殺しました。

翌朝になって見ると、そこには毘沙門天のお像が現われていました。そのお像は、青色でもなく黄赤白のどの色でもなく、金銀銅鉄のどれでもなく、しかも絵でもなければ彫刻でもない、そのうえ膚には温みがあるという実に不思議なお像でした。

「これは仏法護持のお像が、ここに降臨されたのにちがいない」と喜んだ上人は、さっそくこの地に草庵を結んで、そのお像を安置しました。

こうして、鑑禎上人は鞍馬山上に毘沙門天をまつり鞍馬寺を開創したのですが、この正月四日（初寅）の夜の夢に毘沙門天が現れたことを記念して、後年「初寅大祭が行われるようになりました。以下略。

鞍馬山小史より抜粋

前記の鞍馬小史を御覧になれば分かるが如く服部先生は、鑑禎上人と同じような経過を辿って鞍馬山に導かれたのです。まさしく現代版の鑑禎上人と言えます。後日聞いた話ですが先生の御尊父が昔、鞍馬山に行き拝殿で額ずき拝んでいたら突然、拝殿の扉がガタガタと動きだし、恐れをなして帰った事があり、その後二、三日寝込んで仕舞ったと話され、その頃は山の入り口の木の枝に手荷物を縛り付けて登っていたが無くなったことは無かったそうだと、鞍馬の九十九折りを登りながら（先生が）話されました。服部先生の家系は清らかな霊性と高い霊格の家系のようです。

それでなければ幾らスブドと言えどオープン後三年にして前記（注の如き）テストを正確に受けながら神の言葉が聞ける筈はないと思います。

（注：一九六三年工場移転の是非で悩んだ時にテストをして戴いた時の体験です）

設備投資は内部の声に導かれて

別稿スブド日記にある如く不思議な力に導かれてアイダエンジニアリングよりのプレスを購入したのは昭和四十一年の事です。私好みの仕様で造ったこのプレスは性能は素晴らしく使い易さもあり、メーカーの信用も大いに寄与し機械は仕事を呼び、仕事は機械を呼び、昭和四十年代は毎年一台平均で設備をしたことになりました。

（注：特別仕様で造ったこの二百トンのダブルクランクプレスはアイダのベストセラー機となって十年売れ続きました）

こう書くと簡単に見えるでしょうが、それは歴史を知る者の後智恵と言うものです。設備投資は不確実な未来というデータの下に叡知を絞り設備計画を立て、希望と勇気のもとにタイミングを図り乍ら実行しなければなりません。水鳥の足と一緒で、設備の計画及び実行は経営者の腕の見せどころで、実は大変な仕事です。

他社より優秀な設備を整えなければ、競争に負けてしまいます。勢い無理しての導入となります。百トン以下の小プレスなら割合早く入ります。即納の物もありますが一流メーカーの物となりますと二、三か月はかかります。二百トン以上のダブルクランクプレス以上のクラスになると大体一年三か月ないし一年半かかります。手持ち資金で全部賄う訳には（悲しいかな）参りませんから困ります。一年半先の金融情勢や景気の動向、受注の有る無し、そんなこと中小企業には分かる筈はありません。それでもやらなければ遅れて仕舞い敗者になるのは目に見えています。

一九八六年の先生の年賀状に「人生は自転車のようなもの。とまれば、ころびます。走らなくちゃ、しょうがねぇ」とあります。全くその通りです。私は積極派で金よりも機械が好きで設備投資はやり過ぎる傾向があります。

スブドを知ってからは、パパの言葉「忍耐とはパッション（情念）によって急がないこと」が私にぴったりの言葉として座右の戒めとしています。

受注量が溢れて現場で忙しく稼働している機械を見ていると、「もう一台買ってやろうかな」という気が直ぐして来ます。その時は（物質力の囁きと受け止めて）「あぁそうか、そうか」と聞き流すことにしています。そのような事を繰り返している内に、どうしてもやりたくなってきて「それでは買ってやろうか」とか「もう一台増やした方が良いな」という気持ちが強く湧きあがって来ます。

そこでメーカーを呼んで必要な機械の「二百トンは今、幾らか」或いは「四百トンは幾ら」と聞きながら納期はいつ頃か、と尋ねるのが常でした。大抵の場合メーカーのアイダを呼ぶ時期は、不況のどん底が多かったと記憶しています。そんな発注の意志決定をしていると知らない人達は、不況の時に買うのは設備投資の一番うまい方法だと煽てますが、私に言わすれば内部を宥めすかしていたが、内部からの要請が強くなり、その呼びかけに応じて発注しただけの事です。

幸いな事に機械が納入される頃は仕事が増え、電気配線やアンカーボルトのセメントの固まり次第、フル稼働が常でした。そこで人々は「君は頭がいいな」と感心しますが、「頭を使わなかった事が頭の良い原因」とも言えずニヤニヤしているのが常でした。

このような事が四、五回続いて来ますと（買うメーカーはアイダと決まっていますから）セールス担当者が気付いて、丸和の機械が入る頃は景気が良くなると景気予測をするようになって仕舞いました。

幸いすべて彼の言うとおりになって恥はかかなかったようです。

　私が一度だけ少し頭を使って失敗した事があります。計画では、一台注文して、その半年後もう一台と思っていたのですが三千万円用意するのに銀行の手続きもある事だし（半年位なら一度で）と思い二台一緒に注文したことがありました。その時は矢張り一台は半年程の間は時々停止してフル稼働とは行きませんでした。これは私が少し良い格好したのと基礎は同時にした方が能率も良く半年後でまたやるより一緒にした方が良いと思ってしたことですが、そのメリットは充分ありましたが稼働と言うことに関しては、内部の指示は正しく半年は少し機械にのんびりさせて仕舞いました。

　その当時これがスブドでいう「受けて行動」とは思わず、〝急がぬ事が忍耐〟と内部のパッションを押さえていたことが、図らずも内部を見つめていた事になり、最後に盛り上がって来た内部の要求を聞いた事が神様の指示に従ったことになっていたとは、知る由もなく、当時服部先生が指示によって行動されているのを見て、自分には遠い世界の出来事と思っていたのですが追悼文のデータ整理のため日記を読み直して、改めて当時（昭和四十～五十年間の）設備投資は（無意識に、無自覚に指示を）「受けて、行動」していた事が分かりました。知らないうちに、神の恩寵を受けていた事が分かり、スブドをやっていて良かったな、と述懐しています。

叱られる事の有難さ

社長業は誰も叱って呉れない孤独な職業です。

だからといって、怠けたり、勝手気儘にやっていると、思わぬときに社会から大鉄槌が下ります。その結果は倒産、破産となり社会的生命を失い、社会に迷惑をかけることになります。

私を受持った小学校の先生は、一年生から四年生までの担任の先生と六年生の時の先生で二人ともに厳しい先生でした。その反動で五年生の時の担任の先生があまり叱らないので物足りなく感じていました。毎日池や川で魚捕り、秋はキノコとり、それ以外は田圃や空地で電気のつくまで遊んでいました。(当時の電灯は定額制契約で夕方電灯が点灯されました)教科書は家庭では読んだことはなく、幼年倶楽部、少年倶楽部ばかり読んでいました。それでも前記の先生が基礎的教育はしっかり教え込んであったとみえて旧制中学に進学しても困った事はありませんでした。古き良き時代でした。教育も良き時代で厳しい躾で時々教室の隅に立たせられたものです。このようにして子供の頃から叱られることには慣れておりました。

この叱られると言うことも色々な段階があって、その中身は随分と違います。子供のとき悪戯をして叱られたのと、新入社員時代に叱られたのとでは、その内容は全然違います。叱られる言葉も注意、叱責と変わり表面的には穏やかになりますが、後でその責任を(昇給、ボーナスで)とらされます。叱られなくなったら左遷という事もあり得ます。そう言う意味では叱られるということは見込みがある、とか、愛されていると言えなくもありません。

大人になると誰も叱って呉れません。精々穏やかな言葉でアドバイスされる程度です。自分が嫌われても良いから忠告すると言う様な親切な人はいません。

服部先生が昔「神の声は囁くような小さな声で言う」と言われたことがあります。これは神の指示に内示と外示とあって、内示の場合は「心を静めなければ、聞き取れないような、かすかな囁く様な声だから聞き逃し易いから注意せよ」と言われたのです。もう一つの外示は、「神は人を通じて啓示・指示・忠告・苦言を与える事があり、その場合はやんわりとしたソフトタッチで思わぬ人が言うことがあるから、兎に角、聞き逃し易いから気をつけなさい」と教えてくださったと思います。それ以後、怒りを含んだ叱責や注意はその人の都合で怒っているのであって、(神の声ではなく)私の為に怒っているのではないと聞き流す事にしています。その代わり静かな言葉での忠告、叱責、苦言は(外示と思って)真摯に受けとめています。

ラテイハンの中で神様に散々叱られていますが、すべて有難くお受けしています。その中で三回ほど神の怒りと思う激しいお叱りを受けましたが、後は殆ど教育的なお叱りでした。そしてその中身もグレード・アップして行き三十年前と三十年後では随分と変わってきました。

社長業の悲しさ、社会では誰も叱って呉れませんので、服部先生を通じてのトークの言葉(殆ど注意)

は、すべて有難く戴き、人生の肥やしにさせて戴いていたので、申し訳ないけれど、寧ろ、叱られるのを楽しみにしていた気配もありました。

そういう意味では先生が逝かれたことは私のラティハン人生にとっても大きな痛手です。これからは自らの身体で直接神の声を聞かなければ、ならなくなって仕舞ったからです。

二年程前、先生に神の言葉が聞ける様になれ、と忠告されていますから、死ぬまでには、と一念発起していますがどうなることやらです。

話が脇道にそれて仕舞いましたが、〝叱られることもまた楽しからずや〟と大らかな気持ちで他人の言葉を受け入れて欲しいものです。

「良薬口に苦し」で、苦言の中に真実の言葉が隠されていることが多いからです。

内示は心を静めて時々内部のもう一人の自分（ジワ）に「どうですか」と聞けば答えは返って来ますが、その点、外示の方が多少ややこしいかも知れません。

何故かといえば、苦言にパッション（情念）が刺激され易いからです。そのうえ自尊心が兎角拒否したがります。尊天様《クマラ》は「名誉のために本当の生き方を見失った人達でこの世は充満している。名誉に惑わされることなく、神の言葉、神の指示に従うことだけが必要」と啓示で申されていますから、自尊心に惑わされることなく、素直な心で、平静に、人の言葉を受け止めるべきでしょう。何故ならばその苦言の中に外示（神の言葉）が含まれている可能性が大いにあるからです。一応素直に受け入れておいて後から内部と相談して採決を決めれば良いのです。

これがクマラ様に叱られて育てられたスブド歴三十六年生の娑婆では叱って貰えぬ社長歴四十年、会長歴五年の偽らざる本音です。

よい事は、お蔭さま。わるい事は、身から出た錆

この諺は、神（仏）と己に対する基本的な心構えにして、且つ宗教と社会生活を無難に、両立させる〝悟り〟の言葉です。

この言葉を聞いても若い頃は、精々〝皆様のお蔭〟程度に聞き流していたが、昭和六十三年元旦、前記の添え書きの〝年賀状〟を服部先生より戴いてからは『神様のお蔭』と思うようになりました。

それ以後、日常的に身の回りに起こる事柄からも、神の配慮を、ひしひしと感じ『よい事は、お蔭さま』と神の加護、指導、等の恩寵に感謝して暮らす様になりました。

一方、不本意な事柄や結果に関しては、〝神の御意志に従わず、欲望の虜となった行動、或いは身の程知らずの誤った行為〟の結果と反省し、又、その反対に消極的思考で為すべき〝行動〟をしなかったり、或いは怠惰で、なすべき事をしなかった咎と戒め、謙虚に自戒すべきです。

その他には、今後起こり得るであろう事態に対しての注意を促す恩寵的啓示である事もあり得ますか

ら「禍を転じて福となす」の積極的思考で〃神の与えた愛の鞭、又は試練〃として、対応する事が肝要と思われます。不本意な事柄の中にも神の配慮が多分にあり、「禍福は糾える縄の如し」とは、言い得て妙なり、です。

『よい事はお蔭さま。悪い事は身から出た錆』常住坐臥、この様な心境になれば、宗教に対する（一般的な）誤解も訂正され〃宗教と社会生活〃とが渾然一体となり、真に正しい人生を送る事が出来ると言うものです。

《補足事項》

鞍馬山中で受けた「山上の垂訓」の〃運命という事について〃の啓示は、

「運命と云うものは存在するものなのか、どうか。人は、その運命というものをどの様に考えているか。運命と云うものを、人々は、まるで丁度それをなるようになる事だと考えている。けれども、運命と云うものは、その様な、なるようになるものではない。運命は人が神と、どの程度に結び付いているかと云うことの結果である」という巻頭の言葉に始まり、以下千四百六十八字をもって語られている。これを要約すると、

①良い人生（即ち良い運命）を望むならば神と接触しなければならない。

②神と接触するためには、（無念無想の全託行である）霊的礼拝《ラティハン》をやって内部《たましい》を奇麗に浄化する事が必要である。
③人々が神によって導かれ、神の導きを得て誤りのない人生を得る事を（神は）望んでいる。

以上の三項目になります。
『運命についての啓示』を真に理解すれば〝良い事は神様のお蔭〟と感謝に満ちた幸福感溢れる人生になること疑いなしです。

この項に限り一九九五年八月二十七日執筆の原稿転用

火事のお告げ

一九八三年一月二十二日（昭和五十九年）稲沢勤労福祉会館にて合宿しました。参加者は服部先生、伊東、猪子、富樫、岩井夫婦、小生の七名でした。ラティハン中にクマラのトークが私に出て「火の用心。火の用心。火事を出したら駄目だよ。お前の身体の中に、火事が現れている」と言われました。思いがけない忠告に驚きましたがそのままラティハンを続けました。ラティハンが終わり早速、服部先生に「どうなっているのですか？」と尋ねたら、先生もラティハン中に慌てて、クマラ様に「伊藤の奥さんに直ぐ連絡しなければ、いけませんか」と尋ねたら、「そんなに急がなくても良い」という返事だったと教えられました。翌朝、服部先生は「物事が起こる前に、身体に出てくる」ことを昨夜のラティハンで知ったと言われました。

昨夜のクマラ様のトークは切羽詰まった物言いで切実に災難が迫ったという感じがして、ただならぬ気配を感じました。クマラ様も大変御心配の模様でした。

これ程までにクマラ様に心配かけて、「ハイ」そうですかと〝全託〟と決め込んで（クマラ様どうぞ宜しくと）放置しておく訳には参りません。

とは申すものの、私一人が気を揉んで頑張って見ても蟷螂の斧と一緒で何ともなりません。

そこで最後の手段としては、逐一事情を話して各人の協力を得るより方法は有りません。されど、その事情が問題です。「神様のお告げが有ったから火事を出さない様にしてください」となります。今の御時世で、そんな事を言っても通用しません。一応社長の言うことだから表面だって笑いはしませんが、腹の中では「何という馬鹿げたことを信じて、阿呆なことを言う人だ」と一笑に付されたうえ無視されるのは目に見えています。でも、そうするより他に方法はありません。

私はクマラ様の言うことには絶対と信じていますから、何の疑念も無く（信頼と服従の精神で）従えますが、他の人達にとっては荒唐無稽の迷信に過ぎません。

「火事を出したら駄目だよ」の言葉通りに、火事を出したら大変ですが、皆の協力で火事が出なければ万々歳で目出度いのですが、私はお目出度い人としてお笑いの対象として恥をかくのは必至です。皮肉なジレンマです。ハムレットの心です。

自分の名誉や恥よりも、神への信頼と服従。誠実と忍耐を優先するのがスブドマンの本分であり、「神の指示に従って行動する事がお前に与えられた運命である」と二十五年か三十年前にクマラトークで言われています。

「火事を出すな」と、わざわざ忠告してくださったクマラ様の指示が聞けなければスブド失格、人間失格です。クマラ様に勘当されて仕舞います。それは火事を出す事よりも、悲しいことです。依って名誉よりも指示を取りました。

一月二十四日は月曜日で朝礼がありますので、本社工場に行き「神様から火事を出すな、という注意を一昨日受けたから〝火の用心〟に協力して欲しい」と頼みました。案の定、皆、怪訝な顔をしていました。そのような反応しか得られない事は重々分かっていたけれど、私一人の注意だけでは自宅・転宅予定の建築中の家・本社工場・営業所の四か所までは手が回らず、兎に角、社員の協力を仰がざるを得ません。神様の指示は絶対ですから無視する訳には参りません。恥を承知で頼みました。続いて、職制幹部の会議で今少し詳しく説明して、重ねて火の用心を要請しました。昼休みには営業所に行き頼みました。一応やるだけの事はしたから、後はラティハンと全託して職場を回り注意して眺めているより方法はありません。それ以上頭を使い、思考を巡らすと今度はまたクマラ様に「お前に何が出来る。何も出来はしないではないか、お前は自分の力だと思っているだろうが、それはクマラの力だ。クマラに任せなさい。クマラは何時も見守っている」と叱られます。やるだけの事はしたのだから、後は余分な事は考えずに全託するのが一番です。

二月十四日の午後に用事をすませ会社に帰ったとき事務所前に消化器が四、五本ころがっていたので、「どうしたのだ」と尋ねた所、午後二時三十分頃、雑品入れ場の近くで、カッティング・グラインダーで棒鋼を切っていたら火花が飛んで（床にこぼれた油を取る為に買い置いた）オガクズに着火して横に立て掛けてあったベニヤ板が燃え出したので消化器で消し止めたと言う報告で、焼けたベニヤ板十枚よりも消化器の薬代の方が高くつき約二万円の損害と笑って済むようなボヤでした。「火の用心、お前の身体の中に火事が現れている」と言われたのは先月の二十三日午前〇時ですから三週間目の出火ということになります。これ程までにドンピシャリと確証を突き付けられたら、今後クマラ様の指示には絶対服従しないと〝とんでもない事になるぞ〟と思い知らされました。とは言うものの神の好きな積極的思考で考えれば、それだけ可愛がられているという確証でもあります。神の愛を信じて全託人生を成就したいものです。

クマラトークの火事の予言は当たったけれど信頼と服従の誠意を認められ、加護により小火で済んだ事は非常な幸運であり、おまけに「お告げ通りに火が出た」という事は従業員に神の実存を教え、併せて私の信仰が正しい事を証明した事になります。うちの社長は迷信を信じる愚か者というレッテルを張られずに済みました。おまけに確証を示す費用がたったの二万円！　流石、クマラ様のおやりになることは一味違う粋な計らいをなさいますと内心拍手喝采をしました。クマラ様ありがとうと感謝の気持ちで一杯です。

それにしても、昭和四十九年の年末は神の方へ目を向けさせるためとは言え、大目玉の罰とも言える（変質者の）放火に遭いン千万円の痛き目に遭わせ、今度はお前の身体の中に火事が現れている。火事を出すなよと心底から心配して注意をして下さいました。二つの火事の性質の違いが気に掛かります。前の火事は私の内部の反映と納得出来ますが、今度の小火は孫ボヤで済みましたが、クマラ様があれほど心配された所を見ると致命傷的大火の可能性がありました。そのような（神は火事を与えようと意図していないのに何故、神の意に反して）火事が私の身体の中に現れたのか、その理由が気になります。私に直接責任のない前世のカルマのようなものが現れ出て来て、それを神様が憐れと思し召して、それを軽く済ますようにされたのかも知れません。

そのような宇宙を司るルールなど私達には知っても仕様のないものです。何故ならば私達はその宇宙意志によって生かされている従属者に過ぎないからです。ただ神の意志に従い生きて行けば良いのです。その意味では今回の小火事件は、神を信頼し、指示に誠実に従い（服従）真摯に行動したという事です。

ババ即ちムハマッド・スブー師著「スブドの意味」誌ババの第一講話に、

『アブラハムの信仰は、神が彼の幼い息子イシュマエル（注：「コーラン」第三十七章一〇一―一〇三節参照、旧約聖書ではイサク）を自分の手にかけて殺すように命じたとき、試練を受けました。この試練は、アブラハムの神に対する従順さが、彼のこころの慾望や幸福への願いよりも強かったことを証明するためのものでありました。アブラハムは、彼が何にもまして愛していた「神」の「意志」に対する完全な服従と、平静さとをもって、命ぜられたままをおこなおうとしました。

その時代に、現世においても死後においても、完全なる生を生きようとした人に求められた犠牲は、容易ならぬものでありました。まして、雨が降るというだけの理由で、修練に欠席しかねないこんにちの人間にとっては、その犠牲はいかに苛酷に思われるでありましょう。現代人に共通するこのような態度は、古えの時代にアブラハムによって示されたものとは、全くかけはなれたものであります。彼については、自分自身の血肉や、体や、魂への愛にまさって、真に「神」を愛した預言者がいた、と語り伝えられることができたのです。

しかし、人間のこころと、真偽とを知り給う神は、結局、アブラハムが彼の息子を殺すことを求められず、「神の使者」すなわち天使を送って、そこに介入させました。その結果、犠牲が終了したとき、アブラハムが祭壇上に見たのは、息子のイシュマエルではなく、一匹の小羊でありました。このように、神への完全な服従と誠実さとをもって礼拝をおこなうものは、決して惨めな状態におとし入れられることはないでありましょう。却って彼は、人間としての正しい位置にひきあげられるでありましょう』以下略。

とは及びもつかないが超ミニミニ版の服従劇です。アブラハムはわが子の命。私は（なけなしの）名誉・プライドで、天地の差です。そのうえ指示に従い行動することの目的は自分の財産の保全になります。アブラハムは神の意志に対する服従です。次元は全く違います。私に一口アドバイスを言うなれば「迷う事はないよ」的代物です。愚かな人間の代表的代物らしい悩み・迷いでした。

然し乍ら私には神の指示を言葉で聞く能力はありません。その意味で「神の啓示」を（神の代わりに）伝えてくれた服部先生は（前記のパパの言葉を借りて言えば）「神の使者」即ち「天使」です。お蔭で災難は逃れ、超ミニミニ版ながらアブラハムの受ける事に対する服従の悩みを体験させていただきました。これも先生が身近におられたからと感謝しています。

先生がお没なりになって早四月になりますが、何時も身近に先生を感じていてお没なりになったような気がしません。全く不思議な感じがします。強いて理由を尋ねれば追悼文を書くためにスブド日記より先生に関係のある部分を拾いだしたり、追悼文を書いている為かも知れません。

何れにしても、お没なりになったのは厳然たる事実です。大変悲しい事ですが、認めざるを得ません。ここに謹んで御冥福をお祈り申しあげます。

結　び

先生の内的自己、即ち霊格等の目に見えない分野でのお付き合いは、同胞の名の許に兄弟姉妹としてお付き合いさせて戴いたので何とか御紹介が出来ましたが、社会人としての先生は立派な名医であったことは周知の事実で、今更門外漢の私がとやかく言うべき事はありません。

然し乍ら生前、先生とお付き合いさせて戴いていた時、受けた雰囲気、人格、卓見は名医でしたの表現で済まさせるのは余りにも勿体ない気がしてなりません。

先生の内部（魂）から流れ出る神の力は、私達スブドメンバーは受け易いから（当然の事として）先生のお側で話をしているだけで心も内部も静まってきます。患者さんも（同様に）先生に診て貰うと心が安らぎ良くなったように感じられたようです。

医師と言う職業を離れて紹介すれば、この内部からオーラのように滲み出る力が醸し出す先生の人格・風格。神の力でブレンドされた知性。何一つとっても語り尽くせぬ香気のような素晴らしきものがありました。然し、口でそれを表現するのはとても難しいことです。とても素晴らしいお人柄で〝凡中の非〟とも申すべき方ですが……と迄は筆が進んだのですが後が続きません。

苦慮していましたら、むかし読んだ吉川英治の三国志の巻末の録餘外編に諸葛孔明を表した言葉があり、その中の言葉に「ただ、承相がお没なりになってから後は、何となく、あんなお方はもうこの世にはいない気がするだけで御座います」を思い出し、この言葉で私の気持ちを代弁させて戴きます。

勿論、諸葛孔明と先生を同列に見る程非常識ではありませんが、服部先生がお没なりになった後もあのような方とは今後二度とお目にかかれないと言う気のする〝凡中の非〟的な人であったと言いたいのです。

参考までにその一文を転記して先生の追悼文を綴じます。

合掌

平成八年（一九九六）十月十二日記　伊　藤　孝　司

吉川英治の三国志より

頼山陽の題詩『仲達、の営趾を観る圖に題す』に、山陽はかう云っている。

……公論ハ敵讐ヨリ出ヅルニ如カズ。と。

至言である。山陽は、仲達が蜀軍退却の跡に立って、

『彼は正に天下の奇才だ』

と、激賞したと伝へられている。その言葉をさして言ったのである。これ以上、諸葛孔明を論じ、孔明を是々非々してみる必要はないぢやないか……と世の理論好きに一句止めをさしたものと言えよう。

だが、ここでもう一言、私見をゆるしてもらえるなら、私はやはりかう言いたい。

仲達は天下の奇才だ、と言ったが、私は偉大なる平凡人と称えたいのである。孔明ほど正直な人は少い。律義實直である。決して、孔子孟子のやうな聖賢の圓滿人でもなければ、奇嬌なる快男児でもない。ただその平凡が世に多い平凡とちがって非常に大きいのである。

彼が軍を移駐して、或る地點から或る地點へ移動すると、かならず兵舎の構築とともに、付近の空閑地に、蕪（蔓菁まんせいともよぶ）の種を蒔かせたといふことだ。この蕪は、春夏秋冬、いつでも成育するし、土壌をえらばない特質もある。そしてその根から茎や葉までも生でも煮ても食べられるといふ利便があるので、兵の軍糧副食物としては絶好の物だったらしい。

かういふ細かい點にも氣のつくやうな人は、いわゆる豪快英偉な人物の頭脳では求められないところであらう。正直律義な人にして初めて思ひいたる所である。とかく青い物の栄養に欽けがちな陣中食に、この蕪はずいぶん大きな戦力となつたにちがひない。戦陣を進める場合も、その儘、捨てて行って惜気もないし、また次の大地ですぐ採取することができる。で、この蔓菁の播植は、諸所の地方民の日常食にも分布されて、今も蜀の江陵地方の民衆のあひだでは、この蕪のことを『諸葛菜』とよんで愛食されてゐるといふ。

もうひとつ、面白いと思はれる話に、こんなのがある。蜀が魏に亡ぼされ、後又、その蜀を征して桓温が成都に入った時代のことである。その頃、まだ百余歳の高齢を保って、劉禪帝時代の世の中を知っていた一老翁があった。

桓温は、老翁をよんで、「お前は、百余歳になるといふが、そんな歳なら、諸葛孔明が生きていた頃を知っているわけだ。あの人を見たことがあるか」と、尋ねた。

老翁は、誇るが如く答へた。

「はい、はい。ありますとも、わたしがまだ若年の小吏の頃でしたが、良く覚えておりまする」

「そうか。では問ふが、孔明といふのは、いったいどんなふうな人だったな」

「さあ?……」

聞かれる老翁は困ったやうな顔をしているので、桓温が、同時代から現在までの英傑や偉人の名をいろいろ持出して、「たとへば……、誰みたいな人物か。誰と比較したら似ていると思うか」と、かさねて問うた。

すると、老翁は、「わたくしの覚えている諸葛孔明はべつだん誰ともちがった所はございません。けれども、いま、あなた様のいらっしやる左右に見える大将方のやうに、そんなにお偉くは見えませんでした。ただ、承相がお没なりになってから後は、何となく、あんなお方はもうこの世にはいない気がするだけで御座います」と言ったということである。

仲達の言もよく孔明を賞したものであろうし、山陽の一詩も至言にはちがいないが、私は何となくこの老翁のことばの中に却って有の儘な孔明の姿があるやうな気がするのである。

丞相《ジョウシャウ》ノ祠堂《シダウ》何《イズ》レノ処《トコロ》ニカ尋《タヅ》ン
錦管城外柏森々《キンクワンジヤウグワイハクシンシン》
階《カイ》ニ映《エイ》ズ碧草《ヘキソウ》自《オノヅ》ラ春色《シュンショク》
葉《エフ》ヲ隔《ヘダ》ツ黄鸝《クワウリ》空《ムナ》シク好音《カウイン》
三顧《コ》頻繁《ヒンパン》ナリ天下《テンカ》ノ計《ハカリゴト》
両朝《リヤウテウ》開瀚《カイカン》ス老臣《ラウシン》ノ心《ココロ》
師《イクサ》ヲ出シテ未《イマ》ダ捷《カ》タズ身《ミ》先《マズ》死《シス》
長《ナガ》ク英雄《エイユウ》ヲシテ涙襟《ナミダエリ》ニ満《ミタ》シム

孔明を頌した後人の詩は多いがこれは代表的な杜子美の一詩である。沔陽《ベンヨウ》の廟前に後主劉禅が植えたといふ柏の木が、唐時代までなほ繁茂していたのを見て、杜子美がそれを題して詠ったものだといはれてゐる。

スブド日記（神と共に歩いた三十年の実録）

伊藤孝司

服部先生を媒介とした神の言葉が綾なす人生の実録
神と服部先生と小生（伊藤）とで綴った人生の問答集

はじめに

このスブド日記は服部知巳先生追悼号出版に際し日記より抜粋転記したものです。

殆ど服部先生の「クマラが話す云々」で始まる〝クマラトーク〟が大半を占めると予測されます。

クマラとは礼拝中に出現された神様が〝クマラ〟と自称された名前です。

クマラトークには（出来るだけ）目印として寅印のをつけます。を選択した理由は、クマラトークを受けた服部先生が寅年生まれだからです。

転記時（平成八年）の加筆事項にはを行頭につけます。

トークの出た年の（時代背景を想起するため）シンボル的事件・行事も挿入しました。私へのトークは子年であるネズミのマークをつけ私へのトークである事を示します。

昭和四十二年（一九六七）

●六月十四日　クマラトーク（以下トークと略称します）

「この手によって受けたものは、お前（伊藤）の身体の状態である。この事について、お前に教える『お前の身体は大変弱っている。お前は仕事に精を出して励めば、励むほど、お前の生命力は衰える。お前は仕事に精を出していないと、思っているだろうが、お前が仕事に精を出せば出す程、衰え、やがて、お前は、仕事と共に亡び去るであろう』。

お前は、神の力を受け、神の力によって暮らすことが、お前の本当の暮し方であり、本当の生き方である。それがお前に与えられた使命なのである」

●六月十七日　トーク

「今受けたこの痛みは、物の力による痛みである。

お前（伊藤）の頭は殆ど物によって支配されている。一般の人は、皆この様な状態で、暮らしているが、この様に物質が頭を支配していては、神が、この頭を使うことが出来ない。お前の頭は物に執着している。

お前は物を頼りにして生きているが、物質はお前にとって、何の為にもなっていない。お前の力になるのは、神だけである」

●六月二十五日
三年前に受けたクマラの世的指導原理の本を持って服部先生と鞍馬の山に行く。沛然とした人払いの雨のきつさに驚く。

●七月十九日　トーク
「今受けたものは、伊藤の内部に充満している植物力である。

お前の内部は全く植物力によって支配されているが、植物力に密着しないよう努力をして、誠実にラティハンを続けているならば、神の力によって植物力を分離する事が出来るでしょう。

さすれば、お前の内部は植物力を分離する事により、お前本来の生命力をまっとうする事が出来るでしょう」


七月二十三日よりスブドの世界大会東京のよみうりランドで開かれ、バパ来日される。

●八月十六日　トーク

「低次の諸力を頼り信頼するという事と、低次の諸力を使うという事とは異なることである」（注：このトークはK氏に与えられたものであるが、同時に全員に与えられたものと解釈した）

●八月三十日　トーク

「神の指示を受けて、生きて行くのがお前（伊藤）の使命であるのに、お前は、まだ自らの力で生きようとしている。

この事は、前にも度々注意した事である。欲望に支配されて生活をしていれば、やがてお前の肉体は亡び去るであろう」

●十月二十五日　トーク

「この胸の痛みは人より受けたものである。お前（伊藤）は人の病気に興味を持ち過ぎる。余り人には注意を向け過ぎないように。自分の内部に注意をそそぐ可きである」

昭和四十三年（一九六八）

●一月二十日　K氏へのトーク
「神の力を得るには、その前に死ななければ、ならない」

●一月二十四日　トーク
「スブドは神の意志により人間に与えられたものである。この事を、もっと良く認識すべきである」

●二月二十二日
服部先生今日より米粒を食べ始める。一月十日のラティハン後二日間酷い下痢、その後米粒食べられず、めん類の由、後日判明したのであるが会員の高村氏の胃の影響を受けたものらしい。

●二月二十一日　トークあり
ラティハン中、頭をなでられ、その後、足の治療が始まり、服部ヘルパーの全身を使っての治療を受けた。その時「これはクマラがお前の足を治しているのである。ババがお前の足を治しているのである」と言う有難いトークを交えてのラティハンであった。

●二月二十八日　トーク

頭の浄化を受ける、次に足の浄化を受ける。

トークは「この足の痛み（服部）は、この足の痛み（伊藤）である。この足の痛み（伊藤）は、この足の痛み（服部）である。スブドの同胞は身体は別々でも、内部は一体で、それぞれ、繋がっているのである」。

●三月二日　トーク

猪子氏に（会員を代表してと思われる）トークあり。曰く、

「頭を自らの意志で使わないでいれば良いと言うものではない。自らの意志で、頭を使わないでいても、あらゆるもの、他人の為に使われる事がある。

絶えず神の意志の存在を気にかけ、誠実にラティハンをすれば、その様な事は避けられるでしょう」と服部先生の口を通じた啓示があった。

ラティハン後に、この程度の事は話しても良いだろうから、と前置きをして、昭和四十年鞍馬山で受けたトークの一部。「愛情について」を服部先生より教えられた。但し文章の読み上げでなく、口頭での発表である。

「愛情は潤滑油のようなもので、人と人との間を滑らかに結ぶものであるが、扱い方を誤ると、火と燃えて何物をも燃え尽くして、後に何物をも残さない。

人と人を結ぶ事の出来るのは愛情だけである。

愛情なき援助、〃私の心〃無き愛、愛なき援助等は、何の価値もなく、助ける事も出来ず、寧ろ、うるさがられるか、反って不幸にするだけだ。

人と人とを結ぶ事の出来るのは愛情だけである。〃私の心〃なき愛情でなければ、いけません。何故ならば〃私の心〃なき愛情でないと、結ばれてはならない人と結ばれるからである」


以上記憶のメモより日記に転記。

●三月六日
集団ラティハン後の先生の感想に皆順調なラティハンをしているようだ。

服部先生の耳クマラの声を聞く穴あく。

と意味深長な言葉が日記にあり。

●三月九日　T氏へのトーク（ST氏？）
「この手に受けたものは低次の諸力である。それは誰から受けたものか、教えよう」とてT君の胸に手を当てて教え、そして「人々の身体はそれぞれ別々になっているが、中身は一体である。クマラは皆、同じ様に働きかけている」。

●三月十三日
クマラ様より。ラティハンについて全員落第である。もっと真剣にやれ！　と注意を受けた。

●三月十六日
服部先生へのトーク。

「ババはクマラ、クマラはババ、お前（服部）はクマラ、すべてはクマラ、クマラはすべて、クマラは、すべてのすべてである」

●三月十五日
パイプ事件発生。
此の件で三月二十三日クマラ様にお叱りを受く、

注釈……此の件で三月二十三日で叱られる。トヨタでの取引で同業者がえげつない事をしたのでパッション（情念）にはパッションとパッションを使い対抗したのでクマラ様に大目玉を食らった事件です。

この追記日一九九六年八月十三日

●三月二十三日　トーク

「この汚れた身体は何だ。神の前に立つのに、神の愛の大きさを知れ、神の愛を玩具にするな」と。

服部先生の解説によれば、

「お前は（伊藤）神の愛がなければ、生きていることも出来ず、或いは今頃病院で寝たきりでしょう。それなのに、神の愛を拒み、背を向け、自分の力で生きており、神の導きを自分の能力の如く過信している。お前の力なぞ何もないという事と、神とお前とは一対一の対決であるという事を認識すべきである」。

●四月六日　トーク

足を引っ張り、頭をたたき、「よくも、まぁ、こんなにガラクタが詰まっている事だ」。

●四月十日

回診有り、私をうつ伏せにして服部先生小生の上に仰向けに寝て時々小生の頭を叩き、或いは頭にて小生の頭をこする。

トークに、

「此の受けたものは全部伊藤のものである」。

ラティハン後、先生は腰の痛みは何故かと、聞く。

先生曰く「前に経験が有るが、下手な頭の使い方をすると、腰のこの辺が痛く為ったことが有る」と(注：腰痛三週間前より自覚、昨日今日と最高に痛む)パイプ事件のせいと思う)(再注釈：三週間前を逆算するとクマラ様に大目玉を食らった日である。矢張りパイプ事件でパッション(情念)を使った頭の使い方が悪かった。とワープロ入力しながら反省)。

●四月十三日

回診有り、私の身体は相当悪いらしい。先生も相当私の低次の力を受けたらしく、苦しそうである。

「明日鞍馬に一度行くが良い」と言うから行くつもり。

●四月二十七日

服部宅訪問。第一目的の相談のあと服部先生と名古屋観光ホテルで夕食を共にする。その時先生は、「先日喫茶店由美で（ラティハン後）『鞍馬山に行かないか』と言ったら（お前は）スト（が有るかもしれないから）やめようと言ったけど、あれは、テストであった」と申された。〃お前はすぐ頭を使い出すから他力を受ける事が出来ない〃と注意をされた。私はあの時〃眼の見えぬのが分かる筈なのに先生に似せぬ事を言われる〃と思い〃迷惑をかけては〃と思い適当な理由をつけて断ったのである。しかし、先生の話によると、「そのことは分かっていたが、真に神を信頼するならば、全託するならば、ハイと返事をして出掛けて来るでしょう。そうしたら、一日中一緒にラティハンをするつもりでいた。しかし頭を使うから神の力を受ける事を拒否してしまったのである」と言われた。

成程クマラ服部の言葉か、人間服部の言葉か、を区別するのは、頭で考えたのでは、区別することは出来ない、かえって混乱するばかりである云々。と反省文が続くが転記は省略。

●五月四日　トーク

「神の力は皆の上に何時も注がれて居る事をもっともっと良く認識すべきである」

●五月二十五日　トーク

「山の彼方の遠くの国に君達を連れて行く、そこは本当の幸せの国である。そして其処で真の生き方を知るでしょう」

●五月二十七日〜六月四日

前略〜　ラティハンを二回怠けてしまった。日曜日服部先生から心配して電話が有った。〜略。

●六月十二日

回診あり、トークは無かった。ラティハンの終わり頃回診を受く、それは額の眼と眼の間と心臓。ラティハン後の話で「意志は捨てよ、意志を使うのは、絶えず内部の流れに注意を向けることのみに、意志を使うべきであり、それ以外は意志を使うべきではない。そうすれば内部の流れが意志し、頭を使い、手足を使い、この身を動かすだろう。それが本当の生き方である」。

（注：この先生の話のワープロ転記して居て驚いた、こんな良い話を聞くのが初めての感激、二十八年前このような教えを先生からされて居るのにと。頭の使い方がまだ良く分からずに時々考えたりして居たのに、二十八年前「意志は捨てよ！　意志を使うのは、絶えず内部の流れに注意を向けることのみに、意志を使うべきである。と（このトークを読んで）今頃気が付くとは！

「意志は捨てよ、意志を使うのは、絶えず内部の流れに注意を向けることのみに、意志を使うべきであり、それ以外は意志を使うべきではない。そうすれば内部の流れが意志し、頭を使い、この身を動かすだろう。それが本当の生き方である」これは一種の悟りの言葉である。然もそれはスブド人にしか適用出来ないハイ・レベルの意志の活用法である。これぞ真の智慧。般若と称するに値するの智慧の〝言葉〞と受け止めた。改めて感想！　流石は神様に聖風と命名されるだけの事は有る。それも二十七年前に此処まで悟って居たとは。

今日初めて意志の（具体的）使い方が判って感激！　服部先生ありがとう！

こうすれば、日常生活でも、指示が得られます。先生に何か尋ねた時にする、内部を見つめるような表情はコレ！　かと判った。意志を使い内部の流れに注意して「内部の流れが、意志し、頭を使い」其処で一つの回答が出る。と言うメカニックかと。こうすれば神の指示に相当する答えが得られると確信した。

平成八年八月十三日

追伸：以上の如く二十七年前の服部先生の話の感想文を書いてから、食事をしていたらアレッと思った。この様なことは、前に体験した事が有ると、そして、頭の中を眺めていたら、私本スブド記に書いたような気がしたので調べたら、拙著・私本スブド記のNo.５ラティハンは神の手によるジワ（魂）の浄化手術の巻、の巻末に「私事で恐縮ですが、現にこの文章を書きながら、どのように考えたら良いか判断に迷っていると『あっそうですか、そうですか』という感じで、教えられるように（導かれるように）考えがまとまる事が度々ありました。これも形を変えた啓示と見做しても差し支えないと思います。啓示は指示、導き、その他、種々に形を変えて私達に与えられます。

啓示は言語的イメージよりも世的体験で暗黙の内に教えられる事の方が多いようです」と書いてある箇所がありました。

これは正しく「意志は捨てよ、意志を使うのは、絶えず内部の流れに注意を向けることのみに意志を使うべきであり、～略～　そうすれば内部の流れが意志し、頭を使い、手足を使い、この身を動かすだろう。それが本当の生き方である」を無意識に（自覚せずに）実行していた事になります。スブド記No.５を書いたのは九六年七月二十日ですから（少なくとも）三年前にはジワの平穏の時は（服部先生のアドバイス）が実行されていた事になります。

しかし、です。このアドバイスを意識して居て、「意識して意志を〝内部の流れ〟に注意を向ける」事を絶えず意識して暮らすのと「無自覚無意識で内部の流れに任せたり、自力に任せたり」では随分とその暮らし方に違いが出る筈です。全託のスブドと言えど、矢張りスブドにも知的理解の必要はあります。

一九九六年八月十三日記入

★トークで「お前の考えを捨てよ」と言われるのは「何も考えるな」に通じ、それは「意志を捨てよ」

と一緒で、それは「内部の流れに注意を向けよ」になり、それは「内部の指示に従え」に発展して行きます。「考え（意志）を捨てよは、考えずに、内部の流れに注意して、それに任せよ」と見つけたり、と言う所か。

★意志を捨てて「頭の奥を見つめて居ると、答えが返ってくる」これが体験による実感であり（我流の）表現です。

一九九六年八月十三日記入

●六月十九日　トーク

（対象者不明）……スブドの集まりは神を中心とした集まりである。絶えず神に向かって居なければならない。そうでなければ、たとえラティハンを行っても、何物をも得る事は出来ないであろう。ラティハンの前でも神以外の事を言うべきではない。日常生活も何時も神に対面し、神を中心にすべきである。

（注：ワープロに転記して居て対象者は鈴木八郎氏？　と推測）

●六月二十五日

満三年前服部先生と鞍馬山に行った事を思い出す。今日は雨で寒いくらい涼しいが、三年前は割合暑くよい天気であったように思う。それでも二十六日の明け方は大変寒かった。早いもので三年経ったが、先生は、その時受けた教えの実地訓練が、未だ続いて居り大変と言うけれど、私は中々浄化が出来ずクマラ様に誠に申し訳なき気持ちがする。

●六月二十六日　トーク　服部先生へ

ラティハンにて**クライシスのトークあり**、その言によれば、「霊的成長に伴う転換期で、思春期のようなものであり、誰でもが通らねばならぬ（神への道を求むるならば）道である。この流れがお前（服部）の頭の考えを遮るのである。だから、お前は自分の思わぬ行動をしたり、考えをし、何故そうなるのか、判らぬので、苦しんで居るのである。これがクライシスなのである。これは神の力に接触させるためには、誰でも通らねばならぬ関門である。『世を選ぶか？　神を選ぶか？』この事を知って居ればクライシス（危機）の苦しみを越し易くなるのである。頭の中をカラッポにせい！」。

●六月二十九日　トーク

（T君物凄く叱られる）「神を恐れよ！　お前は神を求めるのか、悪魔を求めるのか」と叱り、小指が痛い、と言われ、それから、「中に悪いものを持って居ると、神は何でも見通しだ。神の眼をごまかす事は出来ない」。

●七月三日　トーク私へのトーク

「九月に気をつけよ！　欲を出すな。ということは、今段々、お前の欲望が旺盛になりつつあるから、特に九月に気をつけ、欲の為に重大な誤りを犯さないように！　お前の健康状態に合った行動をしなさい。でないと取り返しのつかない事がおこる」（以上私の分）

次はDさんにトーク「お前（D）の内部は物質力との調和が取れて居ない。お前は物質が何のためにあるか分かっていない。それはラティハンをして、お前の内部が浄化されれば自然と分かって来る。そうすれば物質はお前の周りに自然と幾らでも集ってくるのである」。

（再び私に）「クマラは霊的な光である。クマラは霊である。ババはクマラの魂で満たされて居る人である。クマラは伊藤の未来と物質力について教えたのである。良く分かったたか、この事について」。

以上ラティハン中のトークの大要をメモした。もっと名文で、もう少し細かく教えを受けたが、何分ラティハン中の事であり、ラティハン直後には、良く覚えていたが、例によって一、二時間経つと細かい事はボケてしまって名文をそのままメモる事はできなかったが、要は九月に私の危機が来るから、それを避けるために欲望をセーブする事であり、勿論欲望を制御しようとしても、人間の力で、どうする事も出来ない事は明白であり、それは、神の力に（ラティハンをすることにより）よってのみ、可能な事である。勿論トークにある如く内部の浄化が出来れば、すべてが解決出来る事であり、その方法はラティハン・全託による神の援助を受け、日常生活に於いて、絶えず神と対面して生きるより術は無い。

九月に備えてラティハンに励み、内部の浄化を急ぐべきである。

（注：欄外に次の感想文が書いてあった）

神の予言は、スブド人であるから受ける事が出来るのであるようだ。何故なら、それを受け、その対策の方法の根本は内部の浄化にある故に、その浄化方法即ちラティハンを知らなければ、前記の事を教えても無駄であるからである。これは、私の感想。

●七月六日　トーク

「この指（先生の右親指）に受けたものは、伊藤の内部の状態である。彼の内部は段々浄化され、神の力を受ける事が出来るようになりつつある」

ラティハン後の話によれば、またラティハン中の行動によれば、小生の背骨（右側？）を右手で探って行き、痛みはなかった。そして内部を受けた。痛みの無いのは、神の力を受け易くなって居る状態と、二、三日前のラティハンにて、教えて戴いた由。

●七月十日　トーク

ラティハン中私の左胸が痛む。

Ｋ氏へのトーク「お前の頭は過去の事で一杯だ。過去に執着するな。過去は過去。現在は現在であり、全託とは、現在を現在たらしむるものである」と。

●七月十七日　トーク

服部先生へのトークらしい。「頭をクマラが使うから自分の思う様には使えない。この頭を使うのは、自らが使うか、人が使うか、神が使うか、同時に一つ以上のものが使う事はできない」

●七月二十日

スブドの合宿、先生の都合で車で迎えに二時に行く、五時に鳳来寺につく、一時間半にて宿坊に着く、千三百段位の石段で汗びっしょり。

●七月二十七日

服部先生、今日のラティハンにて大変重大なものを受けたようだ。

ラティハン後の話により想像すると、大分前より受けていた試練が鳳来寺以後大変強くなり、遂には心電図の検査をするほどの、混乱状態になり、ものも言えぬ程になった由。ラティハン会場に来るため、家のドアを出た時にその原因が分り、身体がトタンに軽くなった。集団ラティハンによって、その苦しめていた低次の力が分離され始めた。

苦しい時、「神様助けて下さい」と祈ったけれど、聞き届けては呉れなかった。何故ならば、良く考

昭和43年7月、凰来寺山で。左より高村、服部、山田、前嶋、伊藤、玉井の各氏。

えれば、「何か教えようとして、その為に必要な苦しみである」苦しめようと神が意志しているのであるから、悟らなければ、許して、助けては呉れない。それから逃げようとすれば、これでもか、これでもかと次から次へと同じような苦しい状態を与えられ、全くかなわんからスブドを止めようかと思った。と述懐をされた。

自分の欠点は自分では分からぬものであり、その盲点を教えようと神がするのであるから、容易な事で分かる筈は無く、苦しみも倍増。その気持ちは分かります。二、三日前先生が受けたのは「神を信じよ。如何なる時でも信じなさい」と言われたが、言葉では分かっていても実行は中々出来ないことであると先生は言う。私もそう思う。

日記には累々と感想が綴ってあるが省略。

●七月三十一日　トーク
私に「この足を大事にしなさい。クマラは何時も共にある」。

先生には「本当に生きるには、死ななければならない。死の苦しみは低次の力の執着である」のトーク。

服部先生は今大変な状況のようで（ラティハン中に）臨終の近き如き発言あり、（実際のか、低次のか、分からぬが）先生へのトークは「本当に生きるには、死ななければならない。死の苦しみは低次の力の執着である」と。

神の言葉によれば服部さんは今、半死半生の状態である由。そして、その低次の力の密着による苦しみを離れた時の素晴らしい状態（見神というのがこの状態で所謂低次の力の分離された状況）を語られた。

●八月四日　トーク　服部先生へ
鞍馬の款喜園の部屋でラティハンしたら、
先生へ「この苦しみは、お前（服部）の力を取って無力にするために与えたものである。何故ならばお前の力以上の力を与える為である」のトークあり。

●八月五日
昨日、服部先生と鞍馬の奥の院へ行った。そこにクマラ様の説明が書いてあり、六百五十万年前に出現されたとあった。昔は三百五十万年前、次は五百万年前と書いてあったが何が証拠で年数が変わって来たのか興味を覚えると先生が言われた。そう言われてみればそうである。

●八月七日　トーク　服部先生へ
「神の力によって生きているということを、体験によって世に示す事がお前（服部）の使命である。（言葉ではない）すべてを神に任せるという事である」
先生の話によれば、「その為に、今、ホコリ（誇り）を一つ一つ取られつつあり、グロッキーになり、無力になりつつある。今は身体が持たなくなったので、午後は休診にすることにした。それは経済的には大赤字になりそうだが、せざるを得ぬので……」。

感想：神の指示を受けて実行することは大変な事である。先生に同情するけれど、神の意志ならば、私達の及ぶ所ではない。私達も、精々その時のきたときの用心に、今から覚悟を固めなければなるまい。スブドはもっと易しい道、世の中を楽に暮らす為の修練と思って入ったのに、これは大変な事になったと思う。けれども、これだけ神に近づいて仕舞った今となっては、神は、離れる事を許されないでしょうから、死んだつもりで今後も修練を続けるつもりになった。

●八月十四日

病気に関するラティハントークを思い出したので（重複するかも知れないが）メモをすることにした。

「病気とは低次の諸力による誤りの行為の表現である」

「病気とは低次の諸力が肉体的にコリ固まったものである」

●八月十七日　集団トーク（全員に）

「スブドの会員には（絶えず神の力がそそがれている）スブドの会員はそれぞれの個性に応じて（既に）進むべき道が与えられている。スブドによって安心して進みなさい」と言う意味の言葉であった。

●八月二十一日　トーク

クマラトーク有り。曰く、「クマラはすべての人間となって生きている。クマラの力を受けた人がバパであり、シャカである。クマラはすべての人に働きかけて居り云々……人間の意志とクマラの意志と違う事により悩むのである」。

今日のクマラトークは何時もの如く丁寧に色々の事を教えられたが、今、全部書くことは出来ないのが残念。

雑種犬ながら利口なメリーが死んだ。フィラリヤであったことを知らなかった。可哀想な事をした。メリーが私に示した信頼と忍耐と服従による全託には感銘し教えられる所があった。

死ぬ日の朝、子犬を全部ならべ出ぬ乳房を与え別れ、それから離れて、身を横たえ死期をまっていたという話を聞き、その心情が哀れでならぬ。

●八月二十八日　トーク
今日はラティハンが始まるとすぐ服部先生が痛い痛いと言い、先生の右手の小指がわたしの胸、腹、腰、手を触り、痛い痛いの連続であった。その後トークが始まった。

「この手に受けたものは伊藤の肉体と内部の状態である。彼の内部は未だ物質力に執着している。彼は物質を重視し過ぎている。彼の内部を神に明け渡すべきである。神の力がすべてであり、神は全能であり、物質力を分離出来るのは神の力のみであるけれど、彼も内部の状態を認識し、神に彼の内部を明け渡すように心掛ける事も大切である。物質に対する執着を分離するという事と、物質を捨て、物を棄て、職業、世的生活を捨てるという事とは違う。彼は、ラティハン中も、世的生活に於いても、物質に対する尊重を慎み分離するように……」

●九月七日　トーク

鞍馬山にて先生と〝普門坊〟最高の部屋に泊まる。

「この手に受けたものは伊藤の内部の状況と肉体の状況である。クマラは絶えず伊藤を見守り、力を注いでいるから、伊藤の内部はその力を受けて居り、受けることが出来る。肉体も内部の状態と共に平行するものであるから、自らの意志で思考力をなるべく使わないようにしていれば、やがて伊藤にも平安な状態が訪れるだろう」

先生の話によると三年前の六月二十五日に私と一緒に鞍馬山にて神語にてクマラの教えを受けたが、その後日本語に翻訳を受け、体験をさせられ、やっと教えの真義が分かり、先月八月三十一日にクマラ様より〝これを以てクマラの教えを終わる〟と告げられた。後は全く平静になった。今日の参拝は偶然ではなく神意であると。

●九月八日

昨夜ラティハン後、寝たが山で受けたせいか、先生の強くなったためか、恐らく先生の霊的状況が強くなった為と思われるが、（子供のとき海で遊び疲れた夜のように）けだるくて寝苦しい。この前、泊まったときはこんなでは無かった。同じ山、同じラティハン、同じ宿。勿論神の力の増減は考えられず。先生の受ける力の増加によるものと思う。朝、一か月前とは大違いの旨を先生に言い、隣に寝るのは有難いが〝えらくて〟叶わぬ、先生の奥さんは何とも無いか、と尋ねたら、先月病気になり三十九度の熱を出し十日程ぶらぶらとして寝て居たと。このエネルギーを受ければ当然でしょう。

峠まで登り静かに受ける。下山の時受け過ぎて酔った如く夢心地で本堂まで来た。今日は凄い。鞍馬山が清浄な聖地である為か、この山に神の力が噴き出ている為か、先生の通路の拡大か、その作用の相乗作用か、神の力の大きさを痛感。

●九月十一日　トーク（内密でテープデッキを持ち込むトタンに啓示を受く）

「この頭の中にあるものは、この頭の中にあるものは、クマラクマラクマラクマラクマラクマラクマラクマラクマラクマラクマラクマラ物質を物質を物質を物質を物質を物質を、

この頭の中で動いて居るものは、物質に対する、物質に対する、欲望と執着である。この頭の中で動いて居るものは、物質に対する欲望と執着である。物質に対する欲望と執着である。その欲望が、その欲望が貴方の行動を色々に決定している。

けれども、我々ラティハンに従うものは欲望に従って行動をするのではない。神の意志に従って行動をして居るのである。それは単にラティハンのみならず、実際生活に於いても神の意志を尋ねる心が無ければならない。

お前はこの欲望のみの命令によって動いて居るのである。欲望の命令のみで物事を決定して居るのである。もっと、神の意志を聞くような気持ちがなければ、この頭の浄化は中々困難になるのである。我々は神の意志を聞く心が無ければ頭の浄化は中々困難となるのである。神の意志をもっと聞きなさい。神の意志をもっと聞きなさい。神の意志をもっと心を静めて聞きなさい。そうすれば、貴方の内部で神の意志が何であるかが、何であるかが、判ってくる様になるのであります。そういう事を何もしないで、ただ欲望によって、貴方はあらゆる事の決定を行って居ます。

それがこの頭の状態であります。クマラの話を終わります。

アッ　イタイイタイ……

「欲望によって、我々は、実際生活に於いても、欲望によって物事の決定を行ってはなりません。ラティハンに従うものは、絶えず神の意志が、どう言うものであるか、という事を内部に尋ねながら暮らして行くのが必要で有ります。それも一つのラティハンであります。内部に神の意志を尋ねながら暮らして居る事なくして、ただ欲望の命令に従って居ては、何時迄たっても頭の浄化は起こらないでありましょう。その人を動かすものは、何時迄たっても、欲望に過ぎないで有りましょう。

ウルバーデ　ウルバーデ　ウルバーデ　ウルバーデ　ウルバーデ

サブーデ　サブーデ　シビーデ　シビーデ　シビーデ　サビーデ　サビーデ　スビーデ　スビーデ

バパ　バパ　ウリサンダ、スビサンダ、マビサンダ、カンバーダ、バパもっともっと神の意志を聞きなさい。神の意志を内部で聞きなさい、もっともっと聞きなさい。

ブリーダ、ターバ、イリバーダ、ターバ
そうすれば、やがて神の意志が内部で判ってくるようになるのであります。

その為に我々はラティハンと言うものが与えられているので有ります。実際生活に於いても又神の意志を絶えず尋ねるという気持ちが働かない限り頭の浄化は中々起こらないでしょう。

この世の力はすべて欲望によって支配されて居るのでありますから、その力に頭は支配されてしまうで有りましょう。

そういう支配を受けないためには、何時も神の意志を尋ねると言う気持ちが無ければなりません。

ウルサーバ、スーデ、サスバ　サスバ　サスバ　サスバ
ですから、我々はそういう可能性を得るためにラティハンに努めて居るという事を忘れてはなりません。ラティハンの終局は神の意志を自分の内部で受け取るという事の為に行って居るものであります。

自己を浄化して貰って、その浄化した内部で神の意志が判る様になるのがラティハンの終局の目的であります」

以上は東海支部のスブド会場に於いて密かにテープをおいてラティハン中に収録したものである。参加人数七名。前のトークは伊藤に。この他Ｋ・Ｔへのトークはカットした。後のトークは私を代表として全員に対して与えられたものと思う。

（注：後日前記の如く録音した事を服部先生に話したら、誤解されるといけないから〃消せ〃と言われたので異言もそのまま日記に転記してテープは消しました）

●九日十四日
服部先生休み。昨日のテープ皆で聞く、好評なり。

●九月十八日　ラティハン後の話？　クマラトーク？
「（仕事上？）事業上の成功と人生の成功とは違う。人はどちらを幸福として選ぶでしょうか、スブド人は人生の成功を求めて居るのである」

●九月二十五日　トーク
「①この手に受けた痛みは伊藤の内部に集積した低次の力による痛みである。
②自らの力で生きようと、あれこれ動く事により低次の力が集積するのである。
③自分の周囲の状況は、すべて自己の内部の反映である。内部が浄化され、内部の浄化が進めば自然と周囲が落ち着いて来るのである。
④お前を生かして居るのはお前の力ではない。すべてクマラの力である。お前は自らの力で生きて

居るつもりでいるが、それは本当に生きて居るのではない。本当の生き方はクマラの力によって、クマラの意志によって暮らす事である。
⑤全託はラティハン中のみで良いと言うのではない。日常生活に於いても神の力によって暮らす事が本当の生き方であり、それが人間。特にスブド人に与えられた使命である」

●九月二十八日　トーク
「この手（左）をこの上に（心臓）当てて無心になりなさい。そうすれば神の力がこの手を通じて患部に流れ病根を治すことが出来る。その為にこの前のラティハンに於いて、クマラはこの手を浄化したのである。神の力は浄化した肉体を通じて与えることが出来るのである。既に、この手は浄化されて居るが、右手は低次の力が集積されて居て、未だ浄化されて居ません。左手を此処に当てなさい、これはクマラの注意である」

その他、W氏の背骨について病根の説明有り、W氏の話によれば、中学時代に跳び箱で背中を打った事が有る由。

●十月五日　トーク
「この眼の内部の状態をお前（服部）が受け、それをクマラが浄化する。伊藤はこれによって眼の状態が良くなるであろう」

ラティハン後の話によれば、眼が潰れる程に痛かった由。そして眼の浄化ラティハンを初めて経験された由。

前嶋君の頭は汚れて居ない頭。神の力が受け易い頭の由。

●十月十二日　トーク
回診有り、小生の両手。眼の浄化援助あり。

先生自身に対するトーク「この胸の痛みは親のものである。この病は乳癌である。乳癌は女性の低次の力の凝固したものである。神の力によって、この病は浄化し治す」先生の話によれば、「先日母の胸にデキモノが出来て居たので、見たところオカシイので手術した。ガンであった。二十年前よりの病であるのに、一つだけで余り大きくなって居ないので、不思議と、医者も言って居た。私は何となしに良くなると思って居たが、今日は驚いた」。

●九月二十六日
服部先生と岡山市に行く。スブド会員H氏の出迎えあり。三人でラティハンする。左胸部痛む。胸の痛みは心臓の上四寸上部である。これはH君より受けたものと先生は言う。私もそう思う。

昭和四十四年（一九六九）

●一月十一日
東京よみうりランドに服部先生と行く、秋田の小林君と同室。

●二月八日
スブド東京大会に出席。服部先生、ＫＨ女史、私の三人。ブリッジが起こった。この会場では珍しい事だ。

●二月二十六日　トーク。足を触り、クマラの話
「この痛みは……どうしてこんなものをもって来るのだ。ラティハンは何のためにして居るのだ！馬鹿な奴」

●三月一日
頭の浄化を手伝って貰った。先生の話によれば、「頭が重い。清い水を注ぎ入れ、それをくみ出し、くみ出し、浄化して居るようだ」。

●三月八日
ラティハン後の雑談での全員へ「念の念を継ぐな」。

●四月九日　トーク
「肩の荷を降ろせ。何をかついで居るのだ。早く捨てよ。こんなものかついで何処へ行くのか、知って居るのか」と背中をはたかれる。

●四月十二日　トーク
「物というものは無くなるものである。魂は無くならず永遠に続くものである。ラティハンは物を得るために与えられたものではない。クマラは魂に働きかけて居るのである。クマラは物を与えるために働きかけて居るのではない。クマラは魂の浄化の為に働きかけて居るのだ。お前はこの事を良く理解していない」

このトーク要約すれば、色即是空、霊魂不滅、霊的礼拝は成仏の手法にして、成り金の祈禱に非ず。

●四月十九日
栗原君オープン。

●七月二十一日
アポロ11号月面到着、五時第一歩を踏む。

●七月二十七日
南大阪堺支部に服部先生と行く。

●九月十日
ラティハン後も頭の頂点が痛む。帰りの車中で「ラティハンを休まないように。ラティハンが足らないから君の近くに行くと私（服部）の頭が痛む」と。

●九月十一日
パパ来日されるので服部先生とよみうりランドに行く。

●九月三十日
昨日服部先生から鞍馬山行きの誘いあり、二人で鞍馬に行く。何時も人払いの雨が降るので、今度はどうかな、と思った。と言うのは連日の好天続きなので（今度ばかりは）天気かな、と思って天気予報を調べると「曇り時々薄晴れ」との事。天気もそのとおりのようだ。しかし、事によると何時もの例で山は小雨かも、と言う考えがちらりと心をかすめた。真に神を信じて無いため雨具の用意をせずに（予報を信じ）出掛けた。案の上、山に入ったらポツリポツリと例の如くビニール風呂敷で間に合う程度の雨が降り出してきた。山は静かで深いものを沢山受けた。特に頭の浄化が激しい。下山したら京の街も雨。又々クマラ様の（人払い）雨には天気予報も真っ青。

●十月四日
G君がひどいラティハンをする。自分の分は済まして終わりを待つ。一時間二十分で終わる。明日先生宅でスペシャルラティハンをG君とすることになった。ヘルパーは大変であるとつくづく思った。

●十月十五日
ラティハン後の先生の話された話に、清川？　と言う人が「私の自信は如来の力による自信である」はスブドと共通するものがあり感銘したと話された。

●十月二十五日
和歌山支部に服部先生、T氏、私の三人で行く。私達三人の加わったラティハンで和歌山の植木氏非常に強いものを受けたる如く〝再オープン的スペシャルラティハン〟が起きた。

●十月二十六日

K、Dの両氏も参加、二十人程で談話会有り。私の座って居た場所に異変？　有り、居心地悪し。和歌山の会員がよく分かったな、と言う。何か因縁がある如し。

●十一月十二日　トーク

「頭は人が使う事も出来るし、他人も使うことが出来る。物が使うことも出来る。それなら、神の道具として使って貰う方が良い」と言う趣旨のトーク有り。

●十一月二十九日

和歌山より楠見氏、植木氏、奈良より砂川氏、来名。

●十一月三十日

関西合同ラティハン会を東海支部で一時より行う、東京、大阪、堺、岡山、奈良、和歌山より参加される。

昭和四十五年（一九七〇）

●一月十一日
スブド新年会にて所信を話せと言われ「神を求めてスブドに入り、今では何時も神と一緒に居ることを自覚し感謝して居るのに、私の内部のナフス（注：梵語。我執・我欲による感情・欲望・愚かさ）がそれを拒否して勝手な行動を起こしそうで、何時神より見放される時が来るかと、我が内部のすさまじさに恐れ戦《おのの》いて居る」と白状した。

●一月十二日
私の人生の敵。スブドの修業の最大の敵は、私の心の中に居ることに、昨日の新年会で気づいた。そしてその最大の敵が、私の最も好きなもの、愛して居るものとは、全く酷い皮肉である。これではクマラさま阿弥陀様に頼る以外に私は救われる道は無いと改めて、思い知らされた。

●一月二十八日　トーク
私、多田、猪子、岩井氏と回診を受け、トークに「会員のラティハンを受ける障害となるものを排除する援助をクマラは与えた」とのお告げあり。

●二月二十日
「音楽は情念の浄化」と近代化設備資金の完了検査に来た県の役人の言葉に驚く。

●三月十三日
ラティハン後に服部先生が私に話された。「君は素質があるが、君の一つの欠点が神を受ける邪魔をして居るので大変惜しい。口で言っても何とか、かんとか、言って分からぬだろうから、黙って居る。もう二、三年すれば分かるでしょう」

ババトークに「仏像はなぜ裸か、それは内部自我に目を向けて居るからである。釈迦も内部に目を向けるようになったら裸になられた」と、服部先生は話された。思い巡らすと私のオープン日である、早いもので既に十年経って居る。

●三月二十八日
ラティハン後に服部先生の読んだ本、ピーターの法則・逃げの法則の話あり。

●三月三十一日
赤軍派日航機「淀号」乗っ取り事件ラジオニュースで知る。

●五月六日
ラティハンでは多田君が酷いものを持って来た為に服部先生の左腕が死んだようになった由。ヘルパーは大変だとまた感じた。

●五月九日
ラティハン後の服部先生の話、仏教とはブッダ曰く「一切は苦なり、苦は渇愛より生ず、その欲望をセーブするには、難行苦行に片寄らず、と言って快楽を求めず、中庸の道を求める事と悟られた」と今朝本を読んで知ったと言われた。

（注：渇愛とは［仏］渇して水を欲しがるように凡夫が五欲に愛着すること）

●五月十三日
心の裏悲しく心細い感じは、何によるかと、尋ねたら、服部先生は「物質力による」と言われた。思い当たる節あり。

●五月十六日
スブド全国大会に服部先生、岩井氏、私の三人は一緒のひかりで行く、多田君も参加。夜ラティハン後に平松君のスブド結婚式あり。

●五月十四日

午後ハウス建設の報告で、ハッサンが建物のイメージを受け、それを図面化し模型化したモデルを展示してあり、その説明に、「最初一階を受けて描いた。入り口が無いのが不自然と思った。その後二階を〝受けて〟描いたら入り口があった。その後現地を調べたら地形上、玄関は二階にするのが（図面にある如く）合理的と分かった。中央に位置する柱には霊的意味合いがあると受けた」と言う話は、神の力を現す確証として興味深く聞いた。

●五月二十三日

大阪万博に出掛ける。

●六月七日

信貴山に行き、帰りに鞍馬による。鞍馬寺の棟上げ式が本日行われた。

●九月一日

ラティハン後、砂川氏は明日の木曜日夜十二時に、服部先生と時間を合わせてラティハンをする約束をしたので、私も出来ればその時間にしたいと思った。

●九月二日

夜ふと目覚める。時計を見ると十二時一分なのでクマラ様に起こされた感じでラティハンを行う。有難い事である。

●九月五日

ラティハン後に、服部先生が、「目玉のラティハンが起こったから君（伊藤）がして居ると思った」さらに「腹が膨れたから砂川氏もラティハンをして居た筈だ」と言われた。私のしていたラティハンで、先生に目玉のラティハンが起こり、眼疾患の私を助ける為に、先生が目玉の浄化ラティハンをして居たとは！　と驚き、会員もその事実に驚く。毎度の事とは言え、今日は驚いた。

●九月十日

夜十二時に目覚める。砂川氏、服部先生二人の単独ラティハンに参加すべくラティハンを行ず。

●十月二十四日
服部先生と和歌山支部に行く。猪子氏が先に来て居た。東京の建部氏と東海の三人和歌山の三人でラティハンをする。

●十月二十五日
和歌山大会は二十人位集合した。スブドハウスの話が主であった。

●十一月二十九日
ニュー大阪支部に服部先生と行く、その車中で重大な助言を得た。それは「先ず内部を見つめ、受け、受けたものにより行動を考えること。つまり受けた後で（その受けたものに）思考力を使うこと。今の状態は、相手の内部の状態を無視して、思考力が先行、思考力で行動して居るから神の援助が受けられない」。

昭和四十六年（一九七一）

●一月十三日

久しぶりに服部先生が集団ラティハンに参加された。ヨーロッパ旅行より昨日帰られた由。

●二月十三日
早朝多田氏よりチランダ（インドネシアの都市の名）のイブさん（ババの奥さん）が亡くなられたと言う電話あり、服部先生とよみうりランドに出掛ける。

●二月十四日
服部先生は朝八時に寝る。私は早く午前二時に就寝。十二時のひかりにて帰る。京都の井原先生も一緒。ライターの叩いて着火の原理を尋ね分かった。

●三月六日
ラティハン後の話にクマラの指示によりチランダ行きは中止となった。服部先生と私は行くつもりで居たｓのだが。

●三月二十四日　トーク
砂川氏に「何故この身体を汚した」との叱言あり。ラティハン後に「人間力による影響には非常に気をつけなさい」との注意あり。

●三月二十七日
服部先生は関西ヘルパー会に出席のためラティハンには参加されず。

●四月七日　トーク
思いがけなく回診あり、深いラティハンを受けた。

「心配するな。ババは何時もお前（伊藤）の中に居る。ババは何時もお前の中に居る。ブッダもお前の中に居る。クマラもお前の中に居る。神の力を受けなさい」有り難いラティハンであった。家内とそのグループに誘われた（知多半島の）弘法詣でを断りラティハンに来て良かった。

●四月二十日
ラティハン後の服部先生の話。

「フロイドは意識の奥に無意識のある事を発見した。フランクルは、意識↓無意識↓超越的無意識の図式で超越的無意識のあることを発見した。超越的無意識は魂（ジワ）とも仏性とも言われているもの。宗教とは超越的無意識を無意識を超えて意識に作用させるものである。東洋では念仏を唱えてその作用をすると言う。又ノイローゼは超越的無意識と意志とのミスマッチによる悩みの表れ」と聞きました。

フランクルはアウシュヴィッツ収容所の体験がもとでこの事を悟り「夜と霧」と言う本を書いたと服部先生が言われたのを記憶して居ます。

●五月十日
服部先生と鞍馬山に行き五月満月祭を体験、泊まる。

●五月十二日
ラティハン後服部先生より女子部の完全分離の提案あり。

●五月二十二日
スブド全国大会（ランド）に服部先生と参加。多田氏は議長として司会を務める。

●四月二十六日
服部先生が今日より地区ヘルパーに転出したので、近藤ヘルパーがラティハンをリードすることになった。

●六月二十一日
ハワイ旅行（豊田信金の募集。夫婦にて参加）二十六日帰国。

●七月三日
服部先生の回診を受く、後で「頭の中に風を入れなければ、いけない」と言われた。

●七月十日
近藤氏名誉ヘルパーになり、多田氏ヘルパーとなる。

●八月十六日
ニクソンのドル防衛のニュースで大騒ぎ。

●八月二十五日
ラティハンに行ったらチランダよりの便りがあった。

●九月十八日

よみうりランドに服部先生、多田氏、富樫氏、私の四人で行く、法人化の話有り。

●九月二十二日
スブドハウス委員長候補の選出のテストあり、私が（東海支部として）選出された。

●十月三日
関西地区大会と関西地区ヘルパー会を東海支部にて挙行す。盛会なり。十月十六日よみうりランドに服部先生、多田氏、私で行く。

●十月三十日
ハッサン、律子、前嶋の三氏東京より来名、明治村見学後、ラティハンを共にする。

●十一月二十十日
よみうりランドに行く。スブドハウス建設委員長就任の挨拶をする。

●十二月五日
関西ヘルコミ会あり、帰りは建部氏、服部先生と新幹線で帰る。

●十二月十五日
ラティハン後に服部先生が話をする。スブドニュースでパチェットに約八百万円の金が流れた事を知り何となく気が重い。

昭和四十七年（一九七二）

年頭の辞に「今年こそ、自らの力で計らず、即ち、頭で考えて直ぐ実行せず、受けて、神の指示をまず受けて、それによって行動すべく努力する。自らの力で図らう事を謹む」と峻峭な事が書いてあった。ワープロ転記しながらこの辞を見て、言葉や知識では自覚して居るのだが実力的には真に理解して無かった事は確実です。結果的には実現出来なかったものと推測されます。何故かと言えば「その実行する方法を会得して無かったからです。現に一九六八年六月十二日のトーク「意志は捨てよ、意志を使うのは、絶えず内部の流れに注意を向けることのみに、意志を使うべきであり、それ以外は意志を使うべきではない。そうすれば内部の流れが意志し、頭を使い、この身を動かすだろう。それが本当の生き方である」を見て、はたと手を打ったのは今年の事ですから。続いてワープロ転記して居て、一九七〇年十一月二十九日、ニュー大阪支部の帰りの列車の中で服部先生より聞いた重要な助言で「先ず内部を見つめ、受け、受けたものにより行動を考える事。つまり受けた後で、思考力を使うこと。今の状態は、相手の内部の状態を無視して、思考力が先行、思考力で行動して居るから神の援助が受けられない」と具体的方法を聞いて居るのを知り、自分の迂闊であった事を残念と思ったからです。今（一九九六年八月）「意志を捨てよ！ 意志は内部の流れに注意を向ける事のみに使う」と、この「受けた後で思考力を使う」ことに心掛けて居る毎日です。

そして段々とマスター出来るようになっているようです。（意識して）心掛けてやれば出来るものだと感心して居る毎日です。

●一月一日

台湾にて正月。故宮博物館を見てから高砂族の部落を見学。台北泊まり。

●一月十五日

パチェット農園への寄付金五十万円以上集まった由。

●三月四日
関西ヘルコミ会が和歌山で開催。多田、服部先生、私の三人出席する。

●三月十一日
よみうりランドに行く。

●三月十一日
ラティハン中、頭と目玉が痛くて仕方なし。服部先生が目玉目玉と呟いて、その後頭と頭をつけてヘルプして呉れた。ラティハン後に「頭の中が詰まって居る」と言われた。

●四月一日
ラティハンは頭と足の親指の回診を受ける。内部の汚れが足に出たと思う。

●四月九日
バパ来日。

バパスブド銀行の為来日されるので服部先生、猪子、富樫、多田氏と私六人でよみうりランドに行く。

●五月三日
キリスト運動ブックマン曰く「正直であること。純潔で有ること。無私であること。愛が有ること。がよい人の基本的条件」。

●五月十七日
スブドハウスの資金八百万円センターに送金。
ラティハンで久し振りに回診有り、私の右中指と左足先なり。

●六月二十四日
ラティハンで服部先生が私の周りをぐるぐる回って先生御自身の胸をたたいて居た。帰りがけに私の「胸が詰まって居る」と言われた。

●八月九日
集団ラティハンの帰りのタクシーを待ちながら街角で服部先生と立ち話をする。
ラティハンが終わってからでも私の右胸上部が痛む。（何時もは心臓の辺りが痛い事多し）と言うと、
服部先生はラティハン中は胸をたたいて私の周りを回っていたと言って、私の痛む部分と同じ場所を指

示し今でも此処が痛いと言う。（今日は母の命日なので）恐らく今夜のラティハンは母の為の供養のラティハンで、私と服部先生で母の魂の浄化ラティハンをして成仏を助けたに違いないと感じた。スブドで死後でも親孝行が出来た事を神に感謝した。

私の母は肺結核で昭和十五年死亡。レントゲン写真を見たことがあった。右上肺部は真っ白でした。

●八月十二日

服部先生とよみうりランドに行く。スブドハウスの件で寝たのは朝の五時。

●八月二十三日

ラティハン中に服部先生からの言葉に「お目目が痛い」「コバヤシ」があった。ラティハン後の話に服部先生は終始目玉のラティハンであったと言い、気をつけるようにと忠告があった。私もラティハン後、目玉の奥が痛痒く重く感じた。

このコバヤシと言う言葉には重大な秘密が隠されて居たようだ。何となしに分かるが、真相は（今もって）神秘のベールに包まれたまま。以後度々コバヤシと言う言葉をラティハン中に服部先生より聞くが、それは言葉か、名前か、異言語か、分からぬが、（私の持っている）良からぬものの代名詞か枕詞のような存在を感じました。世俗的例えで言えば〝私についている悪い因縁〟的存在を感じた。

●九月二日
東海支部合同ラティハン会を三ヶ根山の簡易保険センターで開く。東京より建部、前嶋、沢田氏の三人、東海関係は井上、猪子、伏原氏の三人欠席で十五人参加。

●九月二十一日
スブド全国大会に服部先生と出席。

●十月十四日
ランドの例会。私一人だけ出席。

●十一月十一日
関西合同ラティハン会に服部先生、多田、山田の三名出席。名古屋の会場は猪子、伏原、栗原、井上、伊藤で完了。砂川さんも参加。

昭和四十八年（一九七三）

年頭の辞

今年はラティハンと共に自分の仕事を大切にする。そして適当に世的生活も楽しむ。

スブド会員の世的事業には小生少々失望気味である。

スブドハウス建設を含めて、スブドのコミッティ活動は程々にして置き、専ら自分の内部浄化のためにラティハンに精をだし、その浄化された内的ジワを通じて神の力を受け、神の力の援助のもとに、自分の仕事を一所懸命に努力して、今年は世的成果を挙げたいと思う。

今年は世の中が（好況と言うけれど）厳しそうだから、企業努力に力をいれないと企業の存続に拘わるかも知れない。金儲けも大事にする。

●一月一日

タクシーで出雲大社参拝↓関の五本松の恵比須さま参拝、玉造の宿〝美なみ〟に帰る。二日、大山スキー場。三日帰途姫路市内で十キロを二時間の大渋滞。

●一月十日

ラティハン後〝東京の会合は又金に関する事が多いので東海の意見を聞く、「金々々は、もう沢山、会員各自の自由意志に任せ、強制はしない」が総意なり。

●一月十二日
朝前嶋君から電話有り、今度のランドにてロザック氏よりでる議題について、「私の意志は決まっているがそれをどの程度に発表して良いのか分からないので、七時に服部先生宅を訪ねたい」と言うので、私も行き話し合う。

服部先生も今のスブドセンターのやり方に腹を立てて居り、「脱会しようかと思って居る」と言う。私の批判する「ゼニゼニスブドの運営」と一緒の考えである事を知りました。

●一月十三日
ランドに行くのは、これが最後か、五月の総会が最後か（アポロ計画も終わりに近い）。アポロ計画と同じでランド行きの終わりは近いと予感しながらランドに出掛ける。

●一月十四日
昨夜は四時までミーティング。ハウスの件も討議したけれど、その他いろいろあり、余りの世間知らずに耐え兼ねて「ゼニゲバスブドは止めてけれ！」と言った。

●一月十五日
服部先生より電話あり、出掛ける。名古屋観光ホテルにて食事。服部先生もスブド運営について疑問と不満をもって居り、その件についても良く話し合った。

●二月三日
福山の関西合同ラティハン会に服部先生と出席する。四十六人参加。

●三月三日
ラティハン後新しく持ち上がったチランダの農園と私のハウス委員長辞任のテストが服部先生と多田氏より行われた。私には「辞任してはいけない。このままの状態で居るとハートは非常に痛むけれど、内部状態は良い。外的に困難な時でも修練して受け入れるようになる為に必要な事だ」そうです。

●三月十日　トーク
ラティハンでクマラトークあり私に「ほっとけ、ほっとけ、何も考えるな、お前の考えは何の役にも立たぬ。頭の中でぐるぐる回って居るだけだ。（痛い痛い頭の中が痛い）何も考えるな。ほっとけ、ほっとけ」。

●三月二十一日　トーク

「頭の中を空っぽにしなさい」と度々言われた。ラティハンの後で「頭の中が詰まって居て受けられないから、ハウスの事も何も考えずに自分の考えを捨てなさい。それでないと折角ラティハンに来ても何にもならない」と言われた。

●三月二十八日

パチェット農園のパンフレットが来て居て女子を含めて会議あり、スブドの献金要請にはアレルギーがでそうだ。私の献金が（私の献金目的以外の）こんな無駄使いの為に、使われるのは嫌だから（月々の献金の約束はしてあるが）六月以降の献金は中止する気になった。

●四月四日

ラティハン中に頭の浄化を受く。ラティハン後服部先生より話あり。「先夜鞍馬山に行き、受けた指示により今度の土曜日を以てスブドの組織より脱退する事になった」旨の報告あり、驚きと共に悲しむ。

これから寂しくなる事である。指示と言われれば無条件降伏で「止めても無駄」と観念した。

●四月七日

今日は服部先生とのお別れラティハンなので早めに出掛ける。今日のラティハンは最後の回診を受け頭の浄化の助けを受く。その他、他の会員も沢山最後の回診を受けた。竹川さんも全快して男子会員は全員出席。服部先生も別れを惜しみ十時まで居られた。

服部先生は「組織からは離れるが今後とも個人的な、お付き合いはお願いしたい」と言う言葉と共に「ラティハンに励んで下さい」というのが別れの言葉でした。いくらセンターの運営方針が間違って居たとしても、地区ヘルパーでなければ、止められるような事はなかっただろうにと思うと残念でならぬ。

〃センターの指示に従わなければならない（地区ヘルパーとしての）立場〃と〃自分の内部からの指示に従わなければ、ならないスブド人としての生き方〃とのギャップに悩んで居られた様でしたが、まさか「退会せよ」と言う指示が出るとは夢にも思って居なかったのです。

〃金の使い方を知らないセンター〃の「銭ゲバスブド」に腹を立てて（私も）何度も止めようかと思ったものです。それに引き換えラティハンは素晴らしいので此の魅力に惹かれて、我慢して居たのですが服部先生が先に止められようとは。こんな気持ちの会員は全国に沢山いるような気がしてならぬ。センターの見栄っ張りの名誉欲が曲者だ。

ラティハンとはそのような低次の力に支配されない為の修練であるのに。

●四月二十三日
東京の湯原先生から電話あり、感想「スブドの世的態度や会員達に失望したらしい」お互い様です。

●四月二十五日
ラティハンに行く。過日、今井先生と建部氏が来名して、服部先生と会談した経過と結論を聞く。今井先生と建部氏は「なぜ止めるのか」「それは変では無いか」と言う論旨らしかった。服部先生は具体的には言挙げせずに居たようで、話は平行線のままに終わったものの如し。

後日「テストを一緒にすれば分かった筈」と服部先生が言われた言葉は印象的だった。

●五月三日
服部先生宅に会員集合。スブド退会の原因及びその過程を聞く。

日記にはこれだけしか書いて無いが服部先生より聞いた話を思い出した。その話によればクマラは「お前（服部）の考えが正しく、スブド日本センターの考え・行動は間違って居る」と言われたそうです。具体的に言えばスブド日本の（リーダーの）エンタープライズに対する捉え方が間違っていると言う御宣告です。

この正否はその後のエンタープライズの結果を見れば一目瞭然です。

（注：服部先生は（日本では）新しい企業を興して慣れない仕事をするよりも（現在）各自の従事している職業を通じて社会への奉仕をするのが日本的であり、日本に適したエンタープライズのやり方である。と考えられていたようです）

●五月四日
スブド全国大会に出席。同行は岩井氏、猪子氏、多田氏。

●五月五日
種々会議が進み、スブドハウスの件となり、「建設資金が集まらず見込みが無いならば、或いは中正した方が良ければハウス資金を清算の上、会員に返金して再出発しても良い」と発表した。その為、会員は此の件につき大変熱心に討議し、成るべくそのような事に成らないよう検討と努力する気になった。

パチェット予算五百万円、パソコン二百万円の要求があった。

●五月七日

服部先生宅により三時半から七時まで話込んで帰る。

●六月十九日
夜明け前トイレに行く途中激しい目眩で倒れる。二度目のショックがきた時、激しい霊動の力を受けて正気に戻った。病院の診察は三半規管が弱って居るとの由。

●十一月十五日
服部先生と鞍馬山に行く。山は静かで大変良かった。山での服部先生の話では、「クマラは私達に『神の力の通路となって他の人達に力を与える事』と、『神の意志は何であるかを、絶えず考えて（行動すること）暮らす事』この二つだけを要求されて居る」と語られた。

●二月三日
服部先生宅に行く。「愛について、運命について、浄化について、命について」の話あり、大変良い話であった。又死者より受けた痛みの話も心に響いた。

ワープロを打ちながら、この時の記憶が全然無い事を大変残念に思う。「愛について、運命について、浄化について、命について」の定義は良く分かっているつもりですが〝死者より受けた痛み〟の話は全然分からない、ヒントになる言葉が少しでも書いてあったら思い出すのに残念。生前この日記を読み直して居れば質問も出来たものをと残念に思います。

昭和四十九年（一九七四）

●一月六日

建部氏より電話あり、一月二十日に持田氏のお宅で十二時に会うことになった。

●一月二十日

持田氏の所でラティハンをしてから建部氏のお宅でミーティングした。建部ヘルパーの提案によりハウス建設は一時凍結となる。ならばハウス基金は清算して、献金者に返金すべきだと（私は）主張した。その結果、希望者には返金、その他の人にはその人の指示によりハウス基金が希望ならばハウス基金へ。その他はセンターへと言うことになった。

センターの悪い癖は「羊頭狗肉」ハウスを建てると言っては募金し（御都合主義で）その金を他に転用し、後はアイ　ドント　ノーという無責任体質がなせる詐欺同然の非常識である。

悪い人達ではないのですが、計画性がなく、ババの言われる事は直ちに実行に着手します。しかし、です。その結果、財源不足に陥り（先発している）ババの指示でやりかけていた事業と言えども凍結と言う名のもとに放置して、新規の事業に取り掛かると言う（世的事業では）無計画にして、世的常識では凡そ考えられない行動を取ります。スブド事業であるから、或いはババが言ったからと言う理由だけで、何でも旨く行く筈だ。何でも許される筈だ。と言う、奢りと甘えに満ちた過信。所謂スブド呆けのなせる業です。

（注：会社・団体の経営・運営は責任の所在を明確にして、各人がその責任に対し責任をもって対処し、その結果には責任を持つ。と言う責任重視が社会（企業）の原則です。最終的には最高責任者たる社長がすべての責任をとるのが常識です）然るに社会的活動でのスブド同胞会は世間的常識での検討は疎かにして、後は神様に責任転嫁の神任せという無責任経営が多く、経営能力はゼロと言っても過言ではない。

「人事を尽くして天命を待つ」でなく「人事を尽くさず全託して、神助を待つ」が神への全託のモットーの如く誤解しているリーダーもあり、往々にして常識的な人の意見を無視して神懸り的神助を期待して無謀な計画を実行して失敗する事しばしばです。全く馬鹿らしい限りです。

（注：全託は神への礼拝には絶対に必要ですが社会活動まで持ち込んではいけません。社会生活での全託は、絶えず内部を見つめ内部から湧き上がってくる内部の意志に従う全託だけにすべきです。然も

（全託で指示を）受けた後は、頭を使って考え行動せよ。と神様は仰しゃいます。この混同・混用がスブドメンバーの陥り易い失敗の代表的事例です）

「自分で〝意志〟は使わずに〝意志〟は内部の流れに注意を向ける事のみに使い、そうすれば内部の流れが〝意志〟し頭を使い身体を動かすだろう。それが本当の生き方である」の啓示の如く、内部の流れを見つめその指示に従えば、正否の判断は的確に把握出来ますし、その上、今すぐやるべきか、後にすべきか、と言う（処世で）一番難しいタイミングの取り方も的確にして容易に分かります。

（注：これは実用的にして立派な伺問《テスト》です）これがスブド的処世法であり、成功する秘訣です。

閑話休題。前にもこの様な事があったので警戒をしていたが、今回又々転用されて仕舞った。然し乍ら今回は清算返金と言う私の意見が取り入れられて、お陰で詐欺紛いの親玉にならずに済んだ。毎度の事とは言いながら、前記の如き無責任にして社会的常識を無視した運営は、会員の嫌気を誘い、挙句の果てはスブドの本質である（素晴らしき）ラティハンまで疑いの眼で見るようになり不信と失望と共に離脱して行った多くの有能な人達の面影が目に浮かぶ。

●二月四日

服部先生宅に集合、参加者は少なく岩井夫婦、井上氏、小生の四名だけ。

●四月一日

ラティハン前に服部先生宅に寄り道をして次の話を聞く。「大脳生理の話。三歳までは無条件反射↓無意識。九歳迄では条件反射↓意識。それ以上を思考・倫理で↓哲学と科学と神秘主義とのバランスが大切」

●四月二十二日

服部宅訪問。話の後はキャッスルにて夕食。それより特筆すべきことは二人でラティハンをしたこと。大変強烈なラティハンであり、今までのラティハンは弛みラティハンであったと反省した。最初、胸を上に反り上げ胸を開き割った感じで、オープン直後のラティハンを思い出した。ハートの痛みが大きかったのか、感情が胸に閉ざされていたのが解放され再オープンされた感あり、今後が期待できそう。

●四月二十三日

昨夜のラティハンによって受けたスブド的手術の余韻（背中を断ち割られた様な感覚）が朝まで続いた。心地よい痛みと神の力の流れを感じて居り久しぶりに味わう霊的喜びに溢れた朝である。此の余韻は夕方まで続いた。服部先生のスブドの組織から離脱された痛手の大きさを痛感した一日であった。

●五月四日

スブド全国大会に行く。

●五月五日

午前中の全国大会でハウス委員長辞任の挨拶で今までの実情と建設の出来なかった原因を述べ、建設の為に温めていたプランも一応発表した。最後にバンク設立用資金のための株式投資資金として、ハウス建設資金から転用された貸出金の大口未返済者の名前を発表し責任の所在を明確にしておいた。

ハウス基金の整理は希望者には優先的に返金と言うことになり大体予定通りに決定した。

●五月六日

昨日帰宅したが今日もランド（よみうりランド）では全国大会をしている。ハウス基金を昨日決めた様にして呉れれば文句なし。これからはラティハンオンリーのスブド生活に戻れる。スブドのエンタープライズとも距離がとれて万々歳。やれやれと言う所か。二時半に服部先生にお会いする約束があったので出掛ける。四時半に辞す。

●五月十一日

昨日服部先生より鞍馬山行きの話があったので午後出掛け四時四十五分入山。八時十五分下山。特記事項としては峠の高杉（義経の背比べ石）前で長いラティハンがあり、地面より霊気が地流（地気？地気流）の様に出ているから、此処に手を当てて見なさいと服部先生に言われ手を当てて見たけど服部先生の言うようにピリピリとは感じ取れなかった（当然の事とは言え）霊的感度の差を改めて思い知らされた。終電のこだまで帰る。

●八月二十一日

夜中にバパに会った夢を見た。「私は五十歳ですがスブドの中堅として一所懸命にやります」と誓ったと書いてある。

●九月十一日

ラティハン会場でこの前のパチェット農園の三百五十万円の追加八百五十万円の献金の要請があったのに、その他に又三百万円とM氏が言って来たと言う報告あり。ラティハン前にこんな話を聞くと雑念が残り、神の力が受け難くなるから困る。

●十月二日

この夏御高齢の井上先生が当分の間休むと言って居たが、Ｆ氏が奥さんの反対にあって当分の間欠席するというのは馬鹿らしい話。

●十月二十三日

今日のラティハンは伊東氏、多田氏、砂川氏と私だけ。

●十一月十一日

久し振りに服部先生宅に行き種々話を聞く。人間の出来る条件に「刑務所行きか、大恋愛の末の失恋か、浪人か、長い病床生活」をした人でないと駄目という話。

●十二月二日

服部先生宅にてスブドの座談会での私への注意。「プリハチン（注：インドネシア語・高次元の目的達成を祈願して行う〝行〟。主として欲望を制御する節制行が多い）の一番必要なのは伊藤君！ 彼は社会的にも恵まれて居るのでその平安に慣れ神からこれだけ受けて居れば、もう充分だという態度を取る。その時は内部が下降する事しばしば。そうならない為、神の方に心を向ける為にも伊藤こそプリハチンが必要だ。そうしないと将来、神の方に向けさせる為に嫌と言う程にひどい目に遭う事が出来るから。

この時のプリハチンが必要だと言われた言葉は覚えて居るが「もう充分だという態度をとる云々」は聞き流して仕舞った。思い当たる事あり。今からでは遅すぎるが、絶えず神の方へ心を向けるべく努力はしています。

●十二月四日
今日のラティハンは頭のてっぺんで神の力を受けた。脳の躍動を感じた。

●十二月七日
今日のラティハンはチランダからスブドメンバーが来て居た。

●十二月十四日
服部先生より第一月曜日の例会は今年限りで中止する旨の手紙が来た。

●十二月三十日
午前二時ころ変質者の放火により営業所の事務所と倉庫は出火焼失。

昭和五十年（一九八五）

●一月一日

服部先生の年賀には、ラティハン中に服部先生の口から私に向かって出るバテーダと言う言葉があった。バテーダとは（どうも）煩悩という意味がある如く感じる。神の意志に逆らうカルマ的存在かとも感じる事もあった。

●一月十三日

服部先生宅を訪問。火事の件と家庭の件につき助言を求めたら、それは「私の物質力」であると言われた。やっぱりそうかと感じた。すべては内部の反映が外部に映ると言うこと。（注：この言葉は昔服部先生より教わって居ました）全ては私自身の内的自己の反映で、すべて自分の責任と予期して居たけれど、内的自己の欠点が物質力であったとは思いもよらず吃驚ガッカリ。そして服部先生曰く「伊藤の物質力が段々と強くなって来て居り前の倍位になって来て居り、妻も子供も私の物質力と同じ位の量であると。だから私が心から神にすがって物質力を浄化して貰わなければ、今、目の前の事を処理しても、私の内部に物質力が頑張って居れば、又同じ様な問題が再発する」そしてこの様な事の起こることは昨年（十二月二日）も言われて居た。（弛んで居ると何かドカンと来るぞ）がやっぱり起こった。服部先生は「しかしこれは幸いである。神に目を向けられるから」と言われた。帰ろうとしたら「少しラティハンをして行け」と言われ、少し怖いけれどした。

そしたら胸が痛くて、痛くて、こんなに胸の痛いラティハンは初体験と思い息もたえだえであった。私一人で胸の痛いラティハンをして一段落したら、その後は服部先生が私の胸を前から、背中から、浄化の力をそそぎ一時間のラティハンが終わった。

服部先生から、「あれだけ胸が詰まって居れば苦しかっただろう。」と言われ、「これからは家庭の事も余り捉われずに〝流す〟様にして居れば自然と解決するであろう。」と言われ、神が今も私を助けて下さる事を感謝して服部先生宅を辞した。

服部先生曰く「一度神の方に向かってラティハンをすれば、ブッダからも、ババからも、クマラからもあれ程、凄い力が流れて来るのだから有難い事だ。」又「神への願いはラティハンをして自分の内部を浄化してないと聞き届けて呉れない。それは内部を浄化しないと、こちらの願いが神に届かないからだ。」と言われた。

●二月五日

服部先生宅に次男の学校の事について相談に行く。その時の話は後記の通り。

①昨年秋久しぶりに服部先生の前にたった時、物質力が倍増しオープン後一、二年の状態であった。
②私達夫婦は物質的な力の支配下（のみの）生活で精神的な生活がない。従ってその中で育った子供も物質的にのみに生きる人間になり、精神的に、〃こう生きねばならぬ〃と言う意欲が持てない人間になってしまって居る。それは甘やかされて居て依頼心の強い人間に育ち、社会に出てから非常に苦労する上、役立たずの人間になる。
私達夫婦は子供に低い愛情を与えて居る。物質力による愛情である。もっと高次の愛情でなければいけない。
③その対策は私がもっと真面目にラティハンをして、何の為にラティハンをして居るかという事を深く自覚して内部を浄化して貰い、その力によって、神の力によって私の生活・家庭を変えて貰わねばならない。それ以外方法はない。

付記：私は昨夜次男の内部が非常に悩んで居ると感じたと服部先生に言ったら「そんなに悩んでは居ない。依頼心が強いから何とかして呉れると思ってノンビリ甘えて居る」と指摘された。
①学期試験の時、子供に「試験だから勉強しなければ、駄目だよ」と注意したら「みんな勉強して居ないよ」と子供の側に立って私の忠告を否定する妻。これには流石の私も「えっ」と絶句して、二の句

が継げなかった。（結果は推して知るべし）世の教育ママとは正反対の甘々ママ。②私の言うことは聞けないが、子供の言うことは何でも、すぐ聞く人。人生観も違うようだし、内面的な事は口で言っても無駄だと分かって居るから、関与せず、流すことで、己のジワまで汚さないようにしてきたのです。以上の如くわが家の家庭教育には手も足も出せない立場。これでは前記の服部先生の言葉「私がもっと真面目にラティハンをして、何の為にラティハンをして居るかという事を深く自覚して内部を浄化して貰い、その力によって、神の力によって私の生活・家庭を変えて貰わねばならない。それ以外方法はない」を至言として受けざるを得ぬ。

この様な家庭の内部事情であるにも拘わらず、すべての責任は私の内的状態、所謂、魂の浄化如何によるとは！　幾ら、内界が外界に反映するからといっても、全ての責任を私の内界に負わせるとは！全くスブドとは厳しいものである。それだけラティハンによる神の援助、神の力は強いという事にもなりますが。私の最後の逃げ道はラティハンによって神の懐に飛び込むしか方法は無いと悟った。しかし、です。良く考えればこれが最高にして至福の道。「チルチル、ミチルの青い鳥は身近に存在していた」という事になります。

●三月十七日

服部先生宅に行き一億円のクイックドローの設備について相談する。「機械に信頼が置けて真に心の底より欲しければ嫁を貰う気持ちで判断せよ」又内部の指示とテストとの関係も明確な教えを受けた。その後ラティハンをして猛烈に受け私の耐久力限度一杯の排除浄化ラティハンを受け終電で帰った。帰宅後も左頭部痛し。ラティハン中のトーク「人は人、お前はお前」は色々な意味で味のある言葉ゆえ今後留意すべき事と受け取った。

ラティハン中のトーク「人は人、お前はお前」は人の事に捉われて内部を汚すな、という事か、所謂、捉われずに〃流せ〃そして後は神に任せよというキーワードか。その反対の「クマラはクマラ、ババはババ、クマラはババ、ババはクマラ、ババはお前（服部）、お前はクマラ、クマラはお前、お前はお前（服部）」と言うことも聞いた事がありますが。（注：神の言葉は頭で理解するものではないから、頭のすみにとどめて置けば良いと言われますが、強いてこの二つを組み合わせて勘案すると、完全に全託出来る人は後者のトークの如く神の力を受け神の力で充満し、神の通路となる所に共通点が有る。されど（普通の）人間は人間であるから通路には大小の差を生じる。そこで（自分と）同じようにはならない。だから「人は人、お前はお前」で捉われずに〃流せ〃という事か？　流して、捉われず内部を汚さぬ様にして、浄化に励み、後は神に任せよ、か？

●四月六日
知多の太田川の毘沙門寺で久しぶりに（元スブド会員）G氏に会う。彼のおまかせ道場の仕草を拝見。

ヒントを受けるのは流石、元スブド人、後はお芝居上手と十年以上のキャリアで上手なものだ。受けて居るのは低く我々オープンしてから四年目位の程度のもの。しかしあれ程信者を作ったと言うのは大したものだ。

●四月七日

服部先生宅に行き、テストと内部の件につき改めて伺った。その他特に新しい言葉は「ラティハンで受けるには誠実と心の清らかさが必要。これ無くしては、幾ら受けようとしても、神の力は受けられない」。

●十二月二十九日

服部先生に誘われて鞍馬山行き。一時に服部先生宅に着き京都に一緒に出掛ける。四時頃山門に入る。風なく穏やかな日である。木陰に残雪あり、本堂で参拝後、奥の院参道に入る頃は暗くなって来た。奥の院で三十分ラティハンをして帰る。人気無く全く静まり反った山道、梢の間より星が見える。月無く真っ暗闇、懐中電灯の光がなければ歩けぬ。名古屋からは終電車で帰る。

●十二月三十日

一年前火事のあった事で示されたクマラ様のお怒りも昨日の鞍馬参りのお許しで勘当は許されたもの

と思い有難く感謝。

●十二月三十一日

今年は火事の跡片付け、次男の事、家内のぶつけられた交通事故等、家庭的には多事多災であり、精神的・霊的には試練の年であった。一方世的には懸案のクイックドロープレス五百トンの外にダブルの二百トンプレスも設置出来て、念願の大型プレスラインは完成した。企業的には万々歳の年であった。一般的には不況で暮れた年。

伊藤会長の工場の一部。「プレス技術」誌の掲載写真より転載。

昭和五十一年（一九七六）

●一月一日

服部先生の年賀状に「むらなく、平常心にて、スブド道に精進しましょう」とありました。

昨年末、鞍馬山で十年前に受けた事として「伊藤はもっと神を信じなければいけない。もっと信じれば、もっと神の力を受ける事が出来る」と服部先生は言われた。

●二月十四日

ラティハン後の富樫氏の話によると服部先生が風邪から血便と症状が重く中京病院に入院されたという。大変衰弱されて心配というニュースあり。

●二月十五日

服部先生の病気は胃潰瘍であったと富樫氏より電話があった。

胃潰瘍には間違いは無かったが卵大の大きさの胃穿孔であった。

●二月二十七日

服部先生宅に見舞いに行く。服部先生の話では「心と肉体と魂は同じように大切で心・身体・魂の修練が大切」。

●三月三日
中京病院に入院中の服部先生を見舞いに行く。

●四月二十五日
服部先生より明日一時より鞍馬に行くと電話あり。

●四月二十六日
「他はこれ己に非ず」（沢木興禅）この言葉鞍馬山中で服部先生より教わる。この言葉の真の意味を病中に悟ったと言われその解説をして戴いた。

●五月十九日
服部先生宅訪問。「社会への奉仕と使命感に徹する事」これ無くば事業は成功しない。と言われた。

昭和五十二年（一九七七）

●四月十六日

マンションで合宿六名。

服部先生語録：①人の活動の元はＳＥＸに有り。キンタマ（睾丸）はボイラー。はけ口はダイレクトの場合ＳＥＸ。アレンジしてその活力は事業活動。宗教修行。芸術となり表現される。ボイラーが弱ければ、すべてに弱い。②男は大脳で考え、女は子宮で考える。その時猪子氏曰く、「女は何時もホルモンに酔って居る。男は酒に酔うけど」。

●五月二十八日

マンションで合宿五名。

服部先生の話。

「自分の状態が悪いと看護婦の応対も悪いので、自分の内部が分かり、急いでラティハンをする。すると看護婦の応対も丁寧になる」

●六月二十二日

服部先生の御母堂死去の報あり、一時間早くラティハンをすることになり、出掛ける。「服部先生の母が死ぬとき苦しんだから特別ラティハンをして下さい」と言う伝言。今日はパパの誕生日だが、私達はスペシャルラティハンをしてから通夜に行く。

●六月二十三日
服部先生の母の葬式に行く。母様は金光教の信者であったので神式の葬儀で、中々良いと思った。

●六月二十五日
ラティハン会場に行くと服部先生より「死んだ母が（私達会員の）通夜のラティハンと葬式への出席を大変喜んで居た」とのお礼の電話があった。

●六月二十六日
服部先生より「君達が葬式に来て呉れたとき他の参列者の千人より強い力の有る事が分かり東海メンバーの力の強さを知らされた。本当に有難う」と言うお礼の電話があった。

●八月七日

父、今次郎、浄久寺の毘沙門参りの帰り道、道端で倒れ三九朗病院に入院という連絡有り。

●八月八日

服部先生の書いた不動明王の画を戴いて帰る。「修行して浄化すると他人の欠点が目につき、批判や厳しい態度を取り易くなる傾向があるから注意。これらは〝和して同ぜず〟ブッダは「全ての人を助けて、ワレ初めて仏となる」と言われた由。泥に入って、和して同ぜず。ドロを浄化する力が、今はあるから今後はそのつもりで暮らせ。そのコツは徳性（人格）を批判しないこと、と種々教えられた。

●八月十一日

三九朗病院の主任看護婦をしている小野さん（当社の従業員の奥さん）より電話あり父今次郎の病状を聞く。最後の言葉は「これは軽々しく言えぬが肺ガンらしい」と言う。

●八月二十七日

我がマンションで恒例の合宿、空き家になって居るから丁度よい風通しにもなり、こちらのジワの虫干しにもなる。午後時に服部先生を迎えに行く。

ラティハン前に、私の左胸の乳の内側が痛んで来た。ラティハン中そこを押していたら服部先生が来て、両乳の内側上部に私の手を当てて、「毎日浄化せよ」とのトークによる指示があった。

●八月二十八日

服部先生の話は午前の三時まで続き「母は八月まで生きる筈であった。暑い夏を可哀想に思ってクマラ（注：ラティハン中に神はクマラと自称され話かけられます。別称尊天）に頼んだところ『開魂《オープン》してやれ』と言われた。そこで『幾らオープンしてやれと言われても母は女性だから、男性が女性をオープンすることは禁じられている』と答えたら『構わないからオープンせよ』と言われた。

二十日にオープンした。そしたらモーレツに暴れ出して、付き添いが『止めたい』と言って来たので二人に付き添いを増やすからと頼み、見に言ったら〝ラティハン〟起こっていた〝そしてそのラティハンが二日続いてアクビひとつしたら、息を引き取った。その後は安らかな死顔であった……」。

●八月三十日

昨夜夢で服部先生のスペシャルラティハンを二度受け「仏壇を大切にしなさい」と言われたけど？

●八月三十一日

朝ラティハンをしてから会社に出勤。工場で私の胸の痛んだ所の絵を図示して「ここがガンのある所ではないか」と小野氏にその略図を渡して置いたら、今日カルテより写し取った図を持って来て呉れた。見ると〃全く同じ場所なのだ〃又々スブドの凄さを〃証拠〃として見せつけられた。右肺には何も書いて無いけれど、多分両手で押さえよ、の指示から見れば転移又はその可能性はあったかも知れないが、何分とも高齢、肉体的より内部の浄化の為かも知れない。何れにしてもラティハンで受けるものは、信じざるを得ない。夜はラティハンに行く、ラティハン中眠って仕舞った。勿体ない事をした。

●十一月三日

父今次郎午後一時二十分危篤の電話あり、急死と言うことでした。

●十一月二十六日

マンションで合宿、服部先生のトークにK氏の肋骨にカリエスありと告げられた。

●十二月十四日

十二日より頭が重く身体がふらふらする。他に亡父の遺産を父の妹に贈与しようとしたことからトラブルがありこの事も含めて服部先生に相談したく訪問する。先生との会話による注意と解説は後記の如し。

「絶えず神の意志を聞け。贈与の土地の件は、伊藤の物質力が火中に入らせた。お前の物質力に引きずり出されて自ら火中に入ったのである。神の意志ではない。しなくても良い事をしたのだ。だから、そんな事には神の援助はない。お前が神の助けで上手く運ばれて居ると思った事は偶然に良かった事で神の配慮ではない。人を助けるという事は難しい事だ」

日曜日からフラフラの件は「内部でラティハンが起こって居るのだから、その時はラティハンをすると治る。一日二回以上すると良い。服部先生は昔一日二回ラティハンをしている時にフラフラになりラティハンが多いのではないかと思い、神に尋ねたら〝もっとやれ〟と言われ三回にしたら治った」と言われた。帰り際に奥さんからも同じ事を言われた。

服部先生は「昨日胸がむかむか、頭がふらふらしたので変だなァ誰かのを受けたのかと思ってラティハンをしたら治った。あれは君のヤツだったか」と言われた。

フラフラ病が良い傾向だと言われ、病気と思い困った事と思った事が良い事で、叔母を助け〝我こそは清水の次郎長と思った事は低次の行為とは情けない。スブドは難しい！

昭和五十三年（一九七八）

●一月一日
服部先生の年賀状転記。

「昨年中の同胞の霊的な進歩と、力の確証に満足しよろこんでおります。貴君の中にも大きな力が発動しつつあることを感じます。今年はその力を益々発展させて下さらんことを！

そしてその力にあって物質力との分離が益々明確にならんことを祈っています。共々にこの道一筋に、より一層の努力を重ねて真の人間の道を進みましょう」

わが日記には、昨年は服部先生の言われた「和して同ぜず」をモットーとしたけれど中々達観は出来ずに終わる。今年は昨年末の服部先生から助言された「神の指示を受けての行動が大切」と心に決めた。

●一月十四日
大島地震。

世の中は権謀術策。私が物質力に捉われないようにひっそりと暮らして居ると、弱肉強食で追い落とそうとする。これが経済界の掟か？　カルマか、娑婆が嫌になる。

クマラ様は私に事ある毎に「物質に執着している。物質力が執着している。」と注意されている。そして「神は全能であり、物質力を分離出来るのは神の力のみではあるけれど、私の内部を明け渡すように心掛ける事も大切である」と諭され、「物質に対する執着を分離するという事と、物質を捨て、物を捨て、職業、社会生活を捨てるという事とは違う」と助言されている。

今、欲望に支配されないように心がけて、ひっそり暮らすことが良いと思っていたが、前記の様に神の言葉を書き出し整理して見ると（どうも少し）違うようだ。然し乍ら私が敬遠している物質力の縁戚？になる物質が、私の周りに集まって来れば私は喜び、〝物質さまさま〟となり、物質の虜となるは必定。されどクマラ様は物質力を分離すれば、物質は身の回りに集まってくると仰います。

「物質に対する執着を分離するという事と、物質を捨て、物を捨て、職業、社会生活を捨てるという事とは違う」この禅問答の如き〝啓示〟は、よく嚙み締め吟味すれば分かったような気持ちになるが、（それは過去の体験から見て）怪しいものだ。だいいちラティハン中なら分かるが、社会生活中に内部を明け渡す事はどうすれば良いか、しっかり分かっていない。ラティハンするだけで物質力が分離されるのなら、こう度々注意される筈がない。

世の中は物質力に占領されていると怒っている自分の心を見ると、この有り様である。「物質力が無くては生きては行けず、これに取りつかれると殺される」と思って悩んでいたが「物質が無くては生きては行けず、物質力に取りつかれると殺される」が正解と悟った。しかし乍ら如何にしたら良いか、の悟りは未だしです。今年は物質力との分離合戦の年か。物質力を征伐して、物質力の虜となっている物質を解放して家来にする年になれば万々歳だが。

「スブド人は神に全託すれば良い」と簡単に言うが、簡単にして大変難しい事だ。コツを会得すれば簡単かも知れないが、それまでが大変だ。

物質力は（〃スブドの意味〃誌でパパが）思考力と言われたのを思い出した。ならば「自分の意志で思考力を（なるべく）使わない様にしていれば、物質力は分離出来る」筈だ。「自分の意志は内部の流れに注意を向ける事のみに使え」の指示に従えば良い。と今頃悟った。随分ドジな話である。

一九九六年九月五日

●二月四日
マンションにて合宿服部先生、砂川氏をいれて九人。私への助言は「親の分も含めて重いものをもっている。この重いものを背負っているのだから、これを取って貰ったら良くなるだろう」と言われた。私の頭の中と胸の中の重苦しいもの、悲しみを取る為に一日二回のラティハンが必要と指摘された。

●二月七日
昨夜、ラティハンの夢の中で服部先生の援助を受けた。そのせいか朝、何となく軽い気分。夜、服部先生に電話をしたら昨夜は遅くラティハンをしたと言うから、夢は本物と思った。「今排除が起こっているから、その時は受けるのも多いから苦しいよ」と言われた。

●三月一日
朝ラジオが昨夜九時四十分荒川鉄橋上で地下鉄電車が横転したと告げ東京地方の風は凄かったと言っていた。

●三月十八日
マンション合宿。栗原君と服部先生と東京の前嶋氏が一緒に来て、多田氏、猪子氏来る。ラティハン中に左耳を叩かれ頭を叩かれた。午前三時に寝る。

●三月十九日
服部先生が「昨夜耳を叩いた時、左の鼓膜が物凄く痛んだが、あれは誰だ」と言うので「私」と言い治療中と答えた。

●三月二十日
服部先生のスペシャルラティハンによる左耳が痛むので耳鼻科に行く。耳痛はオーシー管（オージトリー管・耳管）の詰まり。これが高じると航空性中耳炎になり、真性中耳炎になると言う。

●五月十三日

マンション合宿。

服部先生のトークで、私の左足の親指先を使わないように保護せよ、と言われ服部先生は大変痛がられた。服部先生はクマラから七つの生活指導を受けられた。と言われその内の二つを発表された。曰く①内部を見て生活　②前から持っている考えを捨てよ（何時迄も同じ考えでいるな、という事か？）

●六月二十四日

同級会もあり、工場の多忙と機械の故障も重なり、ラティハンを休んだが久しぶりにラティハンに出掛けた。十六日に大阪の中島氏が来名された事を知った。要約すると無責任な会員の為に、スブド日本のセンターはパンクしそうだから援助を、という事らしい。持参されたセンターニュースを見ると、一人の会員が銀行から一千万円三年の返済契約で借金してスブドバンクに投資したが、返済能力が無く、困って助けを求めて来た人が居るらしい。スブドで肩代わりをするとか、センターでは言って居るらしい。経済人の常識として（事業資金を借金で賄うのは良いが）外部への投資の金を借金で賄うという事は禁則事項です。然し乍らスブド日本のセンターは、この禁則事項を自ら破り「スブドハウス建設用資金を貸すからスブドバンクに投資して下さい」と煽り立てた〃ツケ〃が最悪の格好でセンター及び会員の両者に出て来た模様だ。その咎が現れ、両者共々にその被害者となったと言う所か。今の甘やかし時代を象徴するような事件である。

一千万円投資のスブドマンの行為は社会的常識から見ても大変な常識外れのお金の使い方をされました。ラティハンはこのようなパッション（情念）による過ちをしないためにしているのです。この方の内部にパッションが充満して居て未だ良く受けられない為に過ちを犯したならば、そのグループに所属して居るヘルパーはグループラティハンで何をして居たかと言いたい。ラティハンを一緒にして居れば会員の内部の状態は、いち早く感知され適当なアドバイスが出来る筈です。東海支部の服部先生は将来起こる火難まで（神からのメッセージと言う形で）予言的警告で伝えて呉れました。お蔭でボヤの孫のボヤと言う程度で済みました。（注：この件は後で記事として報告します）又ある日、服部先生宅で対座して会話していた時、突然半年前に有った事まで指摘され、それは神の意志に反する事であり、其の行為の為に内部自我が汚れたと注意された事がありました。これ程までに会員同士間に起こる内部の交流を敏感に把握して指導せよとは言いませんが、せめてラティハン中に会員から受けた事くらいは会員に知らせ指導出来るヘルパーであり、且つ日常生活でも会員の良き相談相手として信頼されるヘルパーでありたいものです。

●七月十六日

服部先生を招待しての恒例のマンションでの合宿でトークを受けた。

「自分の考えを捨てなさい。それで困る事は無い。（そうしないと）頭の中が混乱するだけだ」このトークを受けて居た時、頭の上をドリルで穴を開けられた如く痛かった。

●七月十七日

「自分の考えを捨てよ」について服部先生に一筆啓上とある。

しかし「自分の考えを捨てよ」の方法と何故捨てよと言われたのか、このトークを受けてから十八年後にやっと分かった事実から勘案して頓珍漢な一筆啓上で有ったことは間違いなしと変な自信を感じる。

●七月二十一日

服部先生より手紙による返事を戴く。「神の言葉は頭で理解しようとしなさるな。受けるという事は〝神の私に対する愛のしるし〟」という大意の手紙であった。服部先生より手紙は後記の通りです。

「お手紙の御主意無理からぬことと存じます。理解する必要はありません。頭のすみにクマラの注意をとどめておかれれば、それでよろしいのです。神の言葉は、あたまですぐさま理解できるものではないからです。私自身貴君も御存じのように十二章のクマラの言葉を受けました。然しそれから十三年の人生体験と十三年の絶えまざるラティハンによって、やっとその半分を理解したところです。すべてを理解（カラダで理解）をするのに、あと二十年を要する覚悟でいます。

貴君もこれからの人生体験とラティハンを通してある時ああそうであったかと肉体で理解をされる時が来るでしょう。それまで、あせらず、人生体験を反省し、深めていかれることです。唯漫然と生きていては折角のクマラの注意や言葉も遂に理解することなく終わってしまいます。

急いで理解しようとしないで下さい。

〝注意〟を受けるということそのことは神の貴君への愛の表現です。

では急がず忘れずラティハンを続けられますよう祈っています。

●八月七日

服部先生宅に行き雑談。「日常生活でのテスト（伺問）で先生ほどには明確に返事が来ない云々と話したら〝心を静め何となしに、そうしたいと思ったらそれに従って行け〟テストの明確に出るまで、そうして待て」と言われたので、大型の設備投資は何時も今言われた要領でやって来た。結果的にはタイミングはドンピシャリで何時も成功でしたと報告したら、それで良いと言われた。又、単独ラティハンは寝っ転がって居る程度のラティハンで集団ラティハンには程遠いと言ったら「それでも、そうして居ると集団ラティハンで受け易くなる」と言われた。

●九月三十日

恒例のマンション合宿、今日は全員で砂川氏のテストをした。ラティハン前に服部先生が話した言葉。

「①私は皆より少し余分に神を信じて居るだけだ。②受けても自分のハートが承認しない時には少し待ちなさい。③テストだけでなくハートの承認が無ければいけない。

ラティハン後の服部先生の話、但し先生の身の回りに起こった話です。曰く「自分の内部を通じて神の力が流れる。それによって子供・家族等に神の力が及ぶ。（私の）内部が浄化し、それについて行かれぬ従業員は、弾き出されて行くから（退職を）私は止めない」

●十月四日

今日のラティハンは思ったより調子良し。砂川氏の鼾は少し気になったけど。神とデート中に眠るとは勿体ない。彼女とデート中に彼は居眠りするかしら。

●十一月六日

服部先生に会う。雑談中に「K氏は思考力によって汚れる」と教えられた。私も同類。私への忠告でも有ると謹んで拝聴した。

●十一月二十二日

集団ラティハンに行く前に服部先生に会い次の教訓を得た。①ラティハンによって思考力が浄化されて居れば、その思考で決断しても良い。②思考がぐるぐる回りの時はテストに頼れ。③テストによって苦難を避け、イージーゴーイングを望むのはいけない。苦難は人生の試練である。④ラティハンは苦難を除くものでは無い。ラティハンをやって居るから楽に暮らして行けると思ってはいけない。⑤スブドマン同士の会議中にラティハンが起こって居る。

●十二月三日

人生は「やや、逆境が望ましい」陳舜臣の言葉で有る。スブドメンバーは何時も少し困った方が真剣にラティハンが出来るから我が意を得たの感有り。よってメモして置く。

●十二月九日

マンションの合宿。今夜は全員参加。今夜は服部先生より全員頭の浄化の援助をラティハンで受けたらしい。

昭和五十四年（一九七九）

●一月一日

今年はラティハン同様に経営にも努力しなければと決心した。但し「金は生きるために必要なものだが、金の為に生きるのは御免」の基本を忘れずに頑張る気になった。絶えず神の意志を尋ねる心掛けを忘れずに。

●一月二日

初夢は全託をすると身体が空中高く、全託が少ないと低下して地上すれすれ。ラティハンのみに救いがあるという教えか。ラティハンをしてクマラの力を受け、内部を浄化して、物質力を征服して物質をコントロールする事が出来れば、「この世は楽し」と言うことか。

●一月五日

今年は多難と予測する。未来に不安を感じさせるのは物質力のなせる業か。死の影まで感じさせる。憂鬱な一日であった。正月休み最後の締めくくりに三度目のラティハンをしたらすっきりした。全託ラティハンで「現在に生き、神の力の中に生きる自分を見出し」今年はこの全託で乗り切る決心をした。

自力を捨て（自分の考えを捨て）他力本願のもと、仕事に励む決心をした。

前記の如く書いてあったが「自分の考えを捨て」とは如何なる事か、如何にすれば良いかの具体的方法は分かっていなかったから、この決意とは裏腹に実行は出来なかったのではないかと推測出来る。

「神の言葉はあたまで理解するものでなく身体で理解するものだから、急がず、あたまのすみにとどめておけば良い」と言われた服部先生の言葉が思い出された。

●一月九日
朝何となく憂鬱、物質力の影響かと思う。クマラ様のいう〝自分の考え〟を捨てればすっきり出来るであろうが、何にも考えずに成り行き任せにして良いのか、神の言葉とは言え、（何もせずに遊んでいては）それでは良心が痛む。

この日記の文を読み、この時「内部に注意をして、その流れに従う」ことが〝自分の考えを捨てる〟ことであり、神に任せることになる、と気がついていれば、あのように悩まずに済んだものをと当時の自分が哀れに思う。

●二月二日
夜服部先生に電話したら「長男では今の難しい時代を乗り切る力はない。権限譲渡したのはミスである。今から十年は（私に）全責任を持てとアドバイスされた。そして長男に力を与えると、彼を取り巻く人の中には全部よい人ばかりでなく、それを見分ける力がないから混乱が起きると〝私の内部はそれに気づいている〃と言われた。

教育の為と思ってしたのだが、結果的には私の本分（仕事）を蔑ろにした事を後悔。

●二月三日

クマラ様の道具として働くべき二年間を蔑ろにした事を詫びラティハンをする。

●三月三日

マンションにて合宿。ラティハン前の服部先生の話。

①ハートを鍛えなければいけない。それが無ければスブドは麻薬になる危険がある。ラティハンでイージーになると思ったり、求めたりしてはいけない。

②スブドは自分と神との関係である。

自力の果て、自力の空しさを知って、神の力を求めてラティハンをするのである。集団ラティハン後の質問に答えて服部先生は、

③ラティハン後すっきりするのは、低次の力が取れてすっきりする。
④問題解決しないとたとえすっきりしても、それは一時的のもの。問題を解決しなければ、根本的解決にはならない。しかし、ラティハンをする事により、神の力の協力を得て、立ち向かう勇気が出る。

ラティハンで服部先生はクマラから七条の教えを受けたと言われ、①自分の考えを捨てよ。②ラティハン後に浮かんだ考えを実行せよ。後は未発表。

ラティハン中服部先生の回診はあったがトークはなかった。ラティハン後「難儀をしているのに頭がすっきりしている。毎日ラティハンをしているか」と言われた。

●三月十八日

飼犬が床下で仔犬を産み、早く出して飼主を探さないと野良犬又は保健所の世話になるからと心配していた。今日仔犬を捕まえたけれど、野良になっていて懐かぬ。愛が憎になる狭い自分の心を見つめ、迷う。悟りの世界は遥かに遠く、中々である。

●三月二十六日

服部先生宅に電話して愛と憎、ハートの問題について尋ねたいと言ったら、六時半に訪問し夕食を一緒にと言うことになり名古屋観光ホテルにて馳走になる。服部先生の部屋にいると心が静まって行くから不思議だ。ラティハンしている如し。服部先生に対する愛と憎の質問の答えは次の如し。

①クマラ（尊天）曰く「お前（服部）の愛を燃え上がらせたら、後に残るのは灰と憎しみだけだ」。

②「自己からの愛は、その愛は憎に変わる。愛憎は表裏一体」（自己の愛）

③「神から受けた愛を流せ。その愛は憎にはならない。神の愛は、降り注ぐ太陽のごとく悪人、善人を問わず満遍なく降りそそぐ」

④自分が愛するから愛する。

自分の都合で愛する。

自分から出た愛は相手に背かれる事がある。又、相手に迷惑に思われる事がある。己の愛は、ハートの愛である。それだから、神から受けた愛の通路となるように心掛けよ。以上。（君は未だ神の愛を受けられないから、余り余分な事はするな）

括弧内の言葉。

「お前は未だ神の愛が受けられないから余分な事はするな」には痛み入りました。今日初めて聞くが如く新鮮に心に響きました。

《ハートの問題》
①相手を受けてその段階に応じて話をする。
相手のレベルで話をすること。ババは上手だ。褒めて、コロリ。
その他の話として、「幹部には家庭の事まで気を使え」。

●五月十八日
大吐血。

岩井さんが来たので営業所の事務所で四十分程話をした。その時少し気持ちが悪くなった。岩井さんが帰った時、もっと気持ちが悪くなったので裏にある自宅に向かった。酒の飲み過ぎの時のムカムカ症状のようになった時、（唾や痰を吐く習慣は無かったのに）無意識に唾を吐いたら少し変な色をしていた様な気がした。下草の中に落ちたので確認出来なかった。そのまま歩き続けていたら、しゃっくりと一緒に口から葡萄酒のような色をしたものが飛び出した。その時吐血と気づいたので、家に入らず、犬小屋の前のコンクリート打ちした庭で、安静のため身を横たえて人の来るのを待った。運よく娘がすぐ来たので、救急車を呼ぶように頼んで待つ。車中で二回吐血、病院の救急室で二、三回、病室で二回の吐血、何れも痛みは全然無く（昔見た）人間ポンプ並の噴き出るような大吐血。夜中は貧血のため少し寒かった。ベッドの中でクマラ様は私に何を教えようとしているのか、と一晩中考えているうちに朝になり、輸血五個（千cc）の輸血は終わっていた。大吐血という事は分かっているから死という事もちろりとは考えたけれど、それならそれで良し、として全然恐怖感は無かった。それより「胃と心臓には自信があるこの俺が何故」という疑問が頻りにしました。そして行き着く先の考えはクマラ様と言うことになります。何故クマラ様がこの吐血をさせたと連想したかと言えば、服部先生が三年前の七六年二月十四日に、胃穿孔（卵大）で救急車で入院されたからです。その時、服部先生は手術もなく急速に回復されました。退院後の話で「今まで医者という立場で患者を見て来たが、今度は患者という立場から（初めて）医者を見た。大変勉強になった。その為にクマラ様が病気を与えられた気がする」と言われたからです。服部先生がラティハン中に体験されることが、後日私にも度々おこり、同じような体験をよくするから、今度も、病気を（私に）与えて何かを教えようとされていると思ったからです。

このように何時も身近に神の存在を感じていれば、全託出来ますから、死の恐怖など感じる暇はありません。

●五月十九日

昨日の吐血の時、クマラ様が準服部先生扱いをされたかと思い、「何を教えようとしているのか」一晩中考えていた。看護婦が一時間毎に巡回し、家内と家内の同級生が徹夜で付き添う。

昨日医者は酒は飲むかと言うので、最近缶ビール（三百五十cc）一つ飲むと言ったけれど信用した顔ではなかった。大吐血なので食道静脈瘤の破裂と診断され、今夜が峠、長くて一週間と宣告されていた由。医学的に見ればそうかも知れぬが、内的自己の状況、神とスブドメンバーとの関係から生じる不思議な現象を神意と見るスブド人には通用せずと（内心で）一笑に付す。

●五月二十日
胃カメラで写真を撮る。大出血の割に潰瘍が小さいと言って居た。午後から流動食。十八日の吐血時は、三十分前より少しずつ気持ちが悪くなりガバッと吐血。動くと又気持ちが悪くなり又ガバッ。しかし痛い所なし。吐血以外の症状は全くなしであった。

●五月二十一日
ラティハン的に見つめて居たが（注：前記のフレーズは全託して神に任せていたと言う意味か）死という事には全然懸念もしなかったし、思いもよらなかった。クマラ様は私に何を教えようとして居るのか？　という事だけが念頭にあった。

●五月二十二日
ヨード？　の注射のテスト、明日は検査、多分ガンの検査と思う。

●五月二十三日

午後検査の予定であったが機械が故障で中止。朝、服部先生に尋ねられたと言って、真野院長の回診を受く、一時に服部先生より「胃潰瘍、管理者は一度は罹る病気と推定、全託して養生を」という見舞い状を戴く。

●五月二十四日

朝大型の胃カメラ。午後ＣＴコンピューターカメラにてレントゲン写真。美しい写真に吃驚。肝臓・膵臓・その他異常ない模様。駄目押しのガンの検査は詳細な調査の結果という事になった。

●五月二十五日

服部先生と岩井さんが見舞いに来て呉れた。服部先生は先週の火曜日（注：五月十五日　吐血の三日前）より胃の調子が悪くなって、薬を二年前の量に増やした。肉を見てもむかついて又再発かと思ったそうで、月曜日（注：吐血して入院した翌日で吐血は止まり、昨日の病気はウソの如く痛みも不快感も無く病状は安定した日）に、食欲は元に戻ったと言われた。

私の発病をクマラ様はご存じで、服部先生に私への助力のシグナルを送っておられたことを知り、神の恩寵の厚いことを又々体験させて戴いた。そしてスブドの同胞は（ババのいう如く）兄弟姉妹で一体であるという実感を深めた。

●五月二十六日

担当医は病院の慰安旅行で不在。副院長の回診曰く「潰瘍が大きいので出血が恐ろしいから手術をしたい。月曜日に検査する」と言う。担当医は潰瘍は小さいと言って居たのに。服部先生の如く（クマラ様が）何かを教える為に吐血させたのであれば、私も（服部先生の如く）手術は不要かも知れない。不要の手術をされるのは困る。と思ったけれどそんなこと話す訳にはいかない。

服部先生の言より病状を推測すると、昨年十月以降の不況。二月以降の心労によるストレスがたまり胃潰瘍が始まり先週の火曜日より金曜日に向かって急速に進行し、吐血前に池の鯉用のポンプを引っ張って力んだ時血管が切れ、岩井さんとの話中に胃に充満。岩井さんが帰られて直ぐ吐血。初吐血は四時頃？

●五月二十八日

肝臓の検査とバリュウムによる胃の二回目の検査をする。担当医曰く「薬の効目の反応少なく、前と症状変わらず、次の木曜日には腹腔アンギオグラフィーの検査をする。胃の半分を取る手術を覚悟せよと言う口ぶり。

胃の写真で潰瘍（火山の火口の如し）の周囲のリンク（二、三日前テレビで放映されたガンの映像とそっくりだった）が怪しいし、痛みの無いのはガンの疑いを持った方が良いようだと覚悟した。

●五月二十九日

回診で「何時外科に変わるか」と言う。彼らは切開に方針を固めた如し。松野頼三の如く医者は隠すこと上手だ。

午後服部先生より電話あり、「先日会った時切った方がよいと感じたから、手術しても良いだろう。テストで生命の危険は全然ないと言うから全託して、安心して従え、用や助けの要る時は何時でも電話せよ」と言われた。この電話で不要のハラキリでない事が分かりスッキリした。

●五月三十一日

今はベッドの中しか身の置き所なし。神の力を受けても、その後の行動をする事は出来ない。ただ受けるだけ。全託生活のサンプルのような生活。全託の生活に徹する事を覚悟した。腹腔アンギオグラフィーの検査は脂肪が多く注射針が血管に入れ難く難儀な為少し切開して入れた。動脈に傷をつけたので四キロの重しを股の上に置かれ二十四時間の絶対安静。検査のため苦しい一日。

●六月一日

神からの流れ来るものを受けても自分の身体・手足・頭を使って実行出来ぬ今の境遇。クマラ様は私に「受けても、何もせずに全託して生きる方法。全託の神髄・極限」を会得するための試練を与えたのか。

●六月二日

大腸検査も済み、月曜日に病室移転。家内がレントゲン待合室で見た初期ガンの写真と私の輪と似て居たと言っていたので、その事を内科の担当医に言ったらムニャムニャと言って居た。すべては天意と覚悟している全託の身ゆえに心は平安そのもの。これすべてはラティハンのお蔭と感謝。

●六月四日

服部先生より電話あり「朝七時に夢の中で起こしに来るので寝ておれぬ。四時頃見舞いに行く」と言われ、点滴中服部先生がタクシーで来られ三十分程見えて帰られた。「クマラは大丈夫」と言って居るから全託せよと言われて帰られた。

●六月六日
昼頃服部先生より電話あり「昨日スペシャルラティハンをしたら（私の）状態が今までになく、一番良い状態でクマラの力をひしひしと感じたから全託して手術を受けるように」と言われた。

●六月七日
昨夜九時ベッド内のラティハンは少し変であった。「服部先生の先日（六月四日）の見舞いは、移転したこの病室の浄化のために来て呉れたとラティハンで気が付いた」と電話で話したら、「違う。私に力を流すため」と言われた。

手術のため朝早くから点滴で忙しい。二本目の点滴の最中に、アレルギーがでて?、周囲が段々暗くなり廊下の蛍光灯がローソクの灯火位になり、目が見えなくなって来た。大急ぎで看護婦を呼び点滴も手術も中止。

●六月八日
私の内部自己（ジワ・魂）が低次の諸力と分離して居る感強し。低次の諸力が、ジワの入れ物の肉体から離れている感じ。物質力・植物力が仕事から離れて居るので静まり、心静かなり。病院にいるこの身体も何故か他人ごとのようだ。ジワは（身体を離れ）神のそば近くに居る感じ。ジワは神の通路近くにおいて神の力を受けながら、必要があれば肉体や頭脳に戻ってきて指示し動かし、又離れて受ける所に戻って居るようだ。素晴らしい事だ。この悟りのような体験を得た恩寵の為に、今までの二週間と今後切腹の苦痛及び病院生活を修行のプリハチン（自発的な克巳・自我否定の行）と思えば楽しいものだ。

●六月九日

今度の入院はスブドの一つの段階の仕上げの為の修練として与えられたものの如し。神の力を受けて生きて居る安らかな状態の幸せに満ちた楽しさを知った。そして全託の素晴らしさを教えられた。全託を誠に知り、全託が出来る状態を与える為の恩寵としか此の病気は思えない。

●六月十一日

入院以来三週間以上になるのに三日？　経った感じしかなく、この世が現実離れして感じる。静かで心乱れること心に浮かばず、全託されている度合いが深い。夜ふとこれは回心して居るのではないか、回心のために入院？　今月になってから世に言う回心に近い状態が続いて居る。有難いことだ。

●六月十二日

服部先生より電話あり、先生の配慮を痛感。そして回心と言うものは、神の支配下にある状態と説明される。ならば回心を体験したと思う。

●六月十三日

朝九時半ベッドに乗せられ手術室に向かう。「出棺」と冗談をいって部屋を出る。「眠くなるよ。タバコを吸うか」と尋ねられたら、もう意識は無かった。気がついたら五時頃病室に戻って居た。痛みも気分も想像していた程度で大した事はなかった。それでも皆が痛くないか、痛くないかと余りに言うので痛み止めの注射をうって貰う。午前一時まで（全然痛くなく）治った夢を見ていた。今日は集団ラティハン日、会員はスペシャルラティハンをして呉れたと思う。午前一時過ぎ、痰が出ると、創部が少し痛む。

手術は、服部先生の隣の部隊の軍医であった真野院長の執刀。院長自ら手術するのは稀で、このように配慮して呉れたのは服部先生の口添えが有ったからです。

痛み止めの注射を思い出すと、とても気持ちが良かった事に気が付いた。あのときもう一本うって貰えば良かったものをと今時々に思う。麻薬は一度味を覚えたら忘られず深みに入る危険な薬と痛感した。危ないアブナイ。

●六月十四日

手術後の痰は苦痛と聞いて居たが本当だと思う。鼻孔カテーテルが入っているからその管が刺激して咳と痰が出る。腹がパンクするかと思うほど痰を出すとき痛む。昨夜より今朝、今朝より昼、昼より夕方と腹の切り口は楽になるが痰の排出の苦闘の一日であった。

●六月十五日
前の二日に比べて今日はうんと楽だ。そうなると鼻孔カテーテルが目の上のタンコブだ。十九年前一緒にオープン入会した土屋氏が来て、ガスが出るようにマッサージして呉れた。不思議な事に途端に腸が動き出した。

●六月十六日
土屋氏のマッサージのお蔭で午前〇時十分よりガスが出始め鼻孔カテーテルが取れた。途端に痰は出なくなり地獄から天国に遊ぶ位に気分は良くなる。朝の回診でお茶を飲んでも良いよと言われ一口茶を味わう。美味なり。

豊田勤労福祉会館で合宿する前に（五時頃）スブドメンバーが見舞いに来て呉れた。その時「二、三日服部先生の食欲がガタッと落ちたから、メンバーの中に胃の悪い人が居るのでは無いかと思って居た。」と服部先生の奥さんが昨日先生に言ったそうです」と知らされた。

●六月十七日
勤労会館の合宿は良かったと言って十二時頃服部先生達が見舞い旁ら、報告に来た。「昨夜の服部先生は最初、腹のラティハンがあって中々回診が無かった」と誰かが言って居た。先生もラティハンが済んだと思ったら又腹のラティハンが起こったと言っておられた。

●六月二十日
術後一週間経つ。普通の身体になったようだ。服部先生より電話有り「君の代わりにラティハンをして居る」スブドの同胞は兄弟以上だ。（注：私も先生も一人息子。兄弟の味はお互いに知らない。しかしスブドで兄弟の良さを知った）

●六月二十一日
肝機能に異常値が出た。（輸血が原因と後年分かった）

●六月二十二日
安城市の厚生病院に入院している岡崎市の加藤産婦人科病院の院長の元気な声の電話有り、兄弟同様の仲で何時も同じような事をしているとは言え、入院まで同じ頃するとは全く不思議な話。

●六月二十七日
岩井夫婦と服部先生が見舞いに来て呉れた。先生いわく「一度死んだ身体と思ってこれからは……」と結局は神からも、人からも、すべては受けて生きていく、ということが今後の大原則か、今後の人生は全託に徹することには間違い無さそう。

●七月七日
服部先生より手紙戴く。


〜前略〜　……この度はカラダで種々の体験をされ不幸中の幸いと存じます。

〃人間の理解を超した処で神の力が神の意志する方向に有効に働いている〃というのがスブドの原則であると考えています。カラダの全てを神と医師にゆだねているようにして下さい。それが吾々スブド人のなしうるすべてです。

回復するにつれて早く家に帰り度い貴君の気持よくわかります。私もそうでした。自由というものが如何に人間にとって必要で、ありがたい、ものであるかを、つくづくと感じたものでした。もうしばらくの辛抱です。がまんして下さい。〜略〜　〃霊能〃と言うものとその人の〃霊格〃とは全く別

のものです。~後略

「霊能と霊格とは全く別のもの」と言う注意は、一緒にオープンしてスブドに入会して退会した土屋氏が、霊能治療のような能力があると言った事に対するものです。この件は霊能と霊格と区別すれば明確に理解できますので、参考資料として手紙の一部を紹介しました。

●七月十二日

昨夜東名高速道路日本坂トンネルで追突事故で火災発生一日中燃え続けて居る。

●七月十五日

服部先生より十一時ころ電話有り、「ベッドの上で静かにして居るだけでよい」。

一年前のクマラトーク「①自分の考えを捨てなさい　②困る事は無い　③（自分で考えると）頭の中が混乱するだけだ」を思い出した。

●七月二十六日

服部先生より電話が掛かって来た。「又頭を使い出した。徹底した個人主義でよいのだ。どうしたら自分が神に通じ、神に任せたらどうなるかを悟って帰るのが今度の入院の目的だ」もう一つの目的はガン退治であった。三つガン腫瘍が有ったと十数年経ってから長女が告白した。その時の感想は「やっぱりそうだったか」でした。

●七月二十七日

昨日服部先生に全託するように言われた。今度の入院は身体を治す事と「全託人間」になって退院するのが神の目的と悟った。全託人間にならなければ退院できないと悟る。全託イコール霊的修練《ラティハン》と思うのは些か単細胞的と理解出来た。全託とはすべてを神に委ねる事であり、礼拝だけとは少し違う。世的生活もである。

世的生活の全託はラティハンより難しい。ラティハンは中学・高校レベルで一般的であるが、世的生活の全託は最高学府の大学並の最終課題である。これがマスターできればスブドの優等生。人生の成功者になること間違いなし。但し簡単であるだけ却って難しい。

●七月二十八日

全託人間になるにはもっと神を信じる事が必要と分かってはいるか、分かっているだけではお題目を称えると一緒で気休めにしかならぬ。
全託すれば頭のなかは空っぽ。神の意志は受けやすくなる筈。しかし、です。それでは「日常生活でも夢遊病者の如く何も考えずに生活せよ」と言うことになると短絡的に考え悩む。昔「出家とその弟子」という本を読んだが、今思うとこのような解決出来ぬ問題に悩む若き僧侶の話かと思う。(注:本の内容は親鸞と若き弟子との愛をモチーフとした問答を劇化した物語…著者・倉田百三)
ラティハンをしない時でも神の支配下にある状態を会得する事が大切と分かって来たが実技はこれから。

●七月二十九日
豊田新線開通。ラティハン会場に行くのが便利になりそうだ。

●八月一日
八月の予定欄に、①毎日ラティハンをすること　②すべてを神に委ねること　③何時も頭を空っぽにしておくこと　④何時も神の意志を尋ねること。

とモットーを考えたけれど中々実行困難で全託人間になれそうもない。

●八月六日
すっきりして全託が出来たら退院の許可が出た。全託出来る状態が退院の条件であった。

●八月七日
点滴が済んだら退院と言うことである。これで病院の不味い食事に悩まされる事も無くなった。これも一種のプリハチン（他人の痛みが分かる為の行）であったかも知れない。

●八月十一日
豊田新線に初めて乗り、久しぶりにラティハンに行く。ラティハンは静かだったが眠ってしまったのではないかと思うほどに覚えの無いラティハンであった。

●八月二十七日
朝服部先生の夢を見る。先生の顔は電光の如く輝いていた。青く輝く電光であった。

●八月二十八日
今日も服部先生の夢を見る。何があるのか？

●十月十三日
オールキャスト合宿。

神に甘えてはいけないと思い、世的な事は自力をと思い、「自力でなすべき限界と全託する境界がはっきりしない。自分はどう対処すべきか判らなくてノイローゼ気味になっている。今日の合宿で何と回答が出るか期待して出席。

●十月十四日　トーク
「①お前は何故神の存在を信じないのか！　②お前の力でどれほどの事が出来るか（何も出来ないではないか！　③クマラは何時もお前を見ている。④生きるも死ぬも神の意志次第だ馬鹿！」

以上が昨夜のラティハンでのクマラトーク。今日からは全託に就いて、あれこれ悩まない事にした。

●十月二十三日
鞍馬山に参拝。鞍馬のケーブル電車で隣に座った足の悪い少女に会いびっくり。車中で一番悩んでいるのはこの私かと思っていたのに鉄槌を下された気がした。世の中には私より苦しんでいる人も多いのだとクマラ様に教えられ、その配慮をひしひしと感じ、「クマラは何時もお前を見ている」とよく言われる言葉を思い出した。

●十月二十八日
御嶽山早朝噴火。

●十二月八日
勤労福祉会館にて合宿。服部先生は先回の合宿で受けて、一週間くらい厭世観に悩まされ、仕事は嫌で食欲も無かったと言われ、私が原因の大である口ぶり。その通りと思う。今夜は回診はあったがトークはなし。

●十二月九日
服部先生の話。

「①神を信じるにはラティハンをしっかりやること。ラティハン中に流れてくる根源を見つめること②テスト『私はこうしようと思いますが宜しいか』というテストは絶えずやっている。（服部先生）③全託とは、『全託とは休めの姿勢だ』『自らは何もしない』そういう時に神の力が入ってくる。全託して頭がカラッポになることが必要。伊藤は昨年秋より今にかけての状況はクライシス。神と人（伊藤）の問題であるから、神と共に苦境を克服する修行を今していると思え。その為には『ラティハンをして職場を見つめていれば良い』今の状況を脱皮すれば、神に頼るコツが判る。神と共に歩く事が大切」

●十二月十二日

日常生活の思考は殆ど妄想だと先生は言われたが、妄想が原因で鬱病が出て来た。合宿の浄化ラティハンが薄れて来た為か、低次の力の積み重ならない内にラティハンをしないといけないようだ。それにしても今がクライシス（危機）であり、こんなにクライシスが苦しいものとは想像もつかなかった。十一年前の六六年六月、服部先生のクライシスのトークを聞いたときは、他人事と思ってノホホンとしていたのに。

年末の感想

「人生一寸先は闇」の諺の如く、五月十八日の大吐血。しかしそれは全託の修行には良い体験であった。しかし、その後に襲った厭世観は酷いものであった。スブド人であるから全託というスブドマンの義務的掟があるから自殺はしないけれど、スブドを知らなかったら或いは？　かも知れなかった。経営を主体とする社会的責任。経営者は弱音を吐かない。どんなに困っても困った顔は出来ない。常に孤独である。そのギャップがストレスの溜まる要因でもあり。自分の思うようにはすべて進まず。クマラ様はお前に何が出来る。出来ないだろうとペシャンコにして、クマラに任せよと言われる。しかし、その任せ方が分からぬ。自信喪失で最後は、分からぬけれど「やっぱり全託」と無条件降伏したら、「昨年秋からクライシス」と種明かしをされた。然し、それは年末になってからのこと。ネタを知っていては修行にならないから、仕方がないことだけど、こんなにどうしたら良いか分からずにドタバタした年は珍しい。クライシスは早く卒業したいものだ。

昭和五十五年（一九八〇）

●一月一日

服部先生の年賀状には、

「あたまを　つかわず　うんと　カラダを　使いましょう」

とあった。

考えて見れば、頭を使って先のことを心配していても全託の邪魔になるだけで何の為にもならない。蓋し名言である。

身体を使っていればあたまはカラッポになるから、今年は合理化だけに頭を使い、その他は〃前後裁断〃の現在に生きよう。服部先生は〃ラティハンをして職場を見つめよ〃と言われる。これは「神に委ねる所謂〃世的全託〃の実践」の一つであり、格好のマニュアルである。

●一月二日
朝目が覚めると不安。ラティハンをするとすっきり。どちらが本当の姿なのか、分からず不安。そう考えるのがいけないから「頭を使うな」と言われるのか、但しこれは愚問に近い。

●一月四日
初夢は「服部先生が次の土曜日に（私の）頭の手術をすると言って鼻の中を診察した夢」。矢張り夢は変だ。眼科の先生が鼻の診察とは。頭の手術は正夢と思う。

●一月六日
正月休みは今日まで。今年は服部先生の言葉を次のようにモットーとする。

「全託して、全てを神に委ね、身体を使い、この難局を神と共に乗り越えよう」

●二月二日
稲沢で合宿。

ラティハンで、私の胃が未だ全快で無い事を知った。服部先生から参加者に、①内から突き上げて来た時は徹底的に実行すること。論理的にアレコレ考え回したら駄目。②必死になること。必死にやれば、神の援助はある。その日その日を必死に暮らす事（生活は必死に）神は食うことまではして呉れない。③一生に関することは服部先生に相談しても良い。④努力の方向が判らない時はテストして（世的参考にしても良い）方向を知る参考にしても良い。然し世的努力を疎かにしてはいけない。ラティハンとテストによって世の中が楽々と暮らせると思うな。⑤タイミングがある。今はパッション、今は全託と使い分けは神の指示による。⑥伊藤は当分の間忍耐しなさい。

●二月二十七日

多田君がラティハン会場で「心が沈み不安、心配、平静でないのはジワにハートがついている（ジワがハートの影響を受けている）のだからラティハンするしか方法は無い」と言う。彼もクライシスか、それとも神の指示に従えない、所謂全託出来ないためのジワとハートのギャップによる悩み？　ストレスか。二月二日の服部先生の話は多田君の為のアドバイスと感じた。東海支部は神の指示と世的生活のギャップによるクライシス多発時代到来か。服部先生より遅れること十二年。

●三月一日

ラティハンに行って多田君と話をした。「ハートとジワがくっつくと内部が汚れるから汚さないように努力せよ」と服部先生が言った由。

●三月七日

四時に服部先生宅を訪ねる。色々アドバイスをして戴き夕食を御馳走になる。アドバイスは次の如し。

①世的変革はラティハンを通して行われる。

②神の指示は内示と外示とあり、内的指示はテストと止むに止まれぬ気持ちがする、の二つがある。外的指示……それは、悪かろうが良かろうが神が何かを教えようとしているのだから、「何故？」という気持ちで受けよ。神は何を教えようとしているかと思え、真正面からのみに、ものを見ず、たて、よこ、裏から立体的に見て、非真面目に受けよ。（成長するための神の外示であると思って）その時なるべく明るく考えること、失敗より成功を考えよ。良くなるだろうと思うことは（神への信頼であり）信仰だ。大切なことだ。悪くなるだろうと思うことは信仰ではない。神は生かそうとしているのだ。

信じれば成功する。

苦しまなければ神との協力（関係は）出来ない。（神を求め、すがりつかないから？）ラティハンをして神との協力関係を勉強せよ。塗炭の苦しみを嘗めなければ、全託はあり得ない、神を求める事は出来ない。そこから信仰が始まる。安心して心配すれば良い。

③ラティハンは、これから神と面会するという心構えが必要。
④長男は若いから、間に合う、合わぬは別として、従業員が心から従わないから、この若造がという反発があるから、一従業員として扱い権力を持たせないこと。
⑤会社の件スタッフを持て、一人か二人のスタッフを作れ。スタッフに命令権を与えてはいけない。スタッフは情報源。決断と命令権は社長にあり。

●三月八日
昨日服部先生に会ったお蔭で頭のもやもやはすっかり取れて前の悩みはウソのよう。

●三月九日
少し前の不安感はウソのように今は無い。服部先生に会ってジワとハートが分離できた為か、先生よりクマラの力が流れ浄化された為か、今日一日殆ど平安。

●三月二十三日
ババトークの「服従とはそれがたとえ意に添わぬことでも毅然として対面すること。誠実とは過ぎ去った事に執着しないこと」この二つが全託で大切であるという。これは世的全託に必要な言葉である。

過去の事に執着せず、外示に毅然と対面することが全託であり大切と分かった。今後難関に会った時この全託と忍耐とを持って向かう事が必要と知った。今後の忍耐時代を考えると少々うんざり気味だがこれも（クライシスを乗り越える）修行に必要な試練と思いなおした。

●三月二十九日　トーク

稲沢勤労福祉会館にて合宿。

「お前は（伊藤）ひたすらラティハンに打ち込んでいれば、何も心配することはない」

●三月三十日

朝の座談会で服部先生は私に「クライシス（危機的状況）の峠は越した」と言われた。今度の合宿は気持ちが良かった。ラティハンは良く受けられたし、私の重いものは取れていたし、又クマラトークもそれにぴったりの内容のトークと思われる。

●四月一日

人間は神の指示に従って生きていく運命にある。毎日毎日、神の指示を尋ねながら生きて行くのも修行の一つである。けれども、指示には内示と外示の二つがあり、内示は内部に注意をして内部を見つめ、内部の声を聞けばよい。或いは浮かんでくる考えに注意を払えばよい。外示は外部の状況の変化に注意を払い、神の意志を感知しなければ、ならない。社会生活では、どちらに注意を向けるべきか迷うところです。内示、外示のどちらを受けるにしても、邪魔になるのはパッションと思考力（所謂、物質力）のようです。

●四月二日

神の指示に従って生きていけたら人生楽しくて仕方がないだろう。不況の中の私でもそうなる筈である。今日の指示は何かと楽しみにして出掛ける事にした。外示をしてくれるのは観音菩薩の化身と思うつもりで工場に出勤したが菩薩様は現れず楽しくて仕方のない事もなく、つまらなくて仕方のない一日でもなかった。

●四月二十六日

服部先生が昔、順調な時は全託することは容易だが、逆境の時はスムーズに全託することは難しいと言われた。一年半みっちり全託修行をさせられた今、この事が良く分かった。神はラティハンに打ち込んでいれば何も心配することは無いと言われるが、心の片隅で本当かなとちょっぴり疑い心が湧く、その反面、神の言葉の真実ならんことを期待する。わが心の愚かしさよ。

●五月十九日

刈谷のくまぎ呉服店の招待旅行に私達夫婦も（枠があるから）行かないかと言う鈴木工務店の好意に甘えて三泊四日の北海道旅行に参加。

二十三日の日記に、「よい旅であった。ひとつ悟る事あり、明日より新しい人生のつもりでスタート。」と記してあった。

家内に言わせるとこの旅行で（私の）鬱病的気分が取れたと言う。これも一つの切っ掛けとは思うが、真相は服部先生が私に「峠は越した」と言われたクライシスを突破した為と思う。

●六月十四日　トーク

稲沢福祉会館にて合宿。

六月十二日より鉄工団地（協）の東北地方研修旅行の帰り、小牧空港から稲沢に直行、合宿に参加。集団ラティハンは長くて強烈。

「クマラはお前（伊藤）に話をする。〃クマラは今お前の内部に力を与える。お前がこの力にすべてを委ねるならば、出来ないものは何も無い〃」と力を右手より受けた。

●六月十五日

服部先生より二年前のクマラトーク「自分の考えを捨てよ」は「何時迄も同じ考えを持ち続けるな」と言うことであると解説された。

●六月十八日
夜テレビで「自殺の引き金。鬱病のなぞ」を見る。昨年秋から今年の三月までのクライシスを症状的に見れば軽度又は初期の鬱病の如しと思った。

●七月二十二日
奥志賀の別荘で、孫娘の実奈子が一昨日よりの咳が一段と酷くなり、食欲も無いから明日は帰ることにした。危険を感じたので膝の上に抱いて三十分ほど全託していた。幸い咳も熱も治まってことなきを得ました。「この力にすべてを委ねれば出来ないことはない」を図らずも体験することが出来ました。翌日は元気になりました。

六月十四日のクマラトークに「この力にすべてを委ねるならば、出来ないものは何も無い」の言葉を噛み締めると味わい深いものを感じます。それは普通なら、

（1）この力を　使えば　（何でも）　出来る。

という所を、

（2）この力に　委ねれば　出来ないものは　（何も）　ない。

と他力（神）に任せれば、と言う自力でなく他力という所と、次は自力的に出来ると表現せずに、控えめにして否定の表現で、出来ないものはない。という所です。これはお前の力では出来ないが神に任せれば出来ないものは無いよ。と全託すればという所が如何にもスブド的で面白いと思います。

●七月二十七日

配布されたスブドジャパンを読む。次の言葉が目につく。先回のババ来日の時、ババが「あなた方の間にラティハンの活用と恩恵が見られない」と言われた言葉が今なお耳を離れない。と建部ヘルパーが言っていた。言葉が、です。

然し乍ら、東海支部ではラティハンの活用と恩恵を充分戴いていると思う。但しその活用出来る迄に、又恩寵が受けられる迄に通った道は決してイージーでなく試練とも言える程の厳しさを伴った実地訓練で、七転八倒・クライシスの末（やっぱり全託しか救われる道は無いと観念した）後に与えられた恩寵と活用法のノウハウでした。

●八月八日

服部先生宅訪問。今月二十二日志賀高原別荘で孫娘の発病に困ってクマラより受けた力に任せたらその夜から咳が止まり翌日には元気になったが、そのことについて伺い度いと尋ねたら、「それはクマラの力だ。確証である」と言われた。あの事が神の力によるとしたら凄い力が私に流れていることになるのだが、と言ったら、先生は「そうだ」と言われた。クライシスで難儀をした甲斐があった。

●八月二十六日

朝工場に行く途中、あれこれ思い悩んでいると頭が詰まってこれから仕事に行くのが嫌になってくる。頭を空っぽにしたら嫌でなくなってきた。空っぽにしたら神の力が流れて来たようだ。空っぽにする事の大切さ、空っぽにすると神がその頭を使い、身体を使うという事を体験した。〝頭を空っぽにする〟には、あれこれと、思考でかき回さない事が大切と知った。

●八月三十日

自分だけの力で世の中を渡っていると思うから心配や不安・憂鬱になる。何時も神と一緒と言うことをもっと自覚すべきだ。自分には何の力も無いが、私の内部に流れて来る力に頼れば何でも出来るから、信頼して神と二人で生きていくと悟ったら勇気、活力が出て来るから不思議だ。

●九月六日

豊田勤労福祉会館で合宿。

病院に行く。肝機能は平常値。胃のレントゲンは撮影しなくても良いと思うが、一年経ったから希望ならしても良いと言われた。バリュウムは美味くないからと断った。合宿に参加。ラティハンで服部先生が私の左中指を私の胃の上部に当てさせて「痛い痛い」と言っていた。ラティハン後一度胃の検査を受けた方が良いだろうと言われた。

●九月七日

昨夜のラティハンは全員トークなし。先生による会員の身体の浄化が殆どだったらしい。

●九月十日

加茂病院に行き胃透視の検査を受けた。異常なし。しかしラティハンでの注意は疎かにしてはいけないので今後気をつける。猪子氏は服部先生の回診通りの結果が出たと言い、九月六日のラティハンの指示は正しかったと言っていた。(医者の診断と一致)

●十一月十五日

豊田勤労福祉会館にて合宿。

服部先生の講義：知情意と全託の関係・知情意の使い方。

①欠点を直したいという意志がなければ（いくらラティハンをしていても）直らない。②神はその人の意志するパターン通りにしか力を与えない。③知情意の使い方をゆるがせにするな。④パターン通りに神は運ぶ。知情意の使い方の原則は悪いパターンを持てば悪い方に運び、良いパターンを持てば良い方に神は運ぶから、良いパターンを持つ事が必要。⑤人間の尊厳は選択の自由が与えられていることだ。だから出来るだけ神の意志に添った明るい希望を持つことだ。浄化されるに従って人の判断（知情意）は神の考えに近づいていく。⑥お前の意志をしっかりしなさい。このパターンですと神に委ねれば出来ないものは何もない。⑦唯一注意することは、全託した時、お前の頭の中に浮かんだ思考は神の意志だから実行しなさい。⑧これからは各人と神との関わり合いの時代に入る。⑨無為《むがなす》困難《こんなん》な時、事《こと》は無《な》がなしていると思え。それはお前に神が力を与えるためなのだ。

昭和五十六年（一九八一）

●一月一日

服部先生より後記の年賀状を戴く。

「一粒の種　大樹に成長しなけりゃ。スブドは肥料
小樹では　日陰の役にも　たたん
大いに利己的なるべし」

●一月二十四日
稲沢にて合宿するその他の記事なし。

●一月二十九日
名大の法医学教室に「マニラの心霊手術を受けた時持っていたタオルについていた血痕の血液検査」を依頼してあった報告があった。調べた報告は「動物の血液であるが人間の血ではない」でした。ガンとか不治又は難病で（場合によっては命をかけて治療をうけた人が居る可能性があるのに）インチキの手品とは！　全く無責任。比島人だから日本人の感覚とは違うかも知れないが。しかし好奇心の強い私にはこの検査に関係出来たことは（真実が判明して）良かったと思って居ます。実のところ検査費用を持つから調べなさいとけしかけた張本人は私ですから。全く神以外は信頼おけない事を新年早々思い知らされた。

誤解のないよう念の為記録しておきますが私はマニラには行った事はありません。神に浄化して戴いたジワを心霊手術で汚されたくないからです。霊能は敬遠主義です。

●一月三十日

ババは「服従とはそれがたとえ意に添わぬことでも毅然として対面すること。誠実とは過ぎ去った事に執着しないこと。この二つが全託で大切である」と言われた。この言葉に何となく似ているのがブッダの最後の言葉と連想した。それは樹の林に身を横たえ、弟子や信者たちに見守られ安らかに息を引き取る。

「すべての事象は過ぎ去る。怠らず努めるが良い」それが最後の言葉であった。この世の無常相を見た仏陀は、それゆえに一回限りの人生を全力を尽くして努力しなさいとさとされたのであった。（新聞より切り抜き）

●三月九日

服部先生が「伊藤君はクマラに本当に愛されて居る」と前からよく言われた。私はクマラ様に愛されているから幸福人間かな、と時々思うことがある。その割には不肖の質、叱られてばかり居る。

●四月七日

桜は満開。桜の花を見て、「花は散らなきゃ実はならぬ」変化がなければ、進歩はない。日々の変化（変動）を悲しみ悲観的に捉えてはいけない。神の意に添わない。散る花を惜しむは良いが、その意義真理を知らなければ、ここに色即是空・空即是色の姿をみる。

〈メモ欄〉判断決断の遅いのは、頭が悪い。責任を恐れる臆病。この二つだ。(新聞)

●四月十六日
腹の調子悪し、朝食は食べたが腹痛。病院に行く。診察を待って居る内に気分が悪くなり処置室で吐いてしまった。噴門がおかしいから明日透視と言うことになって帰宅。十二時に寒気がするので計ったら三十七・六度あった。風邪とも思えるが昨夜の蕎麦の食べ過ぎが原因かとも思える。午後熱が出てきて夜は暑くなって来て汗、腕を布団から出したら寒くなってきて冷や汗たらたら、水も飲めない。吐くこと時々、尋常でない激痛、朝まで眠れず。頼りになるのは神様だけ、逃げ場は助けて! の神への全託のみ。

●四月十七日
隣室で寝て居た家内は私が「寒い、暑い、気持ち悪い、水だ、リンゴ、薬、痛い」と喧しくて眠れなかったと暗に私が大袈裟に騒いだ為に熟睡を妨げられたと言う口ぶりで愚痴っていた。

知らぬが仏。腸閉塞の大病に(看護人が)良く眠れなかったとは良く言うよ。

閑話休題。午前四時ころ熱は七・五度に下がった。朝病院に行き、レントゲンの検査の結果は腸閉塞。

即入院。医師は余り痛がらないから切らなくても済むかも知れない、手術は様子を見てからという事になり、点滴三本。カテーテルを鼻から通された。その後は、気持ち悪いのもおさまった、痛みも薄らぐ。

昨年九月六日の合宿のラティハンで服部先生から胃の不調を感知され検査する事を勧められた。その時の検査は異常なしであったが半年後に（胃の手術による影響？　と思われる）癒着による腸閉塞を発病。またしてもラティハンの凄さを知らされ、指示を出されたクマラ様の加護の深甚なるを知る。

二十五年か三十年前ラティハン中に先生を通して「身体が大事か、仕事が大事か」という指示を受けた事があります。その時「そんな事は判って居る」と言う自己過信からの生活態度を変えずにいたら半年後視力障害をおこし何十年と不自由した経験があります。以後、「指示は半年先までの期間は考慮して対処しないといけない。」と自戒して居たのですが、今回は胃透視をして指示に従った。という安心感から此のことは忘れていたのですが、やっぱり指示は半年単位で注意する必要があると思い知らされました。

●四月十八日

朝レントゲン写真を撮る。胃腸全体の働きが弱くなって発病したようだ。今朝は昨日より腸の運動はよくなり、ガスも出て快方に向かう。

今日は豊田勤労会館にて合宿がある日なので担当医にたって頼み七時にカテーテル付きで外泊の許し

を受け、参加する。

今日のラティハンの八割は私の浄化ラティハン（一時間五十分）服部先生の腹はパンパンに張り私の病気は相当に悪いという御宣託なり。ラティハン後に一、二か月は静養せよというアドバイスがあった。

●四月十九日
八時半、家内が迎えに来て呉れて又病院のベッドに収まる。昨夜のクマラトークは「伊藤さん伊藤さん、この胃、この腹の具合はいかんわ、この腹の具合はイカン」といってウーウー先生は唸ってみえた。ラティハン後に「当分は静養せよ」と言われたので一月かと聞いたら、「それ以上」と言われ、「君が居なくなると寂しいから大事にして呉れ」と言われた。帰院後にレントゲン写真を撮った結果が良かったのでカテーテルを抜いて呉れた。昼から茶と水は飲んでも良いと許しが出た。昨夜のラティハンのお蔭でとても快調、もう痛みも吐き気も全然なし。

●四月二十一日
先年、切腹した辺りが癒着して腸閉塞になったようだ。軽くて手当の早かったのが幸いした。

●四月二十一日

病室の隣の患者を見ていると、私は苦痛までもクマラ様に委ねることが出来るので幸せだなぁと思った。今考えると腸閉塞の物凄い痛みをクマラ様に託してラティハンしていた自分であった。お蔭で夢うつつの内に激痛を他人ごとのように感じて神の加護下に入っていた訳だ。

●四月二十五日

ＣＴ検査も異状なし。退院。

●六月十一日

豊田市鉄工団地（協）の九州旅行で臼杵の石仏の老案内人が「大日如来は〃浄化した欲望は大いに努力して実現しなさい〃と言われた」と言ったので、スブドの服部先生の言われる事とよく似て居ると感心した。

●六月二十七日

豊田勤労福祉会館にて合宿。服部先生の回診あり、胃の調子は良くなって安心した。と言われた。

●十月二十四日
稲沢勤労会館にて合宿。
ラティハン後に服部先生は私に「頭の通じも良かった」と言われた。

昭和五十七年（一九八二）

●一月二十三日
稲沢にて合宿。

珍しく多田氏が参加した。服部先生よりの講話「神への感謝をする事が大切だ。受けられるようになる。自分自身の身体に感謝の足らない人が病気になるようだ」「病気の根源」自分自身に対する感謝の気持がないと病気になるようだ。「世的全託の方法は?」「心を静めて急がない」そうすれば次の言葉が出てくる。

●五月一日
Tヘルパーと Nヘルパーが来るというので出掛けたが少し遅刻。話の内容の感想「他人の言ったことだけでは、心の琴線に触れるものが少ない」。

●五月二日
岩井さんから電話があった。某氏は「東海はバパを人と思って居るか、神と思うか」と質問があった。そのどちらかと言う疑問に某氏は悩んでいるという。「霊的な事はテストに聞け」とバパは言っている。そんな事の出来ない人がヘルパーとして在任しているかと思うと情けない。自分でテストしてその結果を信じれば済むことだし、バパに直接聞けば分かる事だ。

私は「バパは神ではない」と御自身で言われたような気がする。私はバパは偉大なるヘルパーと思い尊敬している。従ってバパは人であると言う結論になる。然し、そんな子供じみた質問をする裏には「バパを神様扱いにせよ」そして「バパの要請は神の声として無条件で受諾して協力せよ」という暗黙の要請が、その言葉の中に含まれているかも知れない。

どのように思おうと各自の自由だが、回教やキリスト教の一神教の信者にスブドの会員が「バパは神だ」と主張したら一神教の「天にましますす我らの神よ」と祈るクリスチャン、唯一万能の神として「アッラーの神」を祈る回教徒の反発は必定。そんなことをしたら、スブドは空中分解的大混乱になること間違いなし。

●五月五日
①或る東海支部会場での雑談から想像するとスブドのリーダーが二つの反対意見があると決断出来ず、

決断しない事が全託？　だと誤解しているらしい。②（どうしても分からない時にはテストをしても良いと言われているのに）その世的対策のテストを何故かしないらしい。③然るべき人に相談すれば良いのだが、それもプライドが邪魔して聞けないらしい。

【皆の話を総括すると、知識はあるが判断能力はない。（知識×判断力＝知的能力）という算式の所謂、実用的な知的能力はない。従って責任のある判断する事には臆病である。（人としてなすべき事まで全託と称して決断と行動をしない。「神さまどうぞ」と、決断と行動（まで）も神様に任せ責任転嫁して事たれりとしているから責任感も無く、無策無為の責任を取らない。従って指導者、経営者には不向きな性格と推定せざるを得ぬ。】

●六月二十六日　ラティハン中の私へのトーク

豊田勤労福祉会館にて合宿。

「頭の痛みが無くなって真のラティハンの道に入りつつある。身体の痛みが無くなって真のラティハンの道に入りつつある」

座談会での服部先生の話。

「自分の力でないという謙虚さが必要だ。これはお前の力でやってない事を認識しなさい。クマラの力であるという事を認識しなさい」

●七月七日
鉄工団地組合に午後遊びに行ったら、日刊工業新聞に私の会社の工場の一部の写真が大きく載っていた。先月取材に来たとき私が話した事が長々と記載されていたのに驚く。

●七月七日
ラティハンに行ったら富樫氏が負傷した格好で出て来た。「神の方に目を向けさせるために、神は災難を起こす」と服部先生が言ったと富樫氏が言った。私も同感。

●七月十四日
富樫氏が不自由な手をしてラティハンに出て来た。

●八月七日
ラティハン会場で富樫氏が服部先生の言葉として「神への感謝の気持ちがないと何か来る。平常、幸せの時の感謝を忘れないように」という事を話していたのが印象に残る。

●八月二十八日

合宿ラティハン中のクマラトークはまた「頭の中のシコリが段々と溶けている」。

〈服部先生の話のメモ〉

①「自分の限界までは頑張らなくてはいけない」努力の極限までやらなければ、神の助力はない。努力の極限になると、神の助力がある。

神の力とは人間に不可能な事を可能にして呉れる。努力しても不可能な事は神に委ねるという事はスブド人として大切な事である。

②「神の呼び声」神がリードするため災難やトラブルを与える事がある。これを「神の呼び声」と称する。

③〟ちらっと頭の中をかすめる事に重大な事がある〟

昭和五十八年（一九八三）

●一月一日

服部先生の年賀状に「なにごとも満腹してはいけません」と有りました。

●一月二十二日
稲沢勤労福祉会館にて合宿。参加者服部先生、伊東、猪子、富樫、岩井夫婦、小生、七名。

ラティハン中にクマラのトークが私に出て「火の用心。火の用心。火事を出したら駄目だよ。お前の身体の中に、火事が現れている」これには驚く。ラティハン後に服部先生にどうなっているのですか?、と尋ねたら、先生も慌てて、クマラ様に「伊藤の奥さんに直ぐ連絡しなければ、いけませんか」と尋ねたら、「そんなに急がなくても良い」という返事だったと教えられました。

●一月二十三日
服部先生は「物事が起こる前に、身体に出てくる」ことを昨夜のラティハンで知ったと言われた。

●一月二十四日
本社工場に行き朝礼で「神様から火事を出すな、という注意を一昨日受けたから〝火の用心〟に協力して欲しい」と頼みましたが、皆、怪訝な顔をしていました。（そのような反応しか得られない事は重々分かっていたけれど、私一人の注意だけでは自宅・転宅予定の建築中の家・本社工場・営業所の四か所までは手が回が廻らず、兎に角社員の協力を仰がざる得ません）神様の指示は絶対ですから無視する訳には参りません。恥を承知で頼みました。続いて、職制幹部の会議で今少し詳しく説明して、重ねて火の用心を要請した。昼休みには営業所に行き頼みました。一応やるだけの事はしたから、後はラティハンと全託して職場を廻り注意して眺めているより方法はなし。

●二月五日

T氏の手紙はN氏とU氏とT氏の三人で五百万円の出資する。後の五百万円は会員からの出資で会社を設立して前記の三人で運営するとあり、今日会場で話題にあがったが皆は懐疑的な見方をしていた。

私のこの時の印象は、スブドでやるといっても、何をしたいと言う（使命感から派生した）具体的な事業目標を持たずに、ただ単に会社を作り、それから何をするか決めますでは、会社ごっこのエンタープライズになる可能性が強い、でした。

●二月十三日

京セラの社長がテレビで人生は（能力×意欲×人生観）であり（能力×願望）が大切であると言っていた。参考までにメモしておく。

●二月十四日

帰社したとき事務所前に消化器が四、五本ころがっていたので、「どうしたのだ」と尋ねた所、午後二時三十分頃、雑品入れ場の近くで、カッティング・グラインダーで棒鋼を切っていたら火花が飛んで(床にこぼれた油を取る為に買い置いた)、オガクズに着火して、横に立て掛けてあったベニヤ板が燃え出したので消化器で消し止めたと言う報告で、焼けたベニヤ十枚よりも消化器の薬代の方が高くつき、約二万円の損害と笑って済むような小火でした。「火の用心、お前の身体の中に火事が現れている」と言われたのは先月の二十三日午前〇時ですから三週間目の出火ということになります。これ程までにドンピシャリと確証を突き付けられたら、今後クマラ様の指示には絶対服従しないと、〃とんでもない事になるぞ〃と思い知らされた。とは言うものの神の好きな積極的思考で考えれば、それだけ可愛がられているという確証でもあります。神の愛を信じて全託人生を成就したいものです。クマラトークの火事の予言は当たったけれど信頼と服従の誠意を認められ、加護により小火で済んだ事は非常な幸運であり、おまけに「お告げ通りに火が出た」という事は従業員に神の実存を教え、併せて私の信仰が正しい事を証明した事になります。うちの社長は迷信を信じる愚か者というレッテルを貼られずに済みました。おまけに確証を示す費用がたったの二万円！　流石はクマラ様！　粋な計らいをなされると内心拍手喝采をしました。クマラ様ありがとう。

それにしても、昭和四十九年の年末は神の方へ目を向けさせるためとは言え、大目玉の罰とも言える

（変質者の）放火に遭いン千万円の痛き目に遭わせ、今度はお前の身体の中に火事が現れている、火事を出すなよと心底から心配して注意をして下さいました。二つの火事の性質の違いが気に掛かります。前の火事は私の内部の反映と納得出来ますが、今度の小火は孫ボヤで済みましたが、クマラ様があれほど心配された所を見ると致命傷的大火の可能性がありました。そのような（神は火事を与えようと意図していないのに何故、神の意に反して）火事が私の身体の中に現れたのか、その理由が苦になります。私に直接責任のない前世のカルマのようなものが現れ出て来て、それを神様が憐れと思し召して、それを軽く済ますようにされたかも知れませんが。

●四月九日
稲沢勤労福祉会館にて合宿。

●四月十日
会議室で服部先生より聖書の言葉。

「祈りて願うことは、既に受けたりと信ぜよ。しからば得べし」を改めて教えて戴く。昨夜のもう一つのテーマは「大らかに生きよ」。

●四月十三日
G氏が、東京スポーツ（注：名古屋では中京スポーツ）の或る記事を指してラティハン後に回覧した。スブドーという記事で、「変な帽子をかぶってチンボの帽子をとる儀式を云々」と、東京の会員の割礼に立ち会って、手術を受けている会員の周りでラティハンをしている様子を揶揄した医者のレポートが載っていた。

●八月八日
四キロ南の下市場の新宅に引っ越し。奥の家にいる孫のお守りになるのか。

●八月二十七日
わがオーディオルームはラティハンホール兼用。ラティハンホールのオープン祝いの合宿に来る途中岩井さんが高血圧の為、救急病院に入院。同乗の岩井啓子さんと服部先生は出席中止。少々淋しい会合になった。オーディオが主役になって仕舞った。

●八月二十八日
服部先生は昨日出掛けにボタンがとれた事によりクマラからハプニングが起こる事を予告されていた

ので、さっさと帰宅された由。

●九月三日
稲沢にて合宿。Y氏、T氏、東京の女子、大阪のN氏達が来て集団ラティハン。T氏より色々と話があった。

●九月四日
合同と言っても東京・大阪との合宿のため服部先生は来られず単に交流だけの稔りのない会合。会議室にて日本スブドの運営について、世的知識・世的常識のない為の不合理の多い事、特に投資の金の扱い方に対する基本的考え方の不足を指摘し、はっきりと物申した。後で、どうせ言っても無駄、パッション（情念）を受けるだけと思ったがこれこそ後の祭り。

●十月一日
わが家のラティハンホールで合宿。服部先生が「新しい建物は染み付いているものが無いのでラティハン、浄化が楽である」と言われた。私に対するクマラトークは「今の儘の姿で生きていきなさい。クマラは助力を惜しまないでしょう」。

●十月五日
合宿記事を東海支部レポートとして一文したためたら富樫氏がワープロ化すると言って持っていった。

今後毎月一回（豊田）合宿する事に本決まりした。

●十一月五日
オーディオルームにて合宿。服部先生が見えないので早く寝る。

●十二月三日
合宿ラティハン。今日は忘年会になった。

昭和五十九年（一九八四）

●一月二十八日
今年初めての合宿ラティハンで、今度ヘルパーになった富樫・猪子氏のヘルパーオープンが起きて、服部先生が二人の頭のぺこぺこの所に通路を開いたと言っていた。トークは無し。先生から私の内部は非常に平安であったと告げられた。

●四月七日　合宿トーク

①「人は人、己は己。ごっちゃにするから、ややこしくなるのだ。お前はラティハンをしっかり、やっていれば、そんな事は判る筈だ」と叱られた。服部先生は「内的感覚は思考で汚れる」と教えて呉れた。多分大原の件で思考が内部を汚した為の叱言のようだ。無になってクマラにすべてを委ねよと叱られたようだ。②心を空しくして、大きな力に、すべてを委ねるのがスブドだ。③お前がラティハンをしっかりして居れば、そんな事は判る筈だ」と言われた。トーク、全員に「ぼーっとして立って居るだけではスブドになって居ない。一時間立って居ても駄目。立ちん坊になるだけだ。皆ラティハンになって居ない。一からやり直しだ。何が東海支部だ！」

服部先生の話。「神に対して、もっと誠実になれと言うことだ。己を空しくして、すべてを委ねよ。(ラティハン中も)五感が目覚めて居なければ、ラティハンにならない。五感を鋭くしてじっと見つめなさい」

●六月三十日　合宿トーク

私へ「クマラは何時もお前と一緒に居る。何故クマラに任せないのだ。お前は何故こんなに痛むのか判るか、心のわだかまりが痛みとなる。クマラは何時もお前のそばに居る。クマラにすべてを委ねなさい。お前に何が出来ると言うのだ。何も出来はしない。クマラに任せなさい」。

服部先生の雑談で私に、

「Oは断りなさい。Oはクマラに任せておけば断る良いチャンスが必ず来る」。

その他、一般的な話に服部先生は、

「テストが間違って居るのは、ラティハンが間違って居るのだ。神を信じるか、人（の力）を信ずるか、全託すれば一つになる。全託をするにはハートが浄化しなければ出来ない。神が浄化をしてくれる」。

●九月八日
本社工場の事務所ビルは明日が建前の予定だったが宮川建設が明日は日柄が悪いからと言って今日一本だけ柱を建てると言って居た。昔は方位や家相や日柄は重んじたがスブドにはいってからはクマラ様任せになり、そのような事はとんと無頓着になった。変われば変わるものと我ながら（昔を思い出し）苦笑する。

（注：啓示によれば、「運命とは神との関わり如何による」とあります）

●九月九日
本格的建前がはじまる。六時半終わる。その後酒盛り。

●九月十四日
御嶽山、王滝を中心とした長野県西部地震が今朝起きた。

●十一月十日
事務館竣工。四時三十分より食堂を三階へ引っ越しするのに三菱の係が約束の時間に来ないのでエレベーターが使えず少々難儀した。五時三十分より内祝いのパーティーをする。酒樽の鏡が中々割れなかったのもお笑い。私は昼休みにクマラへの感謝のラティハンを四階の役員室でした。

●十二月二日
名古屋の八千代本店で服部先生を囲んで忘年会兼座談会をする。
服部先生の言葉。
①ラティハンは神の意志を肉体に染み込ませる方法である。大体十年しないと充分染み込まない。
②「誠実と熱意と親切」がこの世の暮らしに大変必要である。これの無い人は駄目だ。

昭和六十年（一九八五）

●二月十一日
何時も神と一緒という自覚が薄れて来ると、厭世観が浮かび上がって来ると言う体験をした。

少々の世的不安ですぐに気分の暗くなるのは、神を信頼する心を忘れているからだと自覚してラティハンをしたらすっきりした。今日からは何時も神と共にいるという事を忘れないように心掛けよう。と思った。

●三月六日
スブドには関係無いがラジオにて「提案潰し社員」「弁解社員の話」あり。何処の社会にもある話としてメモしておく。

●八月某日
センターニュースの記事に、ババが今回トークされた内容の中でTさんが強く印象されて報告されたコトバ……「ファナティックであってはならない。迷信的であってはならない。狂信的であったり、ファンタジーを追ったりしてはならない。現実をしっかり把握していなければならない。以下略」とありました。然り尤もの話である。唯、今頃になってこんな事に気が付いて強く印象したとレポートを書いて居るのは情けない。この様な事はエンタープライズとしてバンクやパチェット農園の要請のあった時（一九七一年）二十一年前、S全国委員長に散々忠告したものだ。その時の返事は「スブドは別だ。常識外の力が働くから心配するな」と言って慰められたものです。S氏がこの様に信じたのはTさんの影響と薄々感じていたが、前記のコトバを感動して発表した所を見ると〝矢張りそうだった〟の感が深い。

Tさんの考えとは、一線を画している東海支部は〝常識的過ぎる〟と言う批判を昔、風の便りで聞いた事があります。

●十一月九日

G氏の話によると、岐阜で女子達のグループで、Yヘルパーが D夫人に「ラティハン中に手を叩くのは良くない」とラティハンの批判をしたため、もめている（注：結局は D夫人は休会して仕舞った）と言う。ババはラティハンの批判はしてはいけないと言われたが、意識して手を叩くのは全託にならぬから注意は必要だが、全託状態での動作は（ババの仰言《おっしゃ》る様に）批判すべきでは無い。神の意志によるとして容認すべきである。但し意識しての動作か、全託中の動作かの判断は難しいから、「意識して手を叩くのは良くない。然し全託した状態で無意識の内にしたのならそのままで良い」とヘルパーは分かりやすく言挙げして親切にリードすべきだ。馬鹿の一つ覚えの単細胞的指導は考えものだ。

●十二月一日
スブド忘年会を木曽路にて行う。私が相手のレベルを知った後の対処方法が判らぬと質問したら、服部先生は「キリスト、神の〝愛〟を以て接せよ」と言われた。

昭和六十一年（一九八六）

●一月一日
服部先生の年賀状。
「人生自転車のようなもの　とまれば、ころびます
走らなくちゃ　しょうがねぇ」

●二月某日
「釈尊　最後の説法」
他にたよることを　止めなければ　救われない

たよるべきものをたよりなさい
たよってはいけないものをたよっては　救われない

我流でスブド流に解釈すれば、「人や物に頼ってはいけない。内部に頼りなさい。神に任せなさい」。

●二月十五日
スブド東海支部ヘルコミ会。ゲスト十五名東海は七名。

東海メンバーはステレオルームで合宿、ゲストは豊田キャッスルを九時にチェックアウト。十一時半より隣で焼き肉パーティー。

●二月十七日
昨日の東海合同ヘルコミ会は、クマラ様が明らかにリードされて実現した催し物だと思った。そのお蔭でセンターの運営について明確な意思表示の意見が多発！　尚、七年前の大吐血は胃ガンだったと岩井氏が教えて呉れた。服部先生が手術前に沈痛した顔で、ガンだからと命の心配をしていた事を岩井氏に教えられた。納得。

●三月六日
服部先生を訪問して服部先生の話曰く「〃神が主なり〃を聞く、この言葉を念頭におき、忘れないこと。この気持ちが無いと伺問《テスト》も占い式になると私（服部）は思った」。

この〃神は主なり〃の話の発端は「執着心が強くて恥ずかしい。困った」と相談したら、「それが人間だ。皆、死ぬまでそれで苦しむのだ。私もそうだ。それを軽くするのが〃前後裁断〃今日一日楽しく暮らせられれば良い。生かされて居るのだから、明日生きているという保証は無いと思え」というような事を言われた。

〃神が主なり〃の心で、聞けば神の御意志による採決が戴けます。これは大変有難い事です。この気持ちが無いと、伺問《テスト》は我利我欲を満足（達成）するための占いとなり兼ねません。たとえ、これで成功しても〃人生の成功〃には寄与しません。

●五月三日
今日はK・G氏と私の三人だけのラティハンだった。スブドバンクが破産？　整理に入ったと聞く。

●十一月十六日
名古屋観光会館にて服部先生を招き忘年会。

服部先生が「神を忘れ、本能だけで生きていることが（時々）ある」と言われた言葉が印象に残った。

●十一月二十六日
川崎清英顧問の言葉「知っている事と、分かるという事と、出来るという事は違う」即ち、〃知識〃と〃理解〃と〃出来る能力〃とは異なる。

知識力、理解力、能力（実行能力？）の区分は面白い。豊田喜一郎さんの言葉か？

●十二月二十日
東京より建部、出雲、林、大見、の各氏が豊田の私宅に集まる。東海は栗原君以外は全員集合。

昭和六十二年（一九八七）

●一月一日
服部先生の年賀状に、
「よいことは　おかげさま
わるい事は身から出たさび

とあります。

ビールを飲み過ぎて視力が低下と、反省していたから、神の啓示として、今年のモットーとする気になった。これには正月早々参った、参った！

●一月二十日

夜ラジオを聞いていたら、琥珀酸がガンに効くと言って売った為に薬事法違反に引っ掛かった人のニュースがあった。前にスブドで琥珀酸のレポートを配って来たことを思い出して、さては、と思って調べたら、静岡県のスブドマンであった。これも一種の（日本に於ける）エンタープライズの被害者。

●二月二十一日

栗原君が久しぶりにラティハンに出てきた。病院に帰る時間に合わせてラティハンを早めて行った。

●二月二十三日

視力が落ちているので通勤が危ないので自宅で休んでいたら、○○から「アラコ（株）から出向社員の打診のあった社員について返事を求めて来たから、行って断ってこい」という電話があった。その件については○○から「あれは駄目だ」という一言を聞いているだけで、後のデータは全然聞いて居ない。

その私に、（自分で駄目と決めておいて）「断ってこい」と言われても、子供の使いではあるまいし、何と言って良いか分からないから、私が出掛ける訳にもいかず、車も無いし体調も悪いので「行かない」と断ったら「自分の都合の良いことだけやる」と言うので、私に「断りに行け」と言うことさえ非常識な上に「自分の都合の良いことだけやる」と言う暴言に（やる気を無くし）プッツンして仕舞った。

「そんな偉そうな口を利くなら勝手にしろ、自分一人でやってみろ」という気になって登校拒否ならぬ出勤拒否のストライキに入った。

●四月二日

孫の彰浩の足の火傷の整形手術をするか、せぬか、で嫁は乗気、家内は消極的、私も必要なしと思って居る。テストをする。テストは手術必要なし。という。

●四月三日

服部先生に電話で問合わせしたら「医者が手術しても、しなくても、良いと言う事に引っ掛かる。テスト以前の問題だ。どうしても、必要と言う以外はする必要は無い」という返事。結局手術は中止。

●四月十一日

久しぶりに服部先生を迎えての当家で合宿。

私に「クマラに背を向けて居るため身体中、低次の力が溢れていて〝手が痛む〟」と先生に言われ「神に向かったら、もう手が浄化されたでは無いか」と注意された。仕事を離れて居ても低次が絋れ、仕事をして居た時は時で、遊んで何もせずにいても低次の力が絋れる。これは一体どうなって居るのだ。

●四月二十三日
〇〇の暴言により登校拒否ならぬ出勤拒否してから二か月が経つ。視力は悪いし、働く意欲も湧かない。

●五月七日
テストにより今日から出勤。

●六月二十三日
今朝ババが没なられたという電話が夕方富樫氏よりあった。

●七月四日
ラティハンでトークあり

当家で合宿。

「お前は何をやっているのだ。ゼロになれ。種々のものを持ち込むから、悩み、苦しむのだ。神はゼロ。ゼロから出発せよ」

前記の私宛の指示については、解釈を間違えて後日大変混乱しました。

閑話休題。

服部先生より（一九六五年六月二十五日）鞍馬山で受けた啓示について一部発表がありました。以下の言葉から始まります。

この間ババが死んだ日に、没なった連絡を受けた日にラティハンをやったらババが出てきて、「お前が以前に受けてきた事と同じ事をババは受けている、それが、スブドとしては、皆に浸透することをババは念願している事だけれども、どこまでそれが浸透しているか非常に疑問に思う。それで、お前の受けている事の一部でいいから皆に話しなさい」と言われた。それで、私はこれを発表する心算は無かったのだけれども、これ、まる一冊受けているんです、ピシッと書いてまる一冊あります。受けたものは百八十ページもあります。

そして、これが『クマラの世的教示』というものですが、即ち、『スブドの世的指導原理』。これが一九六五年の五月二十四日のラティハンの中で「この日から丁度一か月あとの六月二十五日の夜に鞍馬山で教えることがあるので、鞍馬山に行きなさい」との指示を受けた。僕はビックリして一か月先に教えると言うけれども、そんな事は一寸考えられんし、なんか嘘では無いかと思っていました。

そしたら、六月一日の日にフロでぼやっとしていたら一寸ラティハン状態になり、その時に「その教えは二十五日の夜、教える、教えは余り沢山あるので、記憶することは困難であるから記録しておけ、そして、その教えを総ての人々に広めて貰いたい」と教えられた。

ところが、後でその事について六月九日の日に、「このたびの事は（まだ受けないのだけれども）今度起こる、そのことは神の目より見れば当たり前のことであるが、人間の考えよりすれば、そのことを馬鹿らしい事と一笑に付してしまうでしょう。そうだから、会員外の人は勿論会員であっても人には話さないようにして貰いたい。もしこれを口外することがあると、そのために、クマラの意志を遂行するのに障害が起こるでしょう」こんなことを言われた。又、「スブドの世的な指導原理は未だこの世に出ていない、六月二十五日夜お前に教える事は、その世的な指導原理で、世に生きる術である」と六月十一日に受けています。

「今後は自分の考えをまじえたり、自分の考えで行動したりしないでもらいたい」。これは、「二十五日までラティハンをやって待っておれ、考えるな」と言うことです。「クマラの教えは文章で理解するのではなく、一つ一つ体験によって、ゆっくりと深く理解していくものである。言葉で理解するのでなく、お前自身が体験しなさい。クマラの教えは体験を経て初めて理解出来るものであり、初めて世に出るものであるから、これを人に語っても、これを理解出来ないだけでなく、お前の体験的理解を得るのに支障を来すのである。それを理解出来るのはバパ一人である。だから、バパ以外の誰にも語ってはならない」と、この時に口止めをされた。それで六月二十五日鞍馬山の一番山上で、原語で言われた（原語と言うのは何語かわからんのだけれども、ザァーッと難しい言葉で、これは伊藤さんに録音して頂いたのだけれど）なんの事か訳が分からなくて困っていた。そして、（どこかの大学の言語学の教室へ持っていって）通訳してもらおうと思って居たら、六月二十七日に飯を食っていたらラティハンが起こってきて、もう飯が食えなくなった。そこで部屋へ入ってラティハンに入ったら、七月一日に『第一節、生きることについて』と言うことを日本語で言い出した。それから、第二節、第三節、第四節などがいつ起こるか分からないのです。診察していても、ラティハンが起こって来たら診察をやめて、個室に入ってそれを受けねばなりません。夜寝ていても、ラティハンがズーッと起こってきたら、起きてラティハンを受けなければ、なりません。それから、これが七月一日から十八日まで毎日つづいたわけです。結局、第一節から第十節までを十八日間、日本語で受けました。そしてこれは体験すべきことで口で言っても、たとえばスシラ・ブディ・ダルマをバパが出していられるけれども、あれを理解する人はほとんど居ないわけです。読んでいるが分かってないということだ。

だから、お前の受けた教えもそれと同じことで、口で言ったって、それは頭の中を通って行くだけで、なんにもならぬから言ってはいけない、ということだ。

そこで私は今まで二十何年間黙っていたのですが、それはラティハンの中で皆の中に浸透して行くから、二十何年経つので、少なくともそれを受けてから皆さんと十年近くはラティハンを一緒に受けているわけだから、皆の中に浸透しているとは僕は思っているわけです。しかし、バパから言わせるとまだ良く浸透しているかどうか疑問な点が多々ある。とそれでその一部、ほんの一部でもいいから、お前がそれを文章として話をして、皆がそれを受けているかどうか確認した方が良いだろう。ということである。

それで、第一節のごく一部を今から話しますから、皆それを頭で批判しないで、それが良いとか悪いとか頭で批判しないで、（これは神の言葉ですから）軽いラティハン状態で、こう、中へ入るように聞いて居て下さい。（第一節の）

第一番目は『生きる意味』ということについて。

「生きるとはどういう事かというと、「生きるとは神の指示に従って行動をする」と言うことである。そう言うことを、人々はなかなか理解しないのである。ただ自分のしたい事をする。或いはどうしてもしなければならないと思うことをする。そういう事が生きるという事であると考えて居るのである。けれども、それは本当に生きると言うことではない。生きると言うことは、「神の指示に従って行動する」ことを生きるというのである。」（以下省略）

第二番目は『金銭について』（本文省略）
第三番目は『仕事について』（本文省略）
第四番目は『愛情について』（本文省略）
第五番目は『病気について』（本文省略）
第六番目は『欲望とその結果について』（本文省略）
第七番目は『運命という事について』（本文省略）
第八番目は『神と人間との関係について』（本文省略）
第九番目は『人間の名誉について』（本文省略）
第十番目は『人間の生死について』（本文省略）

第二節以下は未発表。

●七月五日
服部先生が早く起きられたのでリスニングルームの六人を起こし座談会を始める。これを契機に新しい生活方針の生き方を始めたいと思う。「最後の仕上げの人生」を開始する段階になっていたスタートの信号を発せられた感じ。

●七月八日
服部先生に「スブドの世的生活原理」の発表された事について礼状を出す。人生の最終楽章の完成は、このクマラの世的教育の実践により実現すべく決意した。

●八月二十九日
夜ラティハンに行ったけれど、よく受けられない雰囲気のラティハンであったので、途中で帰って自宅でラティハンのやり直しをした。

●九月二日
集団ラティハンに行っても調子が悪くて、受けられないから、当分休んで単独ラティハンをすることにした。

●九月七日
昨日鞍馬山に行き、信貴山の宿坊で泊まる。朝、管長に会い真言の意を聞く、「オンは南無と一緒、ベイシラマンダヤは毘沙門天の本名、ソワカは賛仰」。

●九月二十三日

〇〇の放漫経営露見。二月二十三日の彼の暴言によりプッツンして一人でやってごらんと、した〝咎〟は月宛一千万の損金計上となって現れた。私のパッション（情念）代は一千万は喜んで良いのか、悲しむべきか、迷う所だ。損金は勿論嫌だが、我が存在は何もしてなくても（居ないと）それだけ損をするということは、それだけ価値があるという事になる。これは私と〇〇の関係だが、クマラ様と私の間柄でもこれと同じ事が言える筈である。クマラ様の方に何とか顔を向けて居るから月に一千万は損をせずに居るのだと。クマラさまが「お前に何ができる。出来ないではないか、クマラに任せなさい」と言われる他力・神の力、加護を形を変えて教えられた。クマラ様の力で生かされて居る（無力の）私は少なくとも月当たり一千万円は御利益を戴いている勘定になる証拠だ。（注：クマラ様の加護を全て評価しては申し訳ないが分かり易く対象の例題に準じて一千万と表現しました）

●十月十二日

カッターハウジングの金型のメンテナンスを尋ねたら溶接は古いやり方でてんでバラバラ、これでは駄目と、よい機会だから研究材料として自分でトライする気になった。

●十一月十四日

単独ラティハンも限界に来ているのかマンネリ化してきた。又集団ラティハンに行く時期が来ているのか。

●十一月十五日
朝テレビで「悟りと迷い」というテーマの番組を見て居たら「自分の考えが皮の如く〝空の世界〟との区切りをしている」と言って居た。正にその通り。

●十一月十六日
カッターハウジングのビードをきれいに仕上げているのを見て居て、かじりの焼きつきを取るのにグラインダーを使って取って居るのを思い出して、ふと疑問を感じた。（昔は油砥石を使って居た。あの頃は今のような小さいグラインダーが無かったから半年前にグラインダーを使っているのを見て今は良いなと思ったことがあった。然しよく考えると）グラインダーを使えば砥石・ペーパーと違いビードに傷がつくから、その後は益々製品にかじり傷が出る。これは！　と思って（反対意見や抵抗があったが）使用禁止を言い渡して「半日だけいう事を聞け」と言ってトライしたら正解であった。これは基本であり、余りにも簡単な事なので皆、見落としていた。こんなことで月何百万円と損をしていたのだ。基本は大切、尊重すべきだ。

●十一月十八日
服部先生より「ババの霊的偉大さが判った。二十一日には是非出席せよ。解散後雑談しよう」という手紙が来た。

●十一月二十日
中垣君労災事故。

●十一月二十一日
桜花会館にて合宿。

ラティハン後の私に対する助言は「私（伊藤）の内部《ジワ》はナフス（我執・我欲の感情や欲望。所謂低次元の力）で囲まれていて、（先生が）痛くて触れない状態だった。事故を起こした人には気の毒だが、この儘なら（原因不明の）病気になってしまうからヘルパー（猪子氏一人だけでは荷が重いから）二人ヘルパーの集団スペシャルラティハンが必要だ」。

その他、集団ラティハンの必要性と神への誠実心の薄れを指摘された。

追記：先生の講話

①宗教の根源を体験させるためにスブドが現れた。
②若い時は目的完遂。年をとって見ると、健康。心の平安。仕事に生き甲斐。
中垣君の労災事故は私から一言も喋らない先に前記の通り指摘された。これから見ても先生の助言は百パーセント信じざるを得ません。毎度の事ながら、無条件受諾です。

●十一月二十二日
服部先生の話では「単独ラティハンだけでは集団の四倍（後で十倍と言われた）受けるのに難儀と言われ、集団ラティハンの効率の良い事を言われた。先回、先生と鞍馬山に行ったとき帰りに私の内部の変わって居ないのに気づいたと言う。誠実、真摯な気持ちが（二年前から）薄れて居たと言う。長年ラティハンをして居るから受け易くなって居る。気を緩めるとラティハンから受ける浄化能力よりも、社会から受ける低次の力が多いと言う危険がある事に気づいた」と言われた。

結論は「単独ラティハンだけでは駄目」。

先生とホワイトベアーで二時間話をして別れる。

●十一月二十四日
先回の合宿で服部先生より集団スペシャルラティハンをしなさいと言われて居ても、ヘルパーからの沙汰なし。その代わりに鞍馬山に行き一人でスペシャルラティハンをすれば良いと決意して鞍馬に出掛けた。山は紅葉で素晴らしかった。ハラハラと散る枯葉の如くジワ（魂）よりナフス（我執・我欲による汚れ）が落ち、鞍馬の山の紅葉絵図のように我が内部が調和のとれた美しい状態になり度いと願い、今までのクマラ様に対する誠実不足を詫び許しを乞うラティハン登山を心掛けた。ぼーとして時々道を間違えた程だった。今月から鞍馬山への月参りを決意した。

●十一月二十八日

七月四日のゼロになれのトークは「ゼロになれとは、捉われるなの意。すべてを任せれば内部はゼロになり、心身ともに空になり、空は無。無は神。神は空。すべては神の支配下」となる。

ラティハン中に空になって全託する密度の足りなかった事が明記して無いのは、未だ認識が足りない。

●十二月二日

服部先生宛てに（先月二十一日に桜花会館合宿にて受けたアドバイスに対する礼状と感想の）手紙を十一月二十五日に出したのですが、この返書を今日戴くと有り、その要旨が記載されている。幸い、その手紙が保管されて居たから後記に発表します。

前略お手紙拝受しました。集団ラティハンにて受けたものに素直に反省への糧とされ新しい出発に努力される貴兄に敬意を表します。

我々スブド人の全てがこの世に初めて与えられたスブドというものの偉大さに未だ本当の理解と体得が出来ていないのではないかの感が強くいたします。

モーゼ・アブラハム・キリストと全てはスブドを受けた使徒達です。

然しそれらの使徒達は受けたものを言葉で伝えてきました。然し自分達の受けた方法については何も伝えてはおりません。

ババが初めて、その使徒達の受けた方法について伝授してくれたのです。

今までのこの世の概念では考えられない程の、人間の理解力を超した奇跡であるのです。

その大切な幸を無駄にしないよう東海の兄弟が手をたずさえて皆で仲良く、この奇跡を深めて行くよう忍耐と誠実さをもって努力を致しましょう。

貴君の御幸を祈っております。

十一月二十日

服部知巳

伊藤孝司様

●十二月十日
家内は香港。私は鞍馬山。帰山の途中、山が緑色に、東山魁夷の緑色の画の中にいる如く、木の葉が静かな緑をたたえていた。

●十二月十八日
四時に服部先生宅に行く。テストその他の話をする。キャッスルプラザで御馳走になる。スブドの話としては、「①知情意はナフス（注：低次元の力）の道具である。②ジワ（魂）がナフス（低次元の力）をコントロールする」「③我々はジワの浄化が大切。④浄化した頭の範囲しか（何事も）出来ない」「⑤テストで失敗防止と言う考えは間違い。何故ならば、クマラは教える為に態々失敗をさせる事があるから。（注：昔クマラ様が親切と言うことを教える為に、先生の身内の患者の手術をする気が起らないようにさせて、結局その身内と疎遠の関係にして親切の大切さを教えられた話を想起した）結局はラティハンによって浄化されたジワの範囲しか何事も出来ないという事になる」「仕事をするときはジワの支配を受けるように。その為には急ぐな！」テストのテクニック★服部先生がクマラから「医者を止めよ」と指示された時「医者を止めたらどうなるか」のテストをしたら『何の反応も無かった』。

「医者を止めたら状況はどうなるか」というテストをしなさい。

☆　　☆

年末の反省
身から出た錆だらけの一年であった。改めて、神に対する誠実心。神を求める真摯な心が、より一層必要と痛感した。又神の要求も年々強くなり、オープン二十九年にもなると、それなりの高度な厳しいものになる事を知りました。

昭和六十三年（一九八八）

●三月十二日
桜花会館にて合宿。服部先生の回診二回あり、トークなし、少し痛い痛いと言われた程度。

●三月十三日
服部先生の話。私には「六十二～六十三歳と言うと生理的変換期。年齢による人生観の変換期で鬱病になり易い。（余り深刻に考えない事、体力、気力の限界だから）神の助力を仰ぐ必要性がある」逃げ腰になると駄目。

若い人達には①「自分の限界を知った上で全託」②「自力の果てる所にスブドが始まる」の助言あり。

●四月五日

K氏より電話でR修君の死を知る。コーチゾンの副作用で抵抗力が無くなった為か、最初に病名を聞いた時は腎臓病、その後、膠原病と聞いた。

正寿寺に行き、服部先生と共に全員でR君の追悼ラティハンを行う。私の眼前で先生がバッタリと倒れて、くの字になっていたのが印象的であった。

服部先生は「先月の桜花会館でのラティハンで服部先生がR君に触ったら、全身硬直して痛く、悲しくて泣けた」のを死亡電話で思い出したと述懐されていた。

●六月二十九日

私的メモ。一九八四年の四年前興味本位で撮った仏像の写真を寺に返納する。矢張り悪さをされた？ようだ。四年間経営その他で苦労した。クマラがした私への教育的プリハチン（行）ばかりでは無いような気がして来たので処分代わりに返納した。触らぬ神に祟りなしの諺も満更ウソではないようだ。余分な事はするな、である。正寿寺の須弥壇の右の間に八十センチメートル位の僧形の仏像があります。三十三年位前の事です。ラティハンの終わり頃、何時もこの仏像の前に服部先生が引き寄せられ不快な、嫌な感じがすると言うので「あの仏像は変な感じがする。どの様な因縁の仏像か」と聞きに行った事があります。そうしたら、あの仏像を持っていた家は病気で死に絶えたり、大病に罹ったり、破産したり、火事になったり、と言うことが五、六度あり、持ち主が、その度毎に転々と変わり、最後は引き取り手がなくなり、頼まれてお寺で預かったと言う因縁つきの仏像でした。その数年後、「あの仏像も悪戯をしなくなったね、ラティハンで浄化したらしい」と話題になった事もあり、〝浄化したなら障りは無いだろう〞と高を括って、興味本位で写真に撮ったのが不運の始まりと気になりだしたのでお金をつけて一応返納しました。

日記を見ますと、この三日後のアラコ（株）猿投工場の五百トン・トランスファプレスが故障して、その応援を頼まれ、その一部の仕事が残され、これが動機となって、爾後は自動化と言うテーマを実践できる転機となった。これは企業体質を近代化するうえに非常に重要な転機となった。あの変な仏像の呪縛を逃れたお蔭か、この考えはスブドから見るとおかしいが、先生がラティハン中に悩まされた事実を勘案すると満更荒唐無稽とは無視できない話である。

●七月三十日

稲沢勤労福祉会館にて合宿。服部先生宅から先生と岩井氏の車で稲沢に行く。参加者は先生、I、K、W夫婦、小生の六名。ラティハン中先生はK氏のジワの糞詰まりの回診に大半を要した。

私へのクマラトークは「そんな事はどうでも良い事だ。くよくよ病だ。西に転ぼうと、東に転ぼうと、大した事はない。（水は流れて…の歌詞の歌を歌い）クマラは何時もお前についている」。

ラティハン前の服部先生の話。

①秦の始皇帝は性悪説論者で、この性悪説で成功した。経営には信賞必罰が必要。②事をする前の五分間ラティハンのすすめ。

私が今の状況を話すと「浄化の段階で止まって居る。受けなさい」受ける様にするには、「阿頼耶識に良いものを入れよ。ラティハンはジワの浄化と阿頼耶識の浄化だ」。

話は飛んで、仏教で「お釈迦さんは、女におべっかを言えるようにならなければ結婚するな」と教えている。

ラティハン後の先生の話。(皆に、特にK氏)

「風通しが悪い。パッションが詰まっている。パッションは思考だ。悪い思考が詰まっている。悪い思考は消極的思考だ。思考は一つしかしない。悪い思考が起こったら捨てる様にしなさい。悲観的、消極的、退嬰的が悪い思考だ。日常生活に於いて積極的、楽観的思考を持つように、自分で選択するようにしないと風通しが悪い。

お釈迦様が菩提樹の下で『天上天下唯我独尊』と言われたのは〝徹底的楽天主義〟だ。楽天主義になれば良い。悟りとは〝徹底的楽天主義〟だ。

(般若心経の)遠離一切顚倒夢想。究竟涅槃。即ち一切の顚倒夢想を遠離して究竟の涅槃せよ。顚倒夢想を遠離して涅槃に供養しなさい。涅槃とは徹底的楽天主義だ」

この話は（この時特に）私を対象に話されたように感じた所もある。（然し今読み直すとK氏を対象にしているようだ）何れにしても参加者全員に言われた事は間違いない。然し乍らこの話に一番感銘を受けたのは小生であった。この話を聞いて究極の悟りを得たと直感した。これによりその後の人生観の基本方針が確立され、（今までのもやもやしたものが一遍に晴れてわたって）大変すっきりした感じがして欣喜雀躍した事を今でも覚えています。これは私の人生観の大きな転機となりました。

「〝石井さん〟健康は食物と心の持ちようだ」と先生は言われた。

☆阿頼耶識に良いものを入れること、工場経営も阿頼耶識が良くする。神が良くする。

☆阿頼耶識は仏教語。フロイトに言わせれば無意識。アラは蓄えるの義。マーヒー理論。（成功理論）

☆ラティハンは阿頼耶識の掃除をしている。ラティハン後は良いものを入れて下さい。悪いものを入れて汚さないで下さい。君達はラティハンでジワを浄化してもアラヤシキに悪いものを入れるから（ラティハンで掃除をするだけに終わり、より一層浄化するという）進歩が無い。

アラヤシキはフランクルのいう超越的無意識のこと。ジワの一部を形成している。だから、アラヤシキに悪いものを入れると付帯しているジワも汚れる、と先生の阿頼耶識の講義があった。

●七月三十一日

服部先生をお送りして別れる。阿頼耶識をもじって我が魂の新屋敷の建前祝いと八雲で岩井さんと乾杯の食事をして別れる。

これで、いよいよ本格的に受けられるような気がして気分爽快、勇気百倍、クマラ様と共に明るく正しく積極的に生きるのだ。これが人生の基本的生き方であり、究極の悟りの一つだ。

以上の話を要約して「私本スブド記（3）スブドと深層心理の巻」に投稿した原稿の校正前のオリジナル原稿にこの時の様子が記録されていましたから発表します。

「一九八八年七月三十日集団ラティハン後の座談会で服部先生より初めて聞いた話です。その話を要約しますと次の様になります。

正倉院の御物の中に阿頼耶識という経巻がある。この経典の内容は危険ということで秘密扱いになっていて封印されていたが、近代になって解放されました。良く調べたら（現代の心理学から見ても）それほどのこともないので説明する。と言う前置きから始まって、阿頼耶識とは梵語でAlaya,蔵の意で世界の最高峰のあるヒマラヤ（Himalaya）は雪を蓄えるという意味で雪山《ヒマラヤ》と命名されたという解説があり、阿頼耶識とはスブド用語のジワ（魂）に相当する言葉でラティハンはこの阿頼耶識（ジワ）を掃除する為にしているのだ。

東海支部の状態はラティハンで浄化しただけの段階で止まっている。

もっと受ける様にしなさい。受けるようにするにはこの阿頼耶識に良いものを入れなさい。ラティハンはジワの浄化。すなわち阿頼耶識の浄化をしているのだ。

ババが「灰皿の中を掃除しても、又吸いガラを入れて汚すように、ラティハンをしても、又ジワを汚すようなことをしてはいけない」と仰ったように、この阿頼耶識を汚さないようにしなければいけない。今夜のラティハンの状態をみると、ジワを汚しては排除、排除しては汚し、汚しては排除しているだけで、ジワの浄化に進歩がない。

折角ラティハンをしているのだから、もっとジワが浄化されなければいけない。それには阿頼耶識を汚さないように心掛けねばなりません。

経巻には「阿頼耶識に入ったものは外部に反映されて実現される。悪いことを考えれば（ジワが汚れ）悪いことが現実に起こり、明るい喜びに満ちたことを考えれば嬉しいことが現実に現れる」と説いています。故に阿頼耶識を汚さないように、良い考えを入れなければなりません。そのためには「阿頼耶識に良い考えを入れるように心掛けなさい」と言われたので、「良い考えとは何ですか」と質問したら「良い考えとは積極的、肯定的、楽観的の明るい考え」「悪い考えとは消極的、否定的、悲蝮的、退嬰的、心労、取り越し苦労、くよくよした考え等の暗い考え」というこの答えを聞いた途端、私は「これだ！」と眼前の鱗が一度に剝げ落ち世の中がパッと明るくなったような気分になりました。以下省略」

この様な原稿を書いて先生の許へこれで間違いはありませんか、と検討をお願いした所、「話の内容は適確に正しく把握されているが、このまま発表するには少々疑問がある」と言われ「阿頼耶識は仏教の真髄に触れる教義である。このまま発表するとスブドの中に宗教を持ち込む結果になる。それは思わしい事では無い」と忠告を受け、阿頼耶識を〝深層の心域〟又は〝深層の心〟と表現を変えて発表した経緯があります。

この点服部先生の真意を御了解願ってスブドの中に阿頼耶識の教義を持ち込まない様に御配慮願います。仏教でいう阿頼耶識はジワの一部でこれを汚さない方法、即ち魂（ジワ）を汚さない方法はネアカ所謂明るい心が大切という程度に簡単明瞭に御理解下されば幸甚です。

●九月十五日

孫の彰浩、千種豊月の交差点で落とす。ケガなし。クマラ様の加護の確証。

クマラの世的生活原理の「運命とは神との関わり如何による」を体験。

●十月一日

ラティハン後「服部先生にラティハンに気の向いた時、ぶらりと気軽に再び出席するようにお誘いしたら」と提案したら、東海支部の他の会員は、二、三年前の豊田での先生の言葉を出して「断られる」と恐れて尻込み。ラティハンに来てくれと言うのが何が悪いんだ。一緒にラティハンをするというのと

個人（服部）を頼るといけないという事を混同している。（I、K、Gの三人）

天皇と言えどももう死ぬのに。先生も何時病気になられるか分からんから、今の内に一度でも多く一緒にラティハンと思うのに。

●十月九日〜十月十日

岩倉にて合同ヘルコミ会、会合はスブド、ラティハンに参考になる話は何一つとして無い。服部先生との会合とは天地の差だ。

●十一月二十六日　ラティハン中にクマラトーク

桜花会館にて服部先生と共に合宿。

「頭が痛い。何を入れているのだ。人は皆死んで行く。お前、分かっているのかな、パパも死んだ。もっと楽しくやりなさい。仏説般若波羅密多般若波羅密多」頭と胸を触り「痛い、痛い」。

ラティハン後先生曰く「悲しみが詰まっている」夫婦のギャップ（子供の教育、考え方、価値観、所謂、哲学）を作ったのは君だ。このギャップをどう乗り越えるか」。

アラヤ識の内界（ジワ）が外界に反映するから、外部の状況を良くするには内部ジワを浄化して、それを外界に反映させるより方法はないということです。その他、全体的な話で「人間は食欲、性欲と同じ位に、自己尊重感が強い。天上天下唯我独尊。人も他人も。

神は見つめ、見守っているが、世的な事は自分でしなさい。世的な修行は必要。又、私に「夫婦の件は神に祈れ」。

☆　☆

年末結びの言葉
「生きるとは神の指示に従って行動することである」以下十項目にわたり山上の垂訓の発表を受けた。今まで漠然と感じていたことがより明白になったのは嬉しい。然し乍ら体験して真に悟る事は中々のことで難しい問題だ。
アラヤシキの話で「悟りとは徹底的楽天主義」と知る。徹底的楽天主義ならば、あれこれ悩み、内部にがらくたを詰め込み、クマラ様に、「お前は何を入れているのだ」と小言を言われずに済み、ジワを汚さずに済み、その分だけ浄化が進む筈だ。
神の実存を知り、この世の事象は、すべて神の御意志によることを知り、神との結び付きの深さを信じられれば、当然そうなるでしょう。不肖の身ではあるが、この楽天主義が人生の成功、ジワの浄化のキーポイントと言う教えを、服部先生から戴いたことは大変有難い事である。前記の「スブドの世的指導原理」の一部公開を受けた事と、アラヤシキの話で、「悟りとは徹底的楽天主義」と知ったこの二点で、(色々有ったけれど)良い年であったと、アラヤ識理論に従い明るく考えて除夜の鐘を待つ。

☆

昭和六十四年（一九八九）

☆

服部先生の年賀状。
「知的理解は身につかず。
同じことのくりかえしだけが、身につきます。
同じことを　ただくりかえしましょう」

●一月七日
ラジオが「今朝午前四時過ぎ天皇陛下が危篤状態になった」と報じていた。
昭和時代の最後の日。

●一月八日
平成元年始まる。

●三月四日　ラティハンのトーク

桜花会館にて合宿。

「良いじゃないか、このままの状態でいけ。身体が奇麗になっている」と褒められる。十年に一遍？

ラティハン後の服部先生の話。

「君は神に非常に愛されている。三か月でよく（良い方に）変わったものだ」

●三月五日

翌朝の先生の話では「伊藤は非常に神に愛されている。これは内部が純粋だからだと思う。クマラは（君をリード、君に教える為に）苦難を与えたり、種々のことを起こしている。（注：自分はスブドの悪ガキと任じているから、その言葉は、親鸞上人が歎異抄で「善人なをもて往生をとぐ、いはんや悪人をや、云々……」の心と一緒と思っている）

会員への話。

「油断していると苦難が来る。神は苦悩を与えて反省させたり、考えさせたりする。スブド人には「苦悩の後に、悟りがでる」

世界で一番賢い人が、人類破滅に通じる原子爆弾を造った。という事は（全く）人間なんて大したものではない。愚かなものだ。その点、神は……。

●六月二十四日
久しぶりに稲沢で合宿。服部先生も参加されたが、日記には書いてない。

●八月二十一日
新潟県の月山ツアーに参加。午前五時にマイクロバスで出発。温海温泉蔦屋ホテル六〇六号に泊まる。月山登山の予備知識全然なし。家内は入学前の七歳の子供でも登れるかと問合せていた程度で〝大丈夫〟という返事で孫を連れて行く気になって居た。私の視力で〝山登りは〟という心配りは例によって全然なし。自分が良いと思ったから旅行計画に参加しただけの事である。然し乍ら、私とクマラ様の関係。その後の状況から考えると、クマラ様がストーリーを書かれたと思われる節が多分にあり、あながち家内のせいにするのは少々酷である。しかし、クマラ様が家内の性格を利用又は便乗された事は確かである。後で家内が言って居た一つの言葉に、「西国三十三観音、四国の八十八か所の弘法参りで石段・山登りに慣れているので月山も楽なものだ」と思っていたと言いました。（注：出発の朝、嫁の言葉もあり孫を連れて行かなくって良かったと述懐していました）

●八月二十二日
七時十五分朝食。宿で月山の頂上で食べるようにと弁当を渡される。途中、羽黒山参拝、登山という観念が無いから境内、売店でのんびりしている。月山八合目のバスターミナルで下車。バスは湯殿山に回送。時間は十時か、十時半頃から登山開始、登山道は板や丸太の（尾瀬の）遊歩道のようになっているので、簡単に考えて歩きだした。短絡的に弁当を食べるのは頂上という事だから一時間か、一時間半歩けば頂上だ。大したことは無い筈と考えた。しかし、です。入口の参道は優しい格好をしているが、なにしろ標高千九百八十メートルの山です。激しい雷雨に遭い、九合目の行者小屋で弁当を食べ、雨も止みそうもないので出発したのは一時か、一時半過ぎ、小屋の前にあった池は水が縊れ冠水していて道は池と区別はつかない。小屋に入る時の記憶で、水没した道を上に向かって歩き出した。一時間位して雨も止む。頂上には三時か三時半に着く。参拝後一緒に居た山本さんより缶ビールを戴いて飲む。

湯殿山に向かって下山。縦走コースの入り口（頂上付近）で下山道を見て驚いた。急な斜面の（石だらけの）山肌に飛び石の置いてある小道が、これから降りる道です。視力障害のある人にとって下り、特に不規則な石段山道は大の苦手です。

神様に、峻険な山の（雲の上）天辺に連れて来られて、「さあどうする」と言われている感じです。進退窮まった感じで、行者の先達に「こんな坂道は、ようおりれん。もと来た道で帰りたい」と言ったらそれは出来ぬと断られた。

日頃クマラ様が「クマラは何時もお前のそばに居る。何時も護っている」と言われるが、幾らクマラ様でも、これでは助けようがないと正直なところ諦めた。

しかし、その一方で、来年に迫った大きなモデルチェンジで（手当しなければならない膨大な）金型費用と（生産工程の変化に対応して予想される）労務・設備の新設・試作品の納期等の苦労やトラブルは充分予想され、その他、新旧の生産切り換えに伴う一か月の収入ゼロも覚悟をしなければなりません。このような苦労は過去幾度か味わい乗り越えて来たのですが、今度ばかりは？と不安にさいなまれて居ました。ここで奇跡的に救われれば、或いは（来年の）苦難も神助があると信じようというサインかも知れないと淡い希望も多少あったことも事実です。

然し乍ら、クマラ様がラティハンで「何時も見守って居る。クマラに任せなさい」と言われても今度ばかりは年貢の納め時？かと「クマラ様への信頼が半分、不安に脅えての不信が半分」という情けない心理状態でした。

ですから、この山の天辺で進退窮まって途方に暮れて居る私が、若し奇跡に助けられるような事があれば、「来年の事はクマラに任せなさい。助けてあげる」という確証であり、それを体験させる為に此処に連れられて来たかも知れない、という気がしないでもありませんでした。

何れにしても、同行二十数名の内、頂上に残って居るのは、山本さんと家内と先達と私の四人だけです。後を追うより仕方ありません。出発しようとしたら、日頃から丈夫な山本さんの膝が変調を来たし、頂上肩下の山荘で泊まるかという程でしたが、何とかなるという事で下山にかかる。

後日分かった本当の距離は山頂より（湯殿山とリフトの）分岐点間で九百メートル。湯殿山まで四・

三キロ。

下山始めに足を痛めた山本さんは大難儀。分岐点近くまでは瓦礫の険しい下り坂だった。分岐点まで九百メートルが大変長い道のりに感じた。分岐点からは平らな所も時々あったが、分岐点より湯殿山は三・四キロとあるが平地なら一時間の所なのに中々である。道の端を歩くと（多少平坦で）楽なので歩いて居たら、滑って道から落ちかけた。無意識で草をつかんで居たが足は地についておらず膝が山肌に着いて居た。後ろについていた家内と運転手の奥さんが引っ張り上げて呉れた。急な斜面で八十メートル下は笹が生えていた。若し一番後ろを歩いて居て急斜面を滑り落ちて居たら行方不明で、（北海道でシラカバの木でＳＯＳとサインを出して白骨となって居た）遭難者と同じようになったかとちらり連想した。夕暮れが迫ってくると（三ミリ位の丸い）虫が出て来て、顔の周りに集って来て顔にとまる。刺すこともある。段々暗くなる。野宿を覚悟した。途中暗夜となる。先達が湯殿山の宿に行き懐中電灯をもって来た。自棄気味の気分で半分ラティハンで目をつぶり、運転手の奥さんに引っ張られ沢の川を渡り、ふと気が付くと家の中に入って居た。「クマラだ！」と瞬間思った。

そこは薬草採りをして、薬草茶をふるまう〝施薬小屋〟だった。一人住まいの主が見兼ねて泊めて呉れた。但し夜具は使い古しの有り合わせのもの。それでも地獄で仏という程有難かった。山本さんは敷き布団一枚、着布団一枚。私は敷き布団一枚に毛布一枚。家内は毛布二枚。枕はなし。雨で濡れた肌着のまま。カップラーメン一つサービスして呉れた。余りの難儀で食欲もなく、それで充分だった。夜中明るくなって来たから夜明けかと思ったが月の光だった。

●八月二十三日

小屋の下に湯殿山は見えて居る。一・五キロと言うけれど、そうすると昨日の難行苦行の頂上からの道程は二・八キロと言うことだが、感覚的には考えられない違和感を感じる。つづらおりのように山を回って歩いた様だが、（八合目は標高千四百メートル。施薬小屋は千三百五十メートルと聞く）お礼を言って小屋の西側に行って驚いた。そこは垂直の崖で鉄ハシゴで降りる様になって居た。降りる途中で気が付いた（ハシゴと岩壁の間には昔、使用した）太い鎖があった。高さは十五メートル位。昨夜の月の出前の闇夜でこのハシゴを降りる事になったら、と思ったら矢張り昨夜はあれが限界でグッドタイミングで又々クマラ様に助けられたという実感が湧いて来た。この様なハシゴのある難所が（記憶が正確では無いが）五～十か所あり、次は丸い大きな石の様な岩の上を滑り台の様にして降りる難所があった。暗闇で降りるには方向の確認が出来ないだけこちらが寧ろ難儀かな、と考えながら下山した。何れにしても難儀な事である。場違いの所に身の程を知らず来て仕舞ったという感が強い。愈々クマラ様のおりになった啓示のような気がして来た。八時二十分湯殿山につく、二時間半かかったことになる。

宿で入浴、朝飯。昼は天童市の水車屋の蕎麦。強行軍で帰途に就く、帰宅は午前三時。

●八月二十八日
鞍馬山にラティハンをしに行く。峠までケーブルを使わずに歩く。月山の事を思うと都会の山道？を歩くが如く、天国の散歩道だ。

●九月一日
月山登山は何であっただろうか、今になるとクマラ様が仕組んだドラマ的教訓が中に含まれている様な気がしてならない。

昨夜も一昨夜も月山下山関連の夢を見る。今までに経験したことのない異質の難儀であったので無理もない。

「人の無力さ、それをカバーして生かしている神の力。人と神との関係を体験させられた様な気がしてならない。それでなければ、月山に登るなんて、常識外の行動を何となく無意識の内にして、気がついたら頂上で、今から下山と下を見たら〝さぁ大変な所へ来て仕舞った〟という事は有り得ない。

●十一月二十四日
服部先生が夢の中に出て来て「伊藤君、今少しラティハンをしっかりする必要がある」には参った。参った。

☆

平成二年（一九九〇）

☆

●一月一日

服部先生の年賀状。

「人生に逃げ場なし。雨の日は雨の中を、風の日には風の中を、晴天ならば、さらによし」

●二月四日

最近服部先生の夢をよく見るが、何か私にクマラが先生を通じて力を送っているのかしらと思う。モデルチェンジの新部品用の金型が間に合わず、不具合のまま納入させた。仕事をしながら業者に型の調整をさせているので、非能率で、現場は難儀をしている。金型不完全のため手直しも続発する。従って労務関係も、人手不足となる。

●二月十六日

未明、服部先生の夢を見る。先生はイタイイタイと私を受けて、ラティハン的に叱る修練の夢をよく見る。クマラを通じて見守っていて呉れる感じがする。昨日トライしたキャップテン、シートの金型は作業性が悪く、片側は急遽レーザー加工を依頼し夕方より組付け。難問続出山積みの中に現場の責任者が（逃げ出したくなって）辞意を表明。トヨタのラインを止める訳にも行かず、月山頂上の（進退極まった）感じ、（月山の体験があるから）月山流クマラの救いはあると思うけど（心配は心配）。クマラ様のトークに従い、安心して心配しながら、仕事では全力を尽くし、家ではラティハンをして神にすがるより方法はない。しかし、月山の体験は心強く、勇気が湧いて来る。

●二月十八日

ラインストップ寸前。アラコ（株）の猿投工場の製造部長氏が「丸和と心中は御免」と工数、設備、人手、と何が足らないかの質問があった。最大原因は金型の完成前に号口生産が始まり、不本意ながら未完成の金型を納入させて、何とか納入部品を間に合わせている現状を報告した。

「人生逃げ場なし」と服部先生は言うが、我々スブド人はラティハンにより一時的でもクマラ様の懐に逃げ込み、力と助力を受ける事が出来るのは仕合わせ。

テレビで知恩院の藤井師が「南無阿弥陀仏とは〃助けて下さい〃と言うこと」と言い、「念仏する努力によって、自分が浄化するのでなく、仏の力によって浄化され助けられる。」とスブドと同じ様なことを言っていた。

●三月三日　合宿ラティハンでトーク

一番最初に回診でイタイイタイと言われ、私が押さえていた胸を先ず触り浄化作業後、「大丈夫、大丈夫、このまま進め、このまま進めば宜し、このまま進め」ラティハン後の先生の言葉は「安心して、苦労しなさい。（君は昔から神に愛され）神に守られているから、全力を尽くして、後は全託して居れば決して悪くはならない」と言われた。生産現場は（人手不足、金型不具合による非能率、在庫管理のコンピューターソフトの欠陥、未整備、管理職の人材不足等のため）大混乱で、何時（納入先の）ラインストップしてもおかしくない状況で、人間の常識では考えられない助言であり、励ましの言葉である。クマラ様のお言葉であるから有難くお受けして信じる事にした。

●三月六日

私の自力が十パーセントとしたらクマラが九十パーセント。私の視力と聴力の衰えを五割とすると神の力による経営パワーは九十五パーセントである。五パーセントの自力の自分が心配して居ても仕方がない。矢張り（後は）全託が一番。

●三月七日

アラコ（株）より救援部隊として沢山の人を応援に出してくれた。

●三月九日

早朝ラティハン後「今は全託の修行をクマラ様から授かっていると思って出勤。「神への信頼と服従」が（世的に於ける）全託と知った。

●三月十三日

スブドオープン三十周年記念日なので鞍馬山にスペシャルラティハンをしに行く。暴風警報が娑婆では出て居ると言うのに鞍馬の山中は、暖かい春風がそよぎ時々頬をキリッとした冷風が撫でる心地よさ。空は晴れ、〝人生逃げ場なし、風の日には風の中を〟と言われたが、クマラ様の庇護の下では、その風もそよ風。娑婆は強風、山中はそよ風と変えられ守られて居る幸せを感謝しながら奥の院まで行く。

晴天ならば更に善し、そのうえ、春風は心地よく、風の日には風の中を。クマラ様のお蔭で悪条件も発展、進歩のための肥やしとなって、今まで守られて来た人生はスブドのお蔭と三十年前の入会も神意による導きと感謝して下山した。

●五月十六日

集団ラティハン後に思い出したのは、「昨年八月に月山山頂で進退窮まった思いで、この苦境が万一クマラ様に救われたら、来り来るモデルチェンジに伴う困難もクマラ様の加護により助けられるかも知れないと淡い希望を持ち下山にトライした」事です。それから半年後の二、三月の新製品立ち上がり時期の大混乱に始まり（特に労務的に難儀があり）空中分解的危険を感じた事も度々あったが、その都度、最後の瞬間（クマラ様の加護により）その危機を乗り切った感じがする。ここに来て、漸く峠は越した感じがする。

●六月二日

オーディオルームで合宿。クマラトークあり、私の左手中指を握り「痛い痛い」と言った後、頭頂につけ「頭を使うな。頭を使っても何の役にも立たない。頭を空っぽにせよ」の旨のトークあり。服部先生がクマラに言われる「自分の考えを捨てよ」に何となく似て居る感じ、私も本物になって来た感じがして嬉しい。

「頭を使うな。頭を使っても何の役にも立たない。頭を空っぽにせよ。クマラに任せよ」的トークはビギナーの人は自分の浄化段階を考慮して取り入れて下さい。このような指示は私の日記を年代順に見ても分かる通り、初期には言われなかったのです。或る程度内部の浄化が進んで来た段階から言われ出したのです。世的に（ラティハンで浄化した思考を使い行動した）時代を過ごした後に、「頭を使うな。

頭を使っても何の役にも立たない。頭を空っぽにせよ。クマラに任せなさい」と言われて居るのです。私の日記に（私自身に言われた記録は）オープン後十八年後の一九七八年七月の事です。ビギナーの人は知情意をフルに使い自力の限界の空しさを知ることが、世的全託の前提条件です。お間違いの無きよう注意して下さい。

●八月二十六日
テレビで煩悩は悩み、迷い、｛礙《ゲ》はわだかまり｝→我欲、我執、我慢、我見→自己中心→エゴイズムと言っていた。

●九月八日
合宿とあるが記事は書いて無い。

●十月三十一日
出勤途中道路工事（水道工事）現場での穴に自転車を持ったまま落ちる。顎を三、四針縫う。「一体クマラ様は私に何を教えようとしているのか」と疑問を感じた。

●十一月一日
服部先生に夜の十時に「最近余りに困難や災害の多さにクマラ様の意図を尋ねたい」と電話をしたら先生は「最近君の身体が大変弱って居ることをラティハンで知って電話を掛けたら、社員旅行で出掛けて居て……」とのこと。

●十一月四日
服部先生宅に行く。「幾らラティハンをしても八十歳は八十歳。体力は衰えるから、重い荷物は（若い時と同じようには）持てない。体力的にも精神的にも四十歳〜五十歳の時に作った会社を（今の年齢の衰えた能力を五十歳時と同じように思って）五十歳と同じ様に仕事をしようとしても無理だ。体力、精神的にも疲れが溜まって居るから仕事を減らせ」との趣旨の話を聞く。先生の午後休診の指示と同じらしい。

●十二月二十三日
最近クマラ様は「世的生活の指導原理」の「名誉について」の項を我が家族をモデルにして私に集中的に体験させられて居るという感じが強い。名誉欲は「プライドという自尊心から、自己を見失い（判断力も狂わせ）身の破滅に至る」ことを家族の態度から嫌というほど感じさせられ教えられる。以前は名誉欲というのは一番許される欲望ではないかと思い、さほど毒気の無いものと思って居たので、「世的生活の指導原理」の九番目に、この項目が出て来たとき「自分は名誉欲は無いから関係ない」と思って居たのだが、年を取って来ると体力的にも種々の欲望の達成は困難に為り、それと共に欲望も段々と減って来るのですが、名誉は幾らあっても邪魔にならず体力に関係なく持てるものですから、最後まで執着するのはこの名誉欲かも知れないと気づきました。そう考えると指導原理の中で〝名誉という項目〟は一番難物かも知れないと思うようになったのです。そのように考え始めたら名誉についてと言うクマラ様の言葉が段々身に染みて来たのがこの頃です。

服部先生は達観されて居ましたが、案外名誉欲の分離に難儀をされたのではないかと不遜にも思うことがありました。

●十二月二十五日

☆　　　☆

平成三年（一九九一）

●一月一日

服部先生の年賀状。

「老齢と共に　われ生きるより

クマラ　我において　生きるなり」と思うこと

●一月六日

体調の悪いこの身体で、この一年を、責任だけ重い人生で、逃れる所はラティハンだけ。という聖者の暮らしは凡夫の私には重すぎる。早く卒業して現世から離れたいと思うが、阿弥陀様の迎えは先様の御都合でもあるし、この悩み理解出来るのは服部先生位かと思うと淋しい。

●一月十七日

湾岸戦争勃発。テレビゲームを見るが如し。

●一月十九日

稲沢の勤労福祉会館にて合宿。ラティハン前に服部先生は「スブドは忍耐とバパが言われたのは正しい」と発言された。ラティハンでは珍しく（私には）回診が無かった。O氏にあったらしく、それが私？　と勘違いされた如し。

●一月二十日

朝、先生は「君の代りになる社長は中々難しい。君のアシスタントになるなら良いが、当分君が頑張るより仕方がない」と突然言われた。ならば、他力の力をエネルギーとしてクマラ様の力に私を使って戴けば良い。すべては（責任も）クマラ様に任せれば良いと覚悟を決めた。

先生の話をメモしたので後記す。

①スブドは宗教の根源だ。宗教の根源を持っているのは大変良い事です。スブドの根源は思考を捨てる事だ……（私見……思考を捨てての全託の霊的修練と世的には自己の思考《じぶんのかんがえ》を捨ててクマラの指示に従い任すことか？　知識を使うのは良いらしい）

②スブドに一番大切なのは忍耐。スブドに一番必要なのは忍耐。

③内的状態が外部状態に反映する。相手を変えるより自分を変えるより仕方がない。社内教育にしても、自分を変えずに従業員を変えようとするが、自分を変えなければ、仕様が無い。

④（宗教に話題が変わり）思考で自分を変えようとしても無駄だ。ラティハンで自分を変えるより方法は無い。（日常生活での）思考は殆ど妄想だ。

⑤めぐりあい。……神との巡り会いは金《かね》との巡り会いより難しい。スブドに巡り会った事は（奇跡的）幸運。

⑥苦しみは思考だ。それを打ち切って呉れるのがラティハンだ。（注：ここで遠離一切顛倒夢想究竟涅槃を思い出した）スブドによって知情意を浄化する。浄化した内部感覚で生活すればこの世は極楽。知情意を内部感覚と分離すれば極楽。知情意をそうするのがラティハン。

⑦終会間際になって清沢満之の本を読まれ、この人は仏典によってスブドになっている。他力の教えを説いている。と言われ、朗読されたのをメモしてあったから後に記す。

「私（清沢）の信念には私が一切のことについて、私の自力の無効なると信ずる点があります。この自力の無効なることを信ずるのは、私の智恵や思案のありたけを尽くして、その頭のあげようのないように、なるという事が必要である。これが甚だ骨の折れる仕事でありました。われに何も分からなくなった所で、一切をあげて、ことごとく、これを如来に信頼する」

●一月二十一日

合宿明けの今日から、「どれだけ（自分の思考を捨てて）クマラ様に、この身体を使って戴いたか」をモットーに仕事と生活をしたかを（本当の生き方の）目安として心掛けるべきだと感じた。

●一月二十七日

昨日突然N課長に要求されたので、今日三時にN課長と駒木根重役宅を訪問し、N課長の（当社への）

出向依頼をする。

●一月二十九日

アラコのA重役より電話有り「社員出向の件で駒木根重役よりの話を聞いた。Nは敵が多くアラコでの協力は得難く、根性が曲がって居る。又、勝手に暴走する心配があるが良いか」と言う忠告を戴いた。早速社内のO氏、T氏に相談したら今の人間（陣容）で当分頑張りたいと言う。（内心はNを嫌って居たらしい）嫌いな人間を入れては問題が起こり易いから断る気になった。念のため、服部先生宅に相談に行ったら「全然駄目」と言われ、社内の協力という雰囲気が一番大切と言われた。

●一月三十日

昨夜服部先生宅で「君も三十年もラティハンをして居るのだから〃受けてすること〃無心で居れば（無心になれば）伺問《テスト》が出来る。受けられる」と注意された。先生より〃日常生活中でも受ける事を勧められ〃（改めてその方法を尋ねたら）「無心になれば心の底から考えが浮いてくる」と教えられ、スブドを三十年もしているのだから出来る筈と言われた。

会社に行ったら加古氏を指名して出向を依頼すると言う。これは大賛成なので早速申請書類の準備をした。

この件ではN課長の出向の件が人事課で話して居るのが偶然A重役の知る所となり思わぬ展開となった。クマラ様の援助の意志が目に見える心地して唯、感謝感謝。

●二月一日

先月末のN課長の件で日常生活でも「受けて行動する」ことの重要性を教えられた。これが本当の「スブド的生き方」と体験させられた感じ。この簡単にして難しい基本は未だ私には出来ぬ事と思って居たが、先生に言われて見れば、「成る程出来る筈」と意欲が湧いて来た。

●二月二日

「クマラは何時もお前と一緒、何時も見守っている」と仰言るが、特に最近身近に感じる事が多い。それなのに日常生活で「神の意志を尋ねる」という事を怠って、勝手に自分の考えで行動するから今回のような事になった。幸い神の加護により事なきを得たが、クマラ様の配慮が無ければ大変な事になったと反省頻り。今回でもクマラ様はハラハラ、イライラ、(何時も忠告しているのに)何故クマラの意志を聞かないのかと、御立腹しながらも、不肖の子を見るが如き心境で見守っていられたと思います。これからは心静め、内部を見詰め、其処に浮かんで来る〃考え〃〃指示〃に従いますとお詫びのラティハンをして就床。

●二月三日
朝一人でいたら駒木根重役より突然の電話を戴き驚く。「Nの売り込み。二人で来たから話し難い云々」の言葉から誠実で思慮深く親切で律義な信頼のおける方と分かった。

●二月十日
親鸞の「われ父母孝養のために念仏せず」と（服部先生がヒントとして言われた）キリストの「信じて祈れば山をも引寄せる」の言葉は相反する様であるが、どちらも一理ある。それにプラス、クマラ様の「自分の考えを捨てよ。クマラに任せよ」の三つの言葉の関係は禅問答の如く分かったようで分からぬ所がありすっきりしない。知的理解は身につかぬとも言われている。取り敢えず「自分の考えを捨てよ。クマラに任せよ」で行くことにする。「クマラは必要ならば何でも与える」と言われるから、この言葉に従う事にする。但し善いことばかりを呉れるとは限らない。教育の為に苦しい体験まで与えるから、少々難物にして難儀である。

●三月三十一日
年齢、健康、体調、後継者の問題あり。丸和の経営に疲れ果てた。だれでも良い、誰かこの会社を貰って呉れないかと思う。普通なら身内に渡そうと思うのが一般常識であるから、世間の人から見れば突飛な考えと映るだろう。八百屋のような小売商的存在で社会的責任の余りない企業ならこんな思いはしない。社会的責任の有る立場の企業を経営した人なら（この気持ちは）理解出来るだろうが。これが禅譲した人の心情と理解した。

昨日荒川重役との会見で補佐役（支配人）又はリリーフ社長探しに私の希望を纏めよというアドバイスと受け止めた。

●四月五日

明け方服部先生の夢を見た。ラティハンに関係のある夢。

●四月十三日

豊田の鞍ヶ池ロッジで合宿。八名。ラティハン前に会員の質問に対し服部先生より参考になる話が有った。ラティハンでのトークは最終便であり、「賢すぎて苦しむのだ。お前は賢すぎる。もっと馬鹿になれ。馬鹿になっても同じだ。（心配ないの意）馬鹿にならないと苦しむ」。

●五月四日

明け方川辺の崖上から滑り落ちた危険な夢を見た。結果はクマラ様の加護としか思えぬ見事な姿勢で無事を得た。クマラの（これから起こるであろう）加護を夢で指示された気がした。

●五月十六日

Ｋ常務が来社され「アラコの現役役員を非常勤社長に、部長クラスを実質的社長としての任務」をということを告げられ、私は大賛成。

●六月八日

服部先生に電話して夢で一緒にラティハンをしてトークを受けたが迷惑を掛けていませんかと尋ねたら、「会員の苦しみは相当受けて居る」という返事であった。

●六月十三日

Ｗさんより電話有り「服部先生が休診中、面会したら、どこも悪い所はないのだが、力が抜けて仕舞った」と言われた由。完全燃焼して仕事をする任務は終わられたのかと思う。

●六月十五日

ラティハン会場で岩井さんが「服部先生が休診して居たので心配して自宅に見舞いに行ったら『医学

的には異常はないとの診察だが、身体から力が抜けて仕舞って……』と言われた。そこで私は「先生の世的医者としての任務は終った。完全燃焼したのでクマラ様から送られて居たバックアップの力が止まったので身体から力が無くなって仕舞った様に感じられたのでは無いかと感想を述べた。

●六月二十日

アラコの菊地常務が来社され、「アラコの内山専務が丸和の非常勤社長、内装購買のF部長が専務として内定し、二十五日の役員会で正式に発令する」と内示が有った。喜んでお受けするとお答えした。クマラの世的指導原理を受けた（満二十五年目の）六月二十五日に社長辞任出来ると言うことは服部先生同様私も世的任務完了のクマラ世的指導原理教室卒業の免許を戴いたような気がしてとても嬉しく目出度いと祝福した。そしてこの記念すべき日に奇しくも就任されるお二方はクマラ様のメガネにかなったクマラの使者と直感した。

●六月二十一日

クマラ様から啓示を受けた二十五日鞍馬山にお礼参りに行くつもりになって居たが、二十五日にアラコ武本社長にお礼の挨拶に行く時間が戴けたので予定を変更して二十三日の日曜日に行くことにした。

●六月二十三日

クマラの世的指導原理の最後の項目を（暁天に）受けた場所（峠の牛若丸の背比べ石）迄行って帰った。例によって山道をぼんやり（頭の中は空っぽ）登り、気が向けば静かに受けるだけの二時間半の時間を過ごして帰宅した。その内の二十分位は「二十五年間クマラの世的指導原理の実践を御指導下され何とか卒業させて戴くことが出来ました。そのうえ卒業の御褒美に社長と専務のお二方を差し向けて下され誠に有難う御座いました」と感謝の祈念の後、立ったままの静かなラティハンをさせて戴きました。

●六月二十五日

アラコのT（新）会長、U専務、F部長に面会、「トヨタ自動車でU専務、F部長の丸和への出向の許可を得た」と聞かされた。

●六月二十七日

私の机は福井専務が使う事になり、会長、社長は四階に役員室兼会議室を作り移転と決まる。

●七月一日

十二時四十五分よりアラコU専務↓社長。F部長↓専務。私は↓会長の就任発表を食堂で行い「私は二年位前から経営を代わって呉れる人を探して居た。（皆さんは突然と思われる方もいると思うけど）体調が衰え、特に一年前から耳が悪くなり、このまま経営を続投していると運営を誤る心配が出て来ました。丁度良いときに良い方にお任せ出来て幸運です」と挨拶をする。

●七月三日

U社長が合理化の第一歩として4Sを提唱され、4Sでは焦点が曖昧になるからIS（整理）から始めると宣言され、現状写真を記録として撮り始めた。

親身になり真剣に経営に取り組んで下さる姿を見ると、益々クマラ様の差し向けられた人選という感じが深まるばかり。

●七月六日

ISの実行でダンプトラックに十杯の不要在庫を整理売却した。

最終的には三十二杯分整理した。

三時より4Sと安全の講習会を五時まで開く。社長交代による社風刷新のムードを、社員は身近に感じ始めて居るようだ。整理、整頓、清掃、清潔で社内も明るくなって来た事だし、身体検査に飛び入りして身長を計ったら三センチ縮んで居た。体力の衰えを数値で見せつけられた感じがした。

●七月十五日
「服部先生が再び休診している」と岩井さんから電話有り。

●八月十六日
坂東観音巡りについて行った帰りの宿、塩山温泉に泊まる。服部先生に会った夢を見る。

●八月三十一日
ロイヤルホテル鳳凰の間で、丸和金属工業(株)四十周年と新役員歓迎パーティーを行う。

●九月一日
服部先生より電話有り、明日午後二時に訪問の約束をする。電話での先生の話し方に腹に力が入って居ない、声に力強さ無く、声の芯が抜けたような頼りない声だった。クマラ様からの世的パワーが(任務終了で)来なくなったのかしら。

●九月二日
何故か服部先生に会った記事なく空白。

●九月二十三日
鞍馬山より帰って来たら岩井さんより電話あり、服部先生が集団ラティハンに復帰されると言う。

●九月二十五日
義兄と私達夫婦、稲取温泉に行く。ラティハンは休む。

●九月二十八日
前の水曜日（注：私は稲取温泉泊まり）より服部先生がラティハンに来られたようだ。一時間ラティハンで誰か回診を受けた様だ。先生も耳が少し遠くなられた様だ。

●十月二日
八時より九時までラティハン。服部先生の話中だが、電車の時間の都合で九時二十分中座して帰る。

●十月五日
服部先生が個人ラティハンをして居るかと聞くので、「嫁に行った長女の家が新築中で、ラティハンをする部屋に荷物を預かって居るのでラティハンは出来ない」と返事をした。

●十月十三日
Wさんから電話で「伊藤君が先週の水曜日と今度の水曜日に欠席したのは私（服部）がラティハンに来るのを嫌ってか」と言って居たと言う。先々週の水曜日は電車の時間の都合で九時二十分に帰ったが休んでは居ない。先週の水曜日は小学校の同窓会で旅行中だった。「遠離一切顚倒夢想究竟涅槃」と徹底した楽天主義が〝究極の悟り〟と教え、アラヤ識に明るい楽天的考えを入れなさいと教えて呉れた先生が随分気の弱いことを言われる。年のせいとは言え心配になって来た。

●十月二十三日
ラティハン後、服部先生が、「今までに経験した事のないラティハンをして居る」と言われるので尋ねたら「受けたものの排除の連続」と言われた。

●十一月十八日
テレビの言葉メモ「大切なのは、おのれの〝未熟な心〟を知ること」だ。

●十一月二十日
ラティハンをして、人生を、人より深く知ることが出来て、人の弱点を知ったため、却って気苦労が多い。種々なことに気が付き、それが人間の根源的な所に欠点の原点があると分かる。人間のその部分は神しか直すことは出来ないと教えられて居ても、ついついその事を忘れ、人事を尽くそうとする愚かさ、クマラトークで「お前は賢すぎる。馬鹿になれ」と言われて居るのだが。

●十一月二十一日

月参りの鞍馬山に行く。二ノ瀬辺りの鉄道沿線は紅葉が美しかった。本堂前の石段の上の紅葉は今日が見頃。クマラ様に「私の内部もこの様に美しくして欲しい」と祈る。山中二時間半の滞在で帰る。

●十一月二十四日

昨日より憂鬱、またウツになりかかった如し、仕事の責任は大部分離れて安気になったのでウツには縁が切れたと思ったのに。服部先生も同じ、ウツの如き近頃の様子を見ると、「人間は弱いものだから幾ら修行をしても、また違う苦しみが出て来るが如し」と思う。

●十二月十八日

集団ラティハン後、服部先生が七月より大分元気になられたという話から、〃当時はどうだったか〃と言うので「デガラシの如く生気がなかった」と返事をしたら「そんなことは本人が一番よく知って居る。そんなことを言うのは良くない。お前は昔からそういう所がある……」と叱言有り。私の発言の真意は「あんなに元気がなかったのに、よくぞお元気になられた」と言いたかったのですが、少々舌足らずで怒らせてしまった。先生はラティハンで内部はすっかり浄化され、全ての事は達観されて居ると思う安心感から「良く立ち直って来て嬉しいという心情を伝えるには、真実を話した方が真実味が伝わる」と思っての発言だったが、先生も矢張り人の子、プライドを傷つけられたと思われたようです。この件は少々不自然で「何故先生が」と思わせる所があり、クマラ様の配慮による教訓があるような気がしてなりません。

何れにしても病み上がりの様に（気の弱って居る）先生を痛めつけたのは申し訳無いと反省すると共に、スブドの世的指導原理の『人間の名誉について』のマスターは、（老境にはいても体力に関係なく名誉は持てますから）中々分離は難しいと推測して居ましたが、矢張りそうかという感じがしてなりません。

もう一つ、これは私への戒めですが、今まで自分のプライドを抑制・否定することばかりを念頭に置いて来たのですが、知らず知らずのうちに他人のプライドまで否定して居たかも知れません。今後は（処世的には）その反対に、人のプライドを大切に尊重して、人を傷つけない様に注意すること（何故ならば、私の言葉で他人の名誉欲を矯正出来る筈はなく、これは神の領分ですから）、次のもう一つは、「人は人、己は己」のクマラトークの如く、われ関せずで、人の批判はしない（これをするとパッション（情念・瞋《いか》り）を受けるから〟、そのうえ余分な事を考えて頭にへんなものを持ち込むと、神様がこの頭が使えぬと言って「頭を使うな、空っぽにせい」とお叱りになるから。

参考までに、スブドの世的指導原理の『人間の名誉について』の一節を参考のため後記に紹介します。

第九番目「人間の名誉について」

人間は非常に名誉を喜ぶものである。名誉を与えられることを非常に喜ぶものである。それは、人間の一つの宿命のようなものである。人間は何故名誉を喜ぶのでありましょうか。名誉があるということが、何故そんなに人間を喜ばせるのでありましょうか。それは人々が、余りに自己というものをより良く見てもらいたいという欲望の為であります。その為に名誉を非常に好むのであります。ではありますが、この名誉というものに人々は余りに喜びを感ずる為に、その名誉の為に自己を全く失ってしまうということが有り得るのであります。

であるから、この名誉というものは、人間にとっての一つの障害のようなものであります。名誉の為に全く自己を失ってしまうのであります。ですから、この名誉を求めるという気持ちは、丁度人間が金銭に対する欲望、あるいはその他の色々な欲望と同じ様に、人間を、まるで盲のように、盲目にしてしまうのであります。ですから、この名誉というものが、今まで人間をしていろいろ誤った行動をなさしめてきました。ですから、この名誉というものを、余り求めることは、結局自己を失うことになるのであります。ですから、この名誉というものは人間にとって一つの障害であるのです。何故それまでに、人間にとって名誉が一つの障害になるのでありましょうか。

人間が生きていく上に、名誉はそれほど必要なものではありません。もし本当に人間が生きるということを望むならば、その名誉というものは余り必要ではありません。ただその人が、本当の生き方を望まないならば、名誉というものも必要でしょうけれども。人が本当に生きるということを望むならば、名誉というものは全く必要ありません。その必要のないものを、本当に生きるということを望まない人は、金銭に対する欲望と同じ様に、その名誉というものがなければ本当に生きていくことが出来ないと考えるのであります。ですから、この名誉というものに余り捉われてはなりません。

これは、人間を誤らせている一つの本源なのであります。ですから、この名誉というものに余り捉われてはなりません。もしそういうものを欲しないならば、本当の生き方を発見することが出来るでしょう。本当に生きるということはそういう名誉とは関係のないことなのであります。ですから、もしその人が本当に生きようと思うならば、名誉というものを望んではなりません。それは、不必要なものです。今まで、名誉の為に自己の本当の生き方を見失った人達でこの世の中は充満しているのであります。ですから、我々スブドに従うものは、この名誉というものの本来の姿を良く理解して、この名誉というものにとらわれることがあってはならないのであります。

ですから、我々はスブドに従う人々は、神の言葉、神の指示に従うことだけが必要なのであって、その他のことは殆ど必要な事ではありません。ただ、神の指示に従って行動するということだけが、本当に生きるということであって、名誉の如きものは本当に生きるということに関して何らの意義も持つものではありません。そういうことを良く理解してもらいたいのであります。

わざわざクマラが名誉というものを取り上げたのは、余りにも人間の世界がこの名誉のために誤った行動する人、誤った姿で生きている人が多いからであります。それがわざわざクマラが名誉というものをここに取り上げた理由であります。神に従うものは、この名誉というものにとらわれて、誤った行動をしないようにして貰いたいのであります。それが、神に従うものの本当の生き方なのであります。名誉というものにとらわれない事が、神というものと接触する人にとって必要な事なのであります。

神の指示に従う人にとって、名誉は殆ど意味を持ちません。神にとって名誉というものは何の意味も無いのであります。ですから、どうかスブドに従う人々はこの名誉というものに自己の心を失わないようにして貰いたいのであります。

●十二月二十八日

今年最後の集団ラティハンは何時もと変わって居た。最近回診の無くなった服部先生が私の周りをぐるぐる回っていたので、これは！　と思った。私の合掌していた手が伸びたら、先生の合掌していた手に当たり、先生は（私の）手を握り「痛い痛い」、その後身体を抱かれ次は（マンガの）パーマンとコピー人形との接触の如く、デコとデコとを合わせて且つ合掌の手を握りラティハンを続ける。その後は富樫氏の所に行ったようだ。ラティハン後に先生はアラヤ識を汚さない方法として宗教（念仏）があると気づいたと言われた。

●十二月二十九日
午後テレビで中村元先生の原始経典の話で「①中道……快楽に走らず、苦行に片寄らず、その中間では無く、その中心。〝扇の要〟の義。②ダルマ……根源的道理。（基本的な理《ことわり》）」。

☆　☆

平成四年（一九九二）

●一月四日
一九九二年の毎日新聞記事に西木神父の記事あり。

「神道は日本人の心の中に深く入り込んで、最早宗教では無くなった……。だが、万物は神が造り自然と同調して生きようとする生成り《きなり》の神髄。働くことは善と言う考え、心の中にある玉を磨く精神修養、この三点は日本社会のあらゆる場面に深く根差す神道の考え方です」

●三月十一日

夢で亡き祖父、石黒白雲斎が別れを惜しんで家を出て行った。（顔は少し変であったけれど）上の位のレベルに移る為という感じ。子孫の（魂の）浄化によって祖先は成仏すると聞いて居たが、わたしのラティハンの成果で祖父が成仏、良い所に行けた感じを受けた。五十周忌以上経った今夜の夢だが不思議な気のする霊夢と信じるに足る感じがした。

●七月六日

服部先生より集団ラティハンに参加したいと言う電話あり、岩井さんに迎えに行くように手配しますと返事をして岩井さんに連絡した。

●七月八日

七時十五分正寿寺に着く。岩井さんと服部先生が約束通りに来て居て九時二十分まで先生の話がありラティハンは出来なかったが、話の内容は次の通り。

「余生をスブドの為に尽くすのが使命と思うから入会の手続きをして欲しい」と言うことであった。クマラの世的生活原理をもとに話があり、この本の解説として十冊程クマラより受けて居たと言う話がありその一つに「ラティハンは内部を浄化し、神の指示が受けられる様になるための修行」と言われ

「受けられなければラティハンとは言えぬ」。

●七月十一日

この世はすべて神が支配して居ると分かって居ても、〝身体や心〟は神の意志の様には動かない。神の意志の儘に動ける心身にするには、ラティハンをするしか方法は無いと知りつつも、中々単独ラティハンは出来ない。

服部先生より先生の入会手続きはテストをしてＯＫのサインがでたらして下さいという慎重な申し入れがあった。

●七月十七日

服部先生より再入会の状況を書いた手紙を戴く。「スブドセンターへの提言」「私本スブド記」は面白く読ませて貰った。三十年のスブドは無駄ではなかったとの評もあった。

●七月十八日

ラティハン後、「先生を迎えたら各自の内部はどうなるか」の問いに対して三分間テストをした。私は何も感じず何の変化もなく（集団ラティハン後の法悦に似た）静かな状況が続いて居た。そこで私の受ける能力不足か？　と思ったのは事実だが、私より清浄な水が、私の水瓶に流れ込んで来たとて〃何の拒否反応〃が起こるというのか、何らの支障もなく受け入れるのは火を見るよりも明らかである。その反対の泥水ならば、直ちに拒絶反応が出て、七転八倒してテストの結果は明白である。

●七月二十二日

服部先生今日からスブド再入会。懐かしい「痛い痛い」の声が割合最初からして居た。

●七月二十五日

服部先生のラティハンは痛い痛いで始まり、クマラトークが始まる。「お前（服部）の内部に働いているのはクマラの力だ。分かったか」と何度も何度も教え「お前（服部）の周囲に起こっている事はクマラがしたことだ。お前をラティハンに行かせる為だ」「パパは死んではいない」「苦しみは仏の慈悲だ」「お前がすべてをクマラに委ねる様になったら解放する」と、自分の口からクマラの教えを受けていた。このトークで何故先生が又集団ラティハンに来られる様になった理由が分かった。クマラ様の厳しい事は分かっているが「苦しみは仏の慈悲だ」「お前がすべてをクマラに委ねる様になったら解放する」を聞き厳しいなと思いつつ、形を変えて私にも同じ様なことをされたクマラの愛の鞭を思い出した。

●八月一日
服部先生の言葉。

「人生順調なのは有難いが、人生は判らない」

●八月八日　トーク
珍しく服部先生の回診あり、私の背骨の一番上部を押さえて痛い痛い。

「任せなさい、任せなさい、任せるより仕方がないでしょう。任せなさい。なるようになる」具体的には何の事やら分からなかったけれど、任すのはクマラ様の事だからその点は安心してお任せできる。何を任すのか分からぬが、クマラ様に任す以上その詮索は無用。知らなくてもよい事だ。二、三か月経てば好結果で教えて呉れるから。

●八月九日
昨夜の集団ラティハンで「クマラに任せなさい」と言われたのは、①従業員対策か　②五百トン順送プレス導入の件か　③私の家族の件か　④会長としての任務は如何にあるべきやの疑問点か。

●九月九日

集団ラティハンで服部先生の回診を受けた。背中、頭、手、腰を触り長いこと痛い痛いだけ言っていたのでトークはないと思っていたら、「お前（伊藤）の考えは間違っている。全部間違っている。お前は分からんだろうが、すべて間違っている。ラティハンは受けることだ。それ以外の意義づけは何の意味もない。唯、受けるだけだ。お前は何も分かっていない。これが受ける状態だ。分かったか！　ラティハンとは受けることだ。それ以外何も無い」というトークがあった。私本スブド記のラティハンの所を書き直す必要があり、その為のトークか、日記の補遺欄に次の様にメモしてあった。

ラティハンのクマラトークで「お前の考えは間違って居る、全部間違って居る。お前はその間違いが分からぬだろう」と言われた時は「私の世的なことに対する考え違いを指摘されたと思って居たら「ラティハンは受けることだ。受けること以外何もない。受ける事以外あれこれ考えても何の意義もない」と言うような事を言われた。ラティハン後、先生に尋ねた時の返事は、「ラティハンは受け身で、こちらから、あれこれ考えては他力にならない」旨の話があった。

この日のトークに対する反省文が尤もらしく書いてあるが、今日読み直して見れば、そんな回りくどい話でなく、当日のラティハンに対するアドバイスであり言葉通りに、「ラティハンは受けることだ。それ以外の意義づけは何の意味もない。これが受ける状態だ。分かったか！　ラティハンとは受けることだ」と受け取れば良い。ゴチャゴチャ尤もらしい理屈をつけて考えるは私の悪い癖。クマラ様に賢すぎると皮肉られたことを思い出した。

●九月十二日

テレビを見ていたら巨人の原選手が六月以降大活躍したのは、「ジャストミートのイメージでバッターボックスに入る様にした」と言う説明があり、「私本スブド記（3）スブドと深層心理の巻」の中に〝スランプより立ち直った人〟の項にこの件を書いておいたのは正しかったと思った（注：アラヤ識の理論応用編として）又〝切れる〟とイメージして名刺を切るのを見た。アラヤ識の教義でマイナス思考は良くないことは知っていたが、〝ラティハンでも服部先生のようには受けられない〟というマイナス思考をアラヤ識に入れていたのに気が付いた。今日からのラティハンは「良く受けられる。神の言葉も聞ける」というイメージで正寿寺に出掛けたが結果は？

●九月二十三日

ラティハンは最初から良く受けられた。後半、服部先生が来て両手中指を触っていたが、痛いとは一言も言われなかった。

●十月十六日

会社にいても幸か不幸か、用事もないので休みたくなる。現場視察の余暇を利用して四階で静かにスブド記の原稿を書いていても、在社している事には変わりない。そしてふと気が付いた、「私が社に居ることに意義がある」と。鞍馬の烏天狗位の役にはたつだろう。それともカガシ天狗か。

☆　☆

服部先生が再びスブド日本の会員としてカムバックされた事は特筆すべき事でした。

私的には余り誤りもなく無事平穏な年であった。義兄が昔勤めていた満州の（元）銀行建物も兄と訪ねた満州・北京の旅も出来た。旧制中学の時代の修学旅行として行く筈であった朝鮮→満州への旅行（注：外貨節約で中止になった）の一部が実現出来た。

☆　☆

平成五年（一九九三）

●一月十六日
集団ラティハンで、服部先生が私の心臓の下側の胃の上部の辺りと、次は胸の真ん中を（軽く）長く触っていたので、ラティハン後、バリュウムを飲まなければいけないのかと尋ねたら、「触っていても、そうとは限らない」という事だった。

●一月二十七日
集団ラティハンは今日から〝一段と強いものになった如く〟今までとは違っていた。ラティハン後、服部先生は「今日のラティハンにはパパが来ていた」と言われた。

クマラトークで（強い口調で）私に「お前は自分の力で生きていると思っているが、それは尊天《クマラ》の力だ。奢るな！　……云々。クマラの力は俺（注：服部先生のこと）を通じて、お前に流れている事を、お前は知らない。クマラの力は人を通じて流れているのだ」という旨のトークがあった。

クマラトークの最初は服部先生自身へのトークで「お前は何故ここにいるのか分かるか、それはクマラがここに来るようにしたのだ。……云々」で始まり、「お前はクマラの言うことを聞かない。それはお前の頑固な意地だ」という強い叱責から始まり（今日は先生が叱られていると思いつつ安心していたら）次は私の所に、次は猪子氏への順番で叱られた。

●一月三十日
今日の集団ラティハンでは、服部先生の身体を通して、私の左手の浄化ラティハンを受けた。

●二月六日　ラティハンの中のクマラトークで
「ハンニヤラミタ、ハンニヤラミタ、心配するな。なるようになる。神は絶えず見守っている。任せなさい、すべてを任せなさい」と言われた。受けた時の感想は、お任せする事に何の異存もなく指示に従います。しかし、私は何も心配していないのに何故、神はこのような事を言うのか分からぬ。しかし、指示は無視すると大変なことになる事は二十年から二十五年前「お前は仕事が大事か、身体が大事か」と言われた時、そんなことは分かっていると、そのままに無視して半年後に眼病が出て大難儀したから無視は出来ぬ。何かの意義がある筈だ。

ラティハン後、服部先生が「今夜のラティハンには没きバパが参加していた」と話された。そういえばラティハンの終わり頃先生が「ババ有り難う」と礼を言っていた。私は先生を通じて、全身の浄化の援助を受けた。

●二月八日

服部先生に電話して『神に任せよ』と神様は仰言るが、全託してお任せして遊んで居よとクマラ様は言うのか、さっぱり分からぬ。又心配は何も思い当たらぬのに『心配するな』と言われた。又神に任せてその後、私は何をすれば良いのか分からない。今の私には会社でも余りすることがない。責任もなくなったから気楽な立場。従って行動の目的、目標が見当たらないで困っています。先生の経験によるアドバイスが戴きたい」と尋ねたら、「あれこれ考えるのが心配《しんぱい》だ。心くばりをするなという事だ。心配《こころくば》りをすると悩みが出て来る。私（服部）の二年間の苦しみも、それが原因だった。第一の人生は終わって、二生目になったのだから、今までと違う生き方をすれば良い」という事だった。

老後の人生は余り心配するなという事かと理解し、私は一生を一升と連想し、一升目の酒は飲み終わったから違う種類の二升目の酒を飲みはじめたのだ。一升目と二升目の酒は違う。だから味も違う。違う酒には違う飲み方があるように、二升目の人生には二生目らしい生活が相応しく、ゆったり気分で暮らせという事かと思った。

第一線で働いていた第一の人生の全託と、第一線を退いた老後の第二の人生の全託とはどうも全託の内容も方法も異なるようだ。同じように考えて心配りするなという事か。どのように違うのか今後検討の必要がありそうだが。それもいずれ分かる時が来るでしょう。

●二月十日

今日の集団ラティハンで服部先生は（先生の口から出た）クマラトークで「クマラが話をする。お前（服部）は今日より〝セイフウ〟と名前を変えなさい。せいは聖人の聖、ひじりの聖。ふうは風、聖風とクマラが命名する」と先生はクマラ様からの法号を授けられた。

その後のラティハンでクマラトークあり、「般若波羅密多心経、お前（伊藤）は自分で自分が変えられると思っているが、どうにもならないだろう」それから少し経ってから次のトークは「お前は苦しみを知らない。（従って）他人の苦しみが分からない。お前に苦しみを与える」との趣旨の指示があった。

これは妙な事を受けたものだとラティハン後に当惑していたら、服部先生が前記の指示の件で「君は神に可愛がられているなぁ。第二の人生に入るにはどうしても避けては通れない関門だ。私も苦しんだから君の苦しみは判る」と言われた。しかし、私には何の事やら判らぬ（苦しみがしたくないからライハンをしているのだと内心で呟くが思い直して）他人の苦しみを知るために、先ず私に苦しみを知れ、そのために苦労を与えるとは神様も厳しいことを仰言る。

しかし、よく考えてみると私は苦労したから、苦しんだ事があるから、と言ってもそれはトップの立場での苦労、経営者の苦しみだった。その他の苦しみも大体は神の与えた次元の高い私の（修行の）ための実入りのある暖かみのある苦労であった（人生を知る為の建設的な苦労でした）。

従ってピンからキリまでのどん底の苦労。所謂、最低レベルの苦しみを知らなければ人生を知ったとは言えない事かと反省。

そして今までの私は（私自身に）「神の指示にそむくから苦しみ、難儀するのだ」と反省していたから、他人が失敗したり、苦しんで居ても「つまらぬ考えの結果」と（自分に厳しく反省して居た習慣で）同情する前に〝身から出た錆〟と割り切っていた自分を今夜のクマラトークで反省のすえ見つけました。

今迄は他人の失敗を見ても（低次の諸力に支配された）つまらぬ考えの結果と割り切り他山の石として自分の反省材料としていた習慣が身に付いて居たので、勢い同情が湧く前に、反面教師としての見方が先に立っていた自分に（今度の指示で）気がついた。

人生のトップの立場から人の苦しみを見るのではなく、人生の底辺から、下から人の苦しみを見ることが第二の人生の関門であり、その苦しみを知ることが第二の人生を有意義に暮らす必須条件と知る。

しかしです、私は苦しむのは嫌だ。苦しみなんかしたくないのが本音で、いくら神様からの賜り物といっても、これぱっかりは有難迷惑だ。受けたくはない。

しかしです、神の意志は絶対的だ、(正しく、真に)私に必要なものとは今までの体験で立証済みです。それに私が如何に嫌だ嫌だといって抵抗してもかないません。最後には追いつめられて無条件降伏して全託という決着で許されるのは毎度のことです。(これは神の愛、鍛えてくれる愛、即ち厳父の愛です)

ババの仰言る服従の精神でここは素直に受けることにきめた。そして第二の人生に必要な慈悲の心を得るための苦しみの修行と諦観。

佛典を調べると慈とは相手に楽しみを与えること、悲とは相手から苦しみを抜き去ることである。それを覚者。それを象徴的に表現したのが観音、地蔵の両菩薩であり、易しく言うと慈悲とは、〃相手と共に喜び共に悲しんであげる〃と記してありました。

言い換えれば二月十日の指示は「お前をスブド観音菩薩にしてやる。そのためにはお前に不足している味わったことのない苦しみを知る必要がある。だから神は思寵として苦を与える、大いに苦しみを味わいなさい」という事になります。

他人の苦しみが分かることが悟りへの道。覚者への道の条件という事は分かったが菩薩にしてやるから、菩薩の条件として必要な「苦しみをやるから大いに苦しめ」とは有難迷惑の感もあり御免蒙りたいところだが、と言っても取るべき方法はクマラ様に任せる全託しかないことは重々承知の上の愚痴とは知りつつも「アノネェーオッサン。ワシャーカナワンヨ」という戦前の高勢実乗のセリフの心境で全面降伏。諦めて全託して神様の指示をお受けすると覚悟をきめた。

●二月十二日

服部先生が福山の会場で、受けることは大変な事だと、受ける状態と共に受けた事に全託する困難について発表された。その時は（先生の）「受けられることは幸せ」と尊敬と羨望の念で聴いていた。

しかし二月十日の「苦しみを与える」の指示を受けて、いざ実際に難問を受ける立場に遭遇してみると、先生の言う受けることは大変な事だというその真意が身に沁みて判った。

●二月十三日

ラティハン会場に着くと直ぐ服部先生が来た。そして「苦しいだろうが」と慰められた。先回のラティハンでクマラ様が「苦しみを与える」とのトークへの労りの言葉である。この事に就いてラティハン前に服部先生に相談したら、雑談で、先生は「昔、浮浪者を見ると、どうしてこんな……と思った。しかし今は彼らの気持ちがよく判る」と言われたので、私もそんな人たちを見ると（スブドで知った）汚れたジワ（魂）の成れの果て（仏教的に言えば因縁果の現れ）と割り切って、成る程なるほど当然の報いと冷静に眺め、他山の石として自戒の材料にはしたけれど、余り同情はしなかった。と言ったら「それは高所から見た驕りだ」とたしなめられた。〝苦しみを知らない〟のクマラトークの一撃のお蔭で素直に納得。

前述の今までの私の見解は、(世的に責任を背負って働く世的修業時代の)第一の人生時代では常識的に許されたかも知れないが、第二の人生に入った今の私には清濁あわせ飲む、おおらかなゆとりある心。憐れみを感じる心を持ちなさい。それが今後の人生に必要な慈悲の心という事か。(私の経験した苦労は乞食のような極限的なものでなく、人生の哲学を知るための恵まれた環境の贅沢な苦労と反省)

ラティハン中に先生へのクマラトークで、「スブドはクマラがパパに与えたものである」と(クマラ様が)内密に囁くように小声で言われていたトークが聞こえて来た。このトークでスブド入会前に鞍馬の信者だった私は、(その神縁で)クマラ様に導かれるが如くスブドに入会したのであるが、かねてより不思議な経緯で誘われたのを不思議に思っていたが、その訳が今日のトークで理解出来た。

●二月十四日

「他人の苦しみが分からぬ」の忠告指示で、「決定業(報いを受けると定まっている行為)」を犯した結果の報いで人々は惨な状態になり苦しむという見解は、恵まれた環境に育ち、人生のどん底を知らないお坊っちゃん人生観で、若い世代の人生観。今までは高い位置からしか人生を見ていなかった一方的な見方であったと教えられた。どん底の最下部の境遇から人生を見つめた人生観を両方併せ持ってこそ正しい人生観であると。

いままでスブドに求めていた悟りは私個人のため、社長としての立場で従業員の生活、取引先、その他地域社会へのためと私周囲の狭い範囲を目的とした個人的な修行だった気がする。実業界の第一線で責任を負っていた立場では、当然その程度の余裕しかなかったので神も黙認されたかも知れない。今迄は般若心経の「遠離一切顛倒夢想究意涅槃」迄の（個人的な）悟りで許されていた第一段階であったようだ。

第二の人生は「羯諦羯諦波羅羯諦波羅僧羯諦菩提娑婆訶波羅心経」の大乗仏教的役割になり、クマラ様の意をたいし、クマラの代理として人々に慈悲を与え、悟りの彼岸に達せよと言う指示を受けたようだ。仏教的に意訳すれば観音菩薩になれということ。キリスト教的に表現すれば、天使のように人々を救えと言うことの如し。

第一線を退いて社会的責任がなくなった今は、これまでの人生哲学的な見方から脱却して、佛陀の言う「他人を我が身にひきあてて」という憐れみの心で世の中の人を見て、自分も他人も共に生かされる大乗佛教的？　思考をしなさい。そのためには慈悲の心が分からなくてはならない。そのためには苦しみを知る必要があるという事か。

受けるという事は厳しい。菩薩への道も亦厳しい。「苦しみを知れ」の指示に対する結論は、私は

（誠の真の苦を知らなかった）自覚を（それを甘んじて受けると言う）覚悟（だけ）を決めれば良い。後は神様がお決めになるから。

●二月十七日

苦しみに対する心構えをあれこれ考えて会場に行く、ラティハンが始まると直ぐ先生が来て浄化ラティハン。それが三回続く。この様にクマラ様が私の浄化を急ぐ以上は何はともあれ受けるしか仕様がない。「苦しみでも何でも下さい無条件降伏だ」と思って受けて居たらクマラトークがあり「あるがまま、あるがまま、あるがまま、あるがまま、あるがままでよろしい。頭であれこれ考えるな。考えれば考えるだけややこしくなる。あるがままましか、しかたがない。この状態はクマラが与えたものだ。クマラに任せなさい。あるがまま、あるがまま」と言われる。この上は指示に従ってクマラ様に任せ、成り行き任せで様子を見よう（それしか方法がない、分からぬ）あるがままに様子を見て居るうちに、次の指示なり状況変化が起こり導かれるだろうと有難く、あるがままにお任せする事にした。全く全託しか仕方がない。私は毎日遊んでいることを少々気にしている程度の気配りなのに。

●二月二十日

今日の集団ラティハンは始まると直ぐ服部先生が来て私の背中、胸、腹、指先の浄化を始め、これが何度もあり、座って居たら足先、その次は頭からの浄化が始まる。始めから終わりまで服部先生を通じて頭のテッペンから足の先まで、何度も何度も浄化のラティハンを受く。有難くなって涙が出そうな程感激した。これ程身近に常時クマラ様が私のために働きかけ、助けていると言うことを確認させて戴く事を。

そして私を（何とか）早く浄化して、何かをさせよう（或いは何かを悟らせよう）としている。今迄にない（神の）意志が感じられる。これも二升目の人生の為か。

あるがままにと全託して、ひたすら浄化して戴いて、クマラ様の（次に与えられる）状況待ちと言う所か。何れにしても神の愛が沁みじみと伝わり感じられるラティハンであった。

●二月二十四日　ラティハン中のクマラトーク

「アッハッハッハァ、佛説ハンニヤ　ハラミタ　シンギョウ　…………。クマラはいつもお前のそばにいる、常にお前を護っている。心配することはない。このままで良い。あるがままあるがままと言ったでしょう。クマラはいつも一緒。心配することはない」と言われた。スブドの体験記を書いた「私本スブド記（４）スブドと宗教と素朴な悟り」の結びに書いた〝常に神と共にありて従うのみ。而して安心立命〟所謂〝神との絆による徹底した楽天主義〟は間違いでなく正しいとお墨付きを戴き私自身の神との絆も自信を持っても良いと告げられたような心地して安心した。そして大変嬉しいトークと感じた。

そして社長時代の全託とは一味違った全託。第二の人生全託は世的にも八割くらい？　或いは百パーセントの全託のあり方を教わった様にも思える。「あるがままあるがままにクマラと共に生きよ」のトークの如く。

●二月二十六日

人生究極の目的は他力本願の道を知ること。他力（神の力）が全てを支配している事を知り、これに従う事が正しい本当の生き方と知ることが肝要。

その為には、神意を知りそれを代行する力を得なければならない。それ以外何もない。

この世の苦労・研鑽・楽しみ・努力は神の意志を知り、それが分かりそれを実行できる力を得る為のもので、それが人生の究極の目的ではないかと気づく。物や金や欲望達成のために生きているのではない事は確かである。スブド的に言えば内的自己（魂）の浄化修行の場としての人生と言える。

但し、とは言うものの社会活動を軽視して無責任な生活をするのは以ての外である。何故ならば内部が浄化されていれば神の意志の代行者として使われるからである。そしてそれは有益な行動となって現れ、決して惨めな結果や暮らしにはならないことは過去に幾多の事実として証明されているからである。

私は人生で世的に成功することを夢見て暮らして来ました。その人参的エサに釣られて哲学・経済・宗教・人生観・その他必要に応じて勉強又は修行して来たのであるが、（今にして思えば）それらは「（神の意図する）真の目的、即ち人生の悟りを得る為の誘導を目的とした（神の仕掛けた）囮《おとり》的目標」

であった様な気がしてならない。

前記の囮的目標の世的成功のために研鑽した世的な修行と霊的修行は、何時しか私の人生観を変え、今では世的活動の為に学んだ知識は神の指示を実現させるための道具として利用活用するべきであり、その為にも世的活動に必要な知識は大いに研鑽努力して育むべきであると思っています。

私の現在の人生観を端的に表現すれば「神は厳存し、この世を支配し、神のルールに従って生きるのが成功の秘訣である」

神のルールを人間の言葉として教えられた啓示「クマラの世的指導原理十か条」は正にその典型であり、現代社会を生きる為の正に「現代の聖書《バイブル》」とも言える聖典と信じ、大切にその教えを信奉しています。

「生きるとは神の指示に従って行動する事である」の啓示も、最近の「神に任せなさいの全託要請の指示」を実践すれば実現可能で、何とか実践できる段階まで修練の成果は実って来たが、人生が判った頃には年老いて人生も終わりに近付き、「クマラの世的指導原理十か条」を有効に活用する体力・機会もなくなって来たことは皮肉だ。この悟りで人生をやり直し出来たら面白いと愚痴っぽく考えている自分を見つけ反省していて、一九八六年九月十八日のクマラトークに気づいた。

それは「〝事業上の成功〟と〝人生の成功〟とは違う。人はどちらを幸福と選ぶでしょうか。スブド人は人生の成功を求めているのである」と明確に指示されていたのである。私にとって、この世での成功への努力は結局、今の心境を得るための便法であり、その過程として人生修行が神の手によって仕組まれていたのではないかと、感慨に耽ることしきり。

私にとって事業上の成功は、人生の成功にたどりつくための道程であった。神意によって事業上の成功は程々にセーブされたかも知れない。それは神の愛情による配慮として受け止める事が出来る。何故ならば事業上の成功者になれば金や物を頼りにして、神への信頼や服従を忘れる可能性が多々あるからです。そのことは昭和四十二年頃の初期のスブド日記を見れば何となしに感じ取れます。

『金持ちが神の国に入るよりも、ラクダが針の穴を通る方がまだ易しい』と新約聖書にあります。その「マタイによる福音書」の話の事例とは少し違いますが、意味するところは同じです。

●二月二十七日　ラティハン中のクマラトークありて

「お前は理屈が多すぎる。理屈は全託ではない。全託とはすべてを委ねることだ。全託とは良いも悪いも、すべてを神に委ねることだ。お前は理屈をつけて無理に納得しようとしている。理屈は、その日、その日で変わる。理屈は明日になれば変わり、繰り返し、繰り返し、変わり全託にならない。全託とは、すべてを神に委ねることだ、良い事も悪い事もすべてを委ねることだ。お前は理屈が好きだ。全託とは、すべてを神に委ねることだ」と（日米大戦の時のＢ29の爆撃の如く）繰り返し繰り返し初めから終わりまで何度も来襲する如くトークを受け、全託の説明があった。

ラティハン後に服部先生が「全託していると神の智恵が出る。そうでないと人工的智恵（理屈）が出る」と言われたが、全くその通りだと思った。

この頃神様の要求は全託、全託と厳しい。そしてその要求される全託の内容は「私本スブト記（2）」で提唱した世的全託とは次元が違うようだ（あれはあれで正解だが）。第一線で働いている時の全託とは、次元の違う高度の全託をこの頃要求されているようだ。神はその人のレベル、境遇に即した指示をされるから（私個人としては）今まで持っていた世的全託の概念も見直し、高次元の全託と老後の人生に対応する全託にモデルチェンジする必要がありそうだ。今年になって神様は全託、全託と、くどいほど仰言る。そんなことは分かっていますよと口答えがしたくなる程だ。しかし神の指示はいつも正しく、真実で必要であるから与えられる。だから素直に聞かなくてはならない。どうやら神は今の私に、社会生活の世的生活の範囲まで、私に全託を要求しているようだ。

それにしてもバパのトークは最後に、「……だからラティハンしなさい」となるが如く、今年の私に対する指示は、「……だから全託しなさい」となるようだ。

ラティハンも神への全託だから、一歩踏みこんだ高度の全託、ハイクラスの全託、世的生活をしながらの全託、心の全託、頭の全託を要求されているが如し。「お前の考えを捨てなさい。神に任せなさい」とよく指示で言われると、（何年も前に）話された服部先生の段階まで要求されているが如し。頭（知情意）まで全託すれば理屈のでしゃばる機会はなくなるから、二月十七日の指示に従って、頭であれこれ考えずに、あるがままに全託という事になります。頭の回転を止めて、世間の有りのままの姿、をスチール写真の如く（無心の）心鏡に映して有りのままに受けよという事か。

ありのままをありのままにジワ（深層の心）に映せば、ジワ（内的自己）がそのデータによって人間を制御するから、それは全託という事になり、それは、すべてを神に委ねることになり、現在神の要求している全託の姿になるかも知れない。

何れにしても全託のグレードアップを要求されていると理解せざるを得ない。群発地震の如く、二月は指示を多く受けましたが、それは神の立場から必要を感じられたからでしょう。

（注：三月以降七月二十日まで指示ありません）

●二月二十八日

昨日のクマラトークで、クマラ様の要求が一段と厳しくなった事は私にも良く分かった。

どうやら私のスブド体験記で提唱した（あの頃の）世的全託とは次元が違う様だ。会長職に就いて（第一線で現業に携わり知情意を使った時代とは異なり）、直接的に浮世の責任を持たずに済むようになった立場の人に対する全託と考え直す必要があるようだ。あるいは内部の浄化に相応しい全託をせよという事か。

今年になってから「全託、全託」とくどい程仰言る。そんな事分かっていますと口答えしたくなるほど繰り返し繰り返し仰言る。しかし神の言葉は我々の思考力を超えた次元での神の御意志であるから、素直に従わなければならない。

そうしないと後で後悔すること必定と過去の体験から内部は囁きます。

二月二十四日にも改めて「神はお前のそばに何時も居り守っている。心配することはない」と言われる。これは「神は何時も一緒だから全託しなさい」と言われていると一緒でもあり、今迄の行為・行動の全託から一歩踏み込み、〝心の全託〟お前の考えを捨て、頭（思考）も神に全託しなさいの段階迄（全託の要求が進み）要求されている如しである。頭まで全託すれば理屈のでしゃばる機会はない。

●三月二日

九時のＮＨＫテレビで「企業内失業者は百万人」を特集して放送していた。

これまで他人事と思っていたが、よく考えれば、私も企業内失業者。その名は窓際族ならぬ〝会長職〟と気づく。体調が悪く、気力・体力がなくなったから、社長職を辞退して会長職に退いたのだから、でしゃばって仕事をすれば邪魔になる。と言って遊んでいては生きているとは言えぬ。会長職は何とも難しい立場と気がついた。

陰の協力者としての立場で、社長・専務の邪魔にならぬよう、でしゃばらぬように協力する事は、人間力・自力では到底無理な話と解った。この様な難しい事は出来っこないから、クマラ様の言う「全託しなさい。神に任せなさい」しか方法はないと知る。この様な心境から顧みると、随分前から「お前は自分の力で生きているると思っているが、そうではない。それは神の力だ。お前の力など何もない。全ては尊天の力だ。神は何時もお前と一緒にいる。お前を見守っている。尊天《クマラ》に任せなさい」と絶えず〝全託全託〟と呼びかけられていた事に気がついた。神は全ての事を見通しになっていられたのだ。

●三月三日

クマラ様は何時も全託全託と言われる。何時もそばにいて守っているから全託しなさいと言われる。昔はラティハン、少し前には意志決定、今は常時全託、日常生活でも事務的な事柄以外は全託しなさい。クマラはそうすればお前を使ってやる。と（今の段階では）言われていると観念した。然し乍らその全託も、具体的にはどのように心がければ良いか分からぬから困る。

●三月六日

今夜のラティハンは先生より、合掌した手の浄化のサポートと頭の浄化を受けたがトークはなし。服部先生にラティハン中の全託は良くできるようになったが、世的全託は如何にすべきが分からずに困っていると言ったら、先生は「初めての体験だから、とまどうわなぁ」と言われた。これも全託していればその内に分かるだろうと自分に言い聞かせているものの、その肝心の全託方法が分からないのだから、それが悩みの根源だから、「卵が先か、鶏が先か」の堂々巡り的な問題だから、残念ながら問題解決は何時の事やら分かりはせぬ。

●三月九日

世的全託は頭を使わずに、頭を空っぽにして無心の心境で、取り敢えず社内・現場を見回っていればクマラ様に任せた事になり、これが私に出来る仕事と割り切って、先ず安全を重点的に心がけて見回りする事にした。これなら邪魔にならずに社員の安全対策ともなり、且つ私に流れているクマラ様の力も、私を通して社内に浸透し、一石二鳥の全託レッスンと言えるかも知れない。

●四月十一日

朝名古屋の眼科杉田病院から、明日角膜移植をするから、明朝十時までに来院するようにとの電話連絡があった。

その時の感想は戦時中の赤紙（召集令状）を受けた様な感じで、身の周りを整理している自分は、急遽入隊して戦地に出掛ける心境に似ているなぁと思いながら、W氏に事情を打ち明けて、ラティハンを休み入院することを告げた。W氏は服部先生にも話した方が良いと言うので、電話で、「酒井眼科の紹介で昨年杉田病院に検査に行き、検査の結果手術可能で、手術の効果ありということより、手術の予約を自動的に薦められサインをしてしまった。何時角膜が入手できるか分からぬと言う疑問もあり、半信半疑で今日という日の来ることも信じられなかったので、（杉田病院で手術を受けても良いかと言う伺問《テスト》をして神様に尋ねなかった事が唯一の気懸かりですと話したら、「今は確率が高くなっているから良いだろう」と言われた。この言葉は先生の言葉かクマラ様の言葉かの区別はつかなかったが安心した。

●四月十二日

午前九時四十分病院に着く。十時より手術の準備で診察・検査と忙しく、大体午後二時に終わり二時半に手術室に行き四時に終わる。

手術前、多少は不安の湧くこともあったが〝何時もクマラが護っている〟と言う言葉を信じているので平静そのもの。これがクマラ様に任せた〝全託〟の御利益か。そして、この世を自分で生きていると思って努力しなければならぬとしたら、あれこれ気配り・手配りと随分大変だが、生かされていると思えば（無責任のようだが）気楽なものだ。クマラ様の道具として使って貰うつもりでいたが、私がクマラ様の代理で行動するより、もっと手数をクマラ様にお掛けして、何かと種々配慮して戴いていろいろお運び下さっていることが判って感謝に堪えない。

クマラ様を信頼し全託（全てを委ねて）していれば良いのだから、申し訳のない程有難い神様だ。

術後包帯をして真っ暗闇の中を手術台のまま病室に。全盲がこんなに不自由とは（実体験しなければ）

実感として絶対に分からない事だ。朝飯の茶碗一つ取って貰って、つかむのも大変な事だ。食堂で食事する気になれず握り飯で済ます。

昨夜一晩中、真っ暗闇の盲人の苦労、悲しみを満喫した。全盲の人で手術を受けた人にとって、角膜提供者は、暗中に光を与えて呉れた観音菩薩の化身と感じて、感謝すること間違いないと思った。

これは正しく、今年の二月のラティハンで、クマラ様が「お前は苦しみを知らない。人の苦しみが分からない。お前に苦しみを与えてやる」と仰った時、帰宅して仏典を調べ、それは慈悲の心を知る必要事項と知った。慈悲の現れが菩薩様だ。あのとき菩薩様にして下さるのは有難いが、いまさら苦しむのはお断りしたいと思ったが、クマラ様が意識された以上逃れ得ぬ事と観念したのを覚えている。その慈悲の心を知って菩薩になり、「菩薩行をせよ」と言うことと観念したが、今宵一晩の苦しみだけで、菩薩の心を教えて戴いたと悟った。

昨夜は一晩中（私自身の病気・病状は殆ど心にかけず心配もなく全託して）、私に角膜を提供して呉れた人のご冥福を祈り、この方は角膜を提供する程の慈悲深い方だから、死んで完全に菩薩様に成仏されたと思った。

今年の二月に、群発地震のようにトークで、「心配するな。クマラに任せよ」と度々言われていたが、今にして思えば、昨日の手術を予知して全託、全託と仰ったのではないかとも思いました。勿論それも含まれていると思います。神は嘘を言いません。「神はいつもお前を見守っている。護っている。いつも一緒」と度々申され、過去の私の人生はそれの立証で、救われたことの連続ですから。

●四月十二日
二、三日は真っ暗闇の中で暮らす覚悟でいたが、午前十一時以降の診察で、保護メガネになり暗闇から解放された。午後二時に六〇一号室に変わるためドアを開けたら、服部先生が立っていた。お見舞いに花を戴いた。

●四月十三日
W夫婦ほか沢山の見舞いを受ける。迷惑をかけて申し訳ないと感謝する。

●四月十六日
経過良好、退院する。

●四月二十五日
毎日新聞の記事に、霊友会会長と遠藤周作氏の対談で、
『幸せ議論や幸福論は、これは差別の意義の上に成り立っている』

と言う趣旨で大略次のように語られていた。

自分と他人を比べて安心したり、喜んだり。そして今それを他人に対する優越感と言ったが、これは困った事だが、しかしまた、これがないと社会的に、まあ資本主義というものは成り立たないしね。だから本当にどうにもならん。そこで宗教というものが成り立つのではないか。～中略～　仏教の言葉で「ご縁」というのがある。……これは結局、人は自分一人では自立しないと言う意味でしょう。……その通り、一人では生きているものはないという……縁があるから人は自立できる。～後略～　の程度で記事は終わっている。

私に言わしめれば、その縁をコントロールしているのは「全能の神」と断言できる。然し対話では神（仏）と言い切っていない、言い切れないところに学者宗教の説得力の弱さを見つけ感じる。（注：神によって生かされていると断言できない弱さ）

改めてスブド（スシラ・ブディ・ダルマ）の霊的修練《ラティハン》によって、神が人間を生かしている実体とそのメカニズムが理解出来ている幸せを自覚した。

「お前（即ち人間）は神の指示に従って生きて行くべき運命にある」という この啓示は、三十年前に受けました。それから始まった（神の指示、又は導きによる）体験で得た人生観は、聖典・仏教の神髄をシンプルに簡単明瞭に把握できるものまでに昇華しました。

学者は論理的に解説したり、説明しなければ、世間が納得しないから、その習性で論理的に考えなければならないから、論理的にしか理解出来ず、（職業柄仕方のないことではあるが）直裁的に表現出来ないもどかしさには同情を感じる。

午後トヨタ記念病院に山本幸之吉氏の見舞いに行く。大分良くなって杖をついて何とか歩けるが言葉はまだまだ。大病の中風からは良く立ち直ったという感じ。座って七分程経った頃から、私の頭が締め付けられるようになり、思考が止まって行くので、そのまま全託していたら二十分程で元に戻った。その感じはラティハン中に神から流れて来るものを受けているのと同じような感じだった。私が神から流れを受け、（多分）それが山本さんに流れていったと思う。その結果山本さんとの交流が起こり、山本さんの頭の状態を受けて、締め付けられたような感じを受けたものと推測された。これが本当の見舞いのような気がした。

杉田病院で服部先生が見舞いに来られ、私の背中を静かに撫でられたが、その時も神の力が先生から流れて来るようで有難いと思った。今日は図らずもその反対に、私の方から流れ出た如し。これもスブドによる神の慈悲か。

●五月十五日

今日の集団ラティハンは殆どの人が服部先生の回診を受けたようだ。但し最近の例の如くトークはなし。ラティハン後先生に、「私は眼の手術を契機にまた一段と世事に執着心が無くなってしまった。仕事をする気さえも益々無くなってしまった。」と言ったら「結構なこと」と禅問答のような答えが返って来た。

●五月十六日

眼の手術の前と後では何故か人生観が一段と変わってしまったようだ。術後、なんだか一皮むけた別世界に暮らして居るような気がしてならない。本格的に第二の人生に暮らしている感じ。今まで会社を経営してきた人生は、完全に過去のものとなり、無縁の世界という感じ。これまで、この世界で悩み、苦しみ修行してきたが、それは、それで、私の世的な人生修行の為に必要な修行の場であったが、それを卒業解脱した今は、何の執着も未練も無いという感じ。唯みんな仲良く幸せに上手くやっていって下さいと願うだけだ。

●五月十九日

会場に行く車中で、服部先生は、今日鞍馬に行って霊宝殿の所でラティハンをしてきたと言われた。ラティハン中、度々私の所に来て、頭・後頭部・左手の浄化。最後は私の左手で私の心臓を押さえる。ラティハン後、先生に、「今年二月のラティハンで『人を通じて神の力を流す』旨のトークがあったが、今日のラティハンはそのようだった。」と言ったら、先生は「今日鞍馬山で、『私のラティハンは人に触り、人を浄化するが、私は私自身を浄化して欲しいのですが』と尋ねたら、クマラ様は、『それがお前に与えた使命だ。お前を通じてクマラの力を伝えている』と告げられた。」由。

●五月二十三日
《成功者の共通点》
①行動力　②馬鹿正直＝誠実　③楽天的資質＆積極的思考＝明るい性質（この③は阿頼耶識の教典の教えと相通ず）
　和田西武会長……誠実・まじめ・行動力
　大和ハウス上村社長……運鈍根（私見：根は忍耐、鈍は馬鹿正直に、運は神縁）
　吉　野　屋……（知ったか振りせず）謙虚に聞く

★前記成功者の共通点を読み、スブドに必要なものは「信頼と服従・誠実と忍耐」とババが言われた言葉と共通点を感じたのでメモしておく。

●五月二十九日
先生の回診ラティハンあり、左手を特に浄化し次は頭の浄化ラティハン。

珍しくトークがあったが「悩む勿れ、悩む勿れ、悩む勿れ、悩む勿れ」で終わる。

●六月二十三日

毎日新聞に千宗室家元と福富氏の対談が載っていた。要約すると、

禅宗は座禅しなければならないから難行

真宗は念仏を称えておれば救われる易行

禅宗などが難行なら、念仏門は易行

と言われます。

念仏さえ称えていればと、手っ取り早く入るのに、以外とこれが難しい。禅には「型」があるから手応えもある。しかし念仏は神髄に達したようで奥が深い。と対談されている。

スブドは全託していればよいから易行と言われます。然し「型」が無いから手応えが無いので却って難しい。全託は神髄に達したようで奥が深い。と前期の対談をもじってスブドを紹介すればこのようになると思う。実際に念仏行に似ている。但し無念無想になるところは禅に似ている。

参考までに対談の抜粋を転記しておく。（前半省略）

福富　そういうことですよね。しかし、今度はまた、浄土宗のやっかいなことがわかってきた。だが、話がそれていいのかな。

千　いえ、どうぞ。日本人の宗教意識の大事なお話とおもいます。

福富　普通、禅宗は座禅修行はしなければならないし難行だが、真宗は念仏を唱えてさえおれば救われるので易しいと考えておる。禅宗などが難行なら、念仏門は易行だとも言われています。徹底的に阿弥陀仏一本にしぼって、「なむあみだぶつ」と阿弥陀仏の名を唱えれば、特に難行苦行しなくてもその阿弥陀仏の慈悲で救われるという教えです。これは手っ取り早く入るのに、確かに易しい。ところが以外にもこれが難しいんだ。禅は「型」があるから手応えもある。しかし念仏は神髄に達したようで奥が深い。「なんまんだぶつ」で全部すむ……そうは言われるけどもね。とてもじゃない、そんな生易しいことでない。

千　そうですね。親鸞さんが、「阿弥陀様がもう私たちを守ってくれるのだからと信じるだけでよい。」という信心為本《しんじんいほん》を唱えられた。だから往生極楽まちがいなしと考えて、つい易しいように思ってしまうわけですが、その精神性は禅と結局同じではないでしょうか。

福富　そう、結局やっていることは同じとも言える。こっちは禅ですから「捨てろ捨てろ」とやっていく。向こう様の念仏は初めから捨てるものなどない。捨てるも捨てないもみな阿弥陀様がしてくださる。人間のはからいがなんになろうか……と、まあ開き直りもいいところだな。

千　阿弥陀様ですから、すべてをまかせきっているのですね。帰命《きみょう》ということにもなるのですね。

福富　己を捨てるのでないと、そのまかせるになりませんからね。しかし、なかなかそこまで行けやし

千　ない。ところが、こんなことを思っているのは私だけかと思ってたら違う。とんでもない先輩がいた。一休さんですよ。

福富　一休宗純和尚ですね。晩年には大徳寺住職も務められた。
その一休禅師が、真宗の有名な蓮如上人と仲が良かった。ある時期、「俺は蓮如さんの弟子になる」と言っているのですね。つきつめていくと、浄土真宗的な生き方というものが、どうも日本人にはぴったりするところがあるんだな。だから、これは私の口から言うと怒られることだが、日本人では、禅宗だ、天台宗だ、真言宗だと寺側では宗派を名乗って独自な教理も持っているわけだが、明治以降は、実はもう大半が真宗になってしまっている。

●七月十八日
悟りとはジワ（魂）と融和して真に自分のものとなった真理の智恵という結論に到達した。

●八月十二日
毎日新聞の夕刊に「概念」の復活という見出しで『信仰』《信じて飛べ》という題名で参考になる記事があったからスクラップしておく。

★信仰を、理屈で理解することはできない。それは、信仰が理屈（知性の理性的な働き）によっては、ふれることの出来ない領域に、触れようとしているからだ。イエスが神の子であることを証明するものはなにもない。だが、イエスは自分が神の領域にいつでも触れている人であると言い、そのことを信じる人々は、イエスのその言葉をとおして、人間的な世界の外にある神の領域に、自分の精神を向けていようとするのである。

ブッダ（釈迦牟尼仏）は、人間が真理にむかって修行をおこなうことによって、完全な悟りを得た覚者《ブッダ》になれるのだと語った。だが、仏教の語るところを子細に検討してみても、完全に清浄であるブッダの悟りというものから、どうして、私たち凡夫である生き物の意識のようなものが発生し、またその生き物の意識が、修行などをすればふたたび清浄なブッダの悟りにたどりつくことができるかを、矛盾なくあきらかにしてくれる論理をつけることはできない。仏教においても、ブッダの語ったことを信じなければ、なにごともはじまらないのだ。ブッダは、人が悟ったものになる可能性を、みずからの存在によって証明された。そのブッダの言を信じて、人々は修行をおこなうのである。

キリスト教にせよ、仏教にせよ、イスラム教にせよ、人間という生き物の意識構造の外に、絶対的な真理の領域があり、啓示や救済や修行や、何らかの方法をとおして、人間はそういう領域に触れることが出来るのだ、と説くあらゆる宗教においては、人間に意識のジャンプを求めている。

信じて飛べ。それが宗教のメッセージであり、それを信じることができたものは、飛び、そうでないものは、人間という意識体の内側に踏みとどまる。だから、心理学や大脳生理学が、いくら信仰のメカニズムを、科学的理屈の内部で解明しようとも、信仰そのものは、理屈の外部に向けられた意識の働きとして、解明を拒絶しつづけるのである。

宗教人類学者　中　沢　新　一

私見ですが前記の「理屈は『知性の理性的働き』」を「科学は『知性の理性的働き』を文科的に整理した学問である」とアレンジして考察すると何故、科学では宗教の領域が解明出来ないかが、理解出来ます。

私は服部先生より出るラティハントーク所謂クマラトークは神の言葉として信じて止まない。絶対的真理として百パーセント受け入れている。特に「クマラの世的指導原理」は現代に生きるための「現代的聖書《バイブル》」として信奉して止まない。その為に地獄の苦しみを受けても悔いはない。私はクマラトークを「信じて飛べ」を実践していることを改めて認識した。

●九月二十八日

ソ連作家シーモロフは、

「科学の大きな誤りは、科学で証明できないことを否定する点にある」と述べている。（同感である）

●十月六日

会場で服部先生曰く、「ケガをしたり病気をしたとき、苦しまなければ人は皆死んでしまう」と言われた。何故ならばケガをしたり、病気をしたとき気持ちが良かったり、楽しかったりしたら、人々は病気を治そうとはせず、又、病気にならないように注意しなくなる。却って病気になりたがる。そうなれば人類は死に絶える。

このように考えると、「人生の苦しみ」もこの苦しみが無ければ、人々は努力して「苦しみ」から逃れようとはせずに安逸を貪り、怠け者ばかりになり、遂には食べ物すら取れなくなり、人類は死に絶えること必定なり。

色即是空、空即是色は、苦即是楽、楽即是苦となり、苦は楽と異ならず、楽は苦と異ならず経文〝般若〟の智慧となる。即ち、苦しまなければ死苦を招く。

二月にクマラトークで、クマラ様が、「お前に苦しみを与える」のトークの真意が、何となく分かるような気がすると共に、服部先生が、「人生、順調なのは有難いが、人生は分からない」と言われた言葉を思い出した。

●十月八日

十二年前大吐血して入院した話が出て、「胃潰瘍と言っていたがガンが三つあった」と娘から教えられて、やっぱりそうだったかと納得した。

●十月二十六日

「幸福な人には歴史がない」という言葉を新聞記事で知ったが、この場合の幸福とは安易に恵まれた境遇の人と解釈すべきだろう。

真の幸福とは〝比較幸福論の幸福〟ではなく、門慧から思慧、思慧から修慧と進み、悟りの心境で実現された状況。言い換えれば、神に全てを委ね、神と共に歩む〝徹底的楽天主義〟の生活が実現出来たら、社会的にも充実した生き甲斐のある生活が出来るし、内面的には満ち足りた〝人生の成功者〟としての、桃源郷に遊ぶが如き至福の喜びを味わうことでしょう。

一九九三年の春は、群発地震の如くクマラトークを受けた。但し昔のように叱言はなく、トークの内容も専ら全託を要求される高度のレベルに進歩したような実りある一年であった。そのうえ思いがけない角膜移植の手術を受ける幸運に恵まれ成功裏に終わり、恵まれた一年であった。クマラ様が「尊天《クマラ》（神）に任せよ」と度々アドバイスをされ、全託実践の修行の一年でもありました。それだけ何時もクマラ様と一緒にいたことになり、お蔭で、内的には浄化、外的には全託による恩恵を戴き感謝の内に一年暮れました。数年前のクライシス（危機）の時代が夢のようです。

平成六年（一九九四）

●一月五日

服部先生がクマラについて受けた啓示を発表された。

ラティハン中に受けたクマラの意味

（尊天）クマラとは

①宇宙の大霊であり

宇宙の根本生命であるところの神

②六百八十万年前　この世に現れた　霊的な光である。

一九六〇年記　聖　風

この啓示を聞いてクマラ様は唯一全能の神はクマラが出現する前に存在していた。六百八十万年前この世に現れて我々人類をおつくりになったと想像しました。従って人類の起源は六百八十万年前に誕生したと確信しています。

●二月二日

ラティハン会場に行った。間もなく服部先生が来場。着座してから、「君が年賀状で言っていた事は大変難しいことだ」「仕事に口を出せば支障が出る。（と言って）仕事をしなければ、生きて居るとは言えない。（年老いた人間に取って）全く困った事（問題）だ」と言われた。

ラティハンの後半、珍しく回診あり、「痛い痛い」私の左手のひらを握りトークあり、「お前は何をして居るのだ。この手（左）は駄目、痛い痛い」身体の胴体の浄化行為の後、右手を握り、「この手も駄目」次に両手を握り、「この手の使い方を考えなさい」と指示があった。

●二月七日

先週のトークから、この手（即ち、この身体）の使い道を考えて居た。お寺に御本尊が無かったら、お宮に御神体が無かったら、それは何とも間の抜けた空々しい感じで礼拝する気になれないだろう。長年見慣れたものが無いと多少は違和感を感じるものだ。奥の院の秘仏くらいのつもりで〝無いよりましの何とか〞で、私の受けているものを流すことくらいは出来るから、クマラの力を受けながら、職場・社員を見守ることに余生を使うことと見つけたり。と一応宿題の回答を出した。クマラの代理のスブド観音としての会長の任務が果たせたら最高だが。実現は至難の業。然し乍ら（良い事を）謙譲の美徳として遠慮するのは、アラヤ識の教えに悖《もと》るから観音会長になるべく〝受けて行動〞の受け方のトレーニングに励む事にする。服部先生の受けたトーク「意志を捨てよ、意志を使うのは内部の流れに注意することのみに使い、内部の（意志が意志した）指示を受けて行動する」を拝借して、老後の人生を正しく生きる事にする。

●二月八日

午前三時五十五分目覚め、土曜日のテレビふしぎ発見で、空海の真言一万遍唱えた話を思い出して四時の寅の刻より毘沙門天の真言を念じていたら眠ってしまい、その夢の中でアラヤ識の神髄、幸運菩薩、アラヤ識菩薩が現れ、一刻歩きながら話を聞き教えを受く。（寅の刻目覚むるは真言行の催促と言われた）

●二月二十六日

白内障の手術のため杉田病院に入院、六〇一号室。

●三月二十日

服部先生に呼ばれ、キャッスルプラザで夕食を馳走になり、次の通りの勧告を受けた。

一九六〇年頃、ラティハンの感想を日記につけて持ち回っていた時、「伊藤のラティハンは玄関でウロウロして居る。奥の間に入ろうとしないで居る」と書いてある。（今もその事が言える）君は利口過ぎる。色気（男女の色気ではない）を捨てて奥の院の手前まで行け。（賢過ぎる。ノホホンとしなさい）君の書いたスブド記は（君が神から直接指示を受けたのでは無いから、厳密に言えば）君の体験談では無い。「自分で受けて感じて居ない。それでは詰まらない。思考が邪魔をする、色気を捨てて、余分な事は任せよ。（スブドのセンター活動などどうでも良いでは無いか）「自分のスブドに重点を置け」「知識化して居る」「自分で受けて行動しなければスブドでは無い」「人生最後の仕上げとして、世的な事に頭を使わずに（全託したラティハンをして）よいラティハンが出来るように努力して、真に受ける状態のラティハンまでに辿り着け！」という事だった。

●三月二十一日

昨日の服部先生の忠告で、砂川氏にスブド財務担当の要請をお断りする書状の抜粋メモは後記の通り。

昨日、私のラティハンの全託は中途半端で真に全託がされていない事が（ハッキリと）分かりました。今まで漠然とは（全託が出来ていないと）感じてはいたのですが「まぁこの程度でいいや、私には服部先生程の素質は無いから」と諦めていたのですが、昨日真の全託で、到達する境地の入り口でウロウロして中々中に入れない自分を指摘されました。考えれば、「私本スブ下記」も私が直接受けたものは一つも無い。受けた経験は無い。服部先生が受けたものを私に伝えられたに過ぎないのです。自分で受けて感じて居ないのです。

それではつまらないと教えられました。その原因は私の思考が全託の邪魔をして、無心になれず、ラティハン中の全託が出来ないのです。過去の経験から、スブドのコミッティーの仕事と言えどもラティハンの邪魔になった事がありました。

「自分で受けて行動しなければスブドでは無い」（注：それでは宗教だ）「自分のスブドに重点を置け」をモットーに「人生最後の仕上げの為に世的な事に（スブドの活性化協力と言えど）頭を使わずに（無念無想の）良いラティハンが出来るよう努力して、真に受ける状態のラティハンまでに辿り着くべきだ」と反省しました。

身を捨ててこそ浮かぶ瀬もある、の格言で（ラティハンの）全託の淵に身を投げる覚悟で、ラティハンに全身全霊を捧げるつもりになりました。その為に邪魔な世的なアレコレは出来るだけ避けたいと思います。以下略。

●四月三日

昨夜の集団ラティハンで服部先生が猪子氏に「パッション（低次の力）を（使って居ると）自覚して使っているのと、知らずに使っているのとの区別が大切であり、スブドの最初にして最後の目的でもある」と話された。

●四月九日

服部先生の話。

「若い時と年をとった今では考え方が違う」と前置きをして「ラティハンをすると考え方も変わって来る。ラティハンはパッション（情念・低次の諸力）を出さないためにしていると（この頃）思う。ラティハンでパッションを（神に）分離して貰っている。〃パッションを出している時には、本人は知らないで出しているから始末が悪い〃ラティハンをした人（スブド人）は、それ（パッション）を感じるから（気分が悪くて）困る。

（注：その一つはスブドの会員とスブドの話をしている時、（そばで聞いておられた先生が）その会話の中に、パッションを感じられて不快感を持たれた事例と、もう一つは、私が白内障の手術を受けて先生のお見舞いを受けた時に、「わざわざお見舞いを戴き申し訳ないと恐縮して、うろたえご配慮（思考）」からパッションが出たらしく（そのパッションを感じられて）ご不快になられた時の話です。普通の状態で静かに話をしていても、また応対していても、たまたま出ていたパッションを敏感に感じられた感想を話されたのです）

当人同士の間には悪意は無くても、（パッションが内部にあると）それが伝わって来て、それを感じ不愉快になった体験を話された。要約すると内部にあるパッションが、知らず知らずの内に発散されて来るから気をつけなさい、と言うことです。とは言え本人の知らない内に出ているので始末が悪い。

対策としては「ラティハンをしてパッションを（神に）分離して貰って」このような事の起こらぬように注意するより方法は無いと考え、「……だからラティハンをしなさい」のバパの言葉を想起した。

●十月十日

鞍馬山に行く。奥の院までの全行程をケーブルを使わずに歩く。「祈りは受けることのみ」、欲望の祈りは（全く）していない自分がそこにあった。

人生観は〝コロンブスの卵〟、知ってしまえば〝なぁんだ〟という程の単純なもの。併し、その真理を知るまでの道程は険しく苦労多し。世の中の事は簡単なもの程、正否の判断は難しい。

●十一月十四日

スイス・インターラーケンにて泊まる。宵闇せまる頃、夕食のフォンデューパーティーに行くため、（一人で）道路横断したとき、中央で右方向から疾走して来た車の風圧を右脊肩に感じ（危険を感じ）驚く、車の右側通行に対する注意の仕方が（習慣で）右見て左見ての日本流をしていた為、道の中央で左を見ながら渡ろうとして危険を冒した。この時もクマラ様の加護が無ければ交通事故で即死又は大ケガをしたと思った。クマラ様は地球の反対に来ていても見守っていて呉れた。

●十二月一日

サトーの二百トンプレスの写真を撮ろうとカメラを持って工場に行く。正午までは撤去作業してないと思っていたが既にトレーラー上に横たわっていた。

昭和三十九年早春、このプレス（注：当時鉄工団地内のS社にこのプレスは設置されていた。その後不要になって当社が買い取り十二年使いガタガタになり、アイダ製五百トン順送プレスに更新する事になり撤去）を見て買う気になった。富山の工場に調査に行く旅行の日程まで決まっていた。丁度その頃集団ラティハンの最中、服部先生が私の後ろに立ち、「その考えは止めておけ」と言われました。ラティハン後、その意味を尋ねたら、「分からない」と言われました。集団ラティハンでトークが出たのは（恐らく先生としても）これが最初と思います。従って現在程には明確に受けられなく、何故止めなのか、まではお分かりにならなかった様です。しかし私にはサトーのプレスの件と推測出来ました。

今は資金的に購入は無理という判断での指示と受け止め、後日の為に（旅行日程も決まっている事だし）工場見学だけはしておこうと出掛けました。

その後一年過ぎた頃、またプレスを買う気になり商社と最後の詰めに入り、サトーの営業マンを交え最後の交渉と言うことになりました。所が広島地方にいた営業マンは（台風の影響で）名古屋に来るのが順遅れで遅れ十日経っても来ません。その間にアイダの営業マンは匂いを嗅ぎ付けて良く来ます。前のトーク、「その考えは止めておけ」が心の底に引っ掛かっていましたから、これはアイダにせよと言うことかも知れないとサトーの方を断り、アイダの話を聞く事にしました。アイダは一流メーカーですので私の希望する仕様のプレスなど造って呉れないと最初から諦めていたのです。

所が話して見ると意外に融通性があり、価格も一割高額だけで精度・性能・ブランド等は良く、価格的には寧ろ安い感じです。こうして発注したプレスは後日アイダのベストセラー機になりました。

当社に納入された機械は仕事を呼び、仕事は機械を呼び、当社のプレスはオールアイダ製で充満しました。

閑話休題。このトレーラー上に横たわっているサトーのプレスを見ながら運命の不思議を感じ感無量の感に打たれました。若しあのとき、あのトークが無ければ、恐らくこのプレスと同じ仕様のプレスが入っていた筈、そうすると惰性でこのメーカーのプレスを買う筈、さすれば（三十二年の耐用に耐えたとは言え）来年位から毎年毎年更新しなければならない。今の価格として三千五百万円する。六台で二億一千万円、六百トンＱＤプレスは二億円、四百トンクランクレスは七千五百万円、合計四億八千五百万円になり八台の平均価格は約六千万円になります。今後八年間毎年六千万円也を更新用役資として用意しなければなりません。

アイダにしたため未だ二十~三十年は充分使えます。そのうえ仕様のサイズも一回り大きくて使い勝手は上々です。若しあのとき「その考えは止めておけ」の指示が無ければと思うと、神の恩寵と服部先生が身近にヘルパーとして居られた事に限りない感謝を捧げます。

「運命は人と神と、どの程度に結び付いているかと言うことの結果である」と言う啓示を想起すると共にスブドに入った運命の絆、とラティハンを知った幸運に感謝している毎日です。

☆　☆

服部先生に四月三日アドバイスを受けたのは大変良い刺激になった。お蔭でセンターの仕事を引き受けずに済んだ。その後難聴が進み、引き受けていても仕事に支障が出る程になった事を思うと（この事を）見込んでクマラ様が先生にアドバイスさせたかも知れないと（今にして）思う。

世的には内部に問いかけて、浮かんできた考えを（一応指示として）受け止めて行動して来たが、間違いは無かったようだ。クマラ様の言われる通り、（私の考えで勝手にやるより）内部に（たとえ前記の如き幼稚な方法でも）指示を聞き、行動した方がベターと知った。来年はこの方法の神髄とも言える服部先生の受けられた指示、「意志は捨てよ、意志を使うのは、絶えず内部の流れに注意を向けることに意志を使うべきであり、それ以外は意志を使うべきではない。そうすれば内部の流れが意志し、頭を使い、この身を動かすだろう。それが本当の生き方である」を拝借して世的全託を完成したい。

これは何とか実践出来そうだが、「ラティハンで神の言葉が聞けるようになれ」と先生が四月三日に言われたが、これが一番難物だが来年から何とか挑戦して、死ぬまでには多少なりとも聞けるようにと一念発起して、先ず完全全託のラティハンの実践から始めようと誓う。

☆　☆

平成七年（一九九五）

●一月七日

出勤したら大型トレーラーが第一陣として六台駐車していた。

五百トン順送プレスの搬入が始まり三週間位で組み立てては完成の予定。このプレスを見るとまたもや運命と神の恩寵を想起する。三十一年前啓示の「その考えは止めとけ」の一言がこの素晴らしい機械を導く動機になった不思議な因縁を。因みにこのプレスは一億二千万円、基礎工事その他の付帯工事は千五百万円也。よくぞここまで育てて呉れたとクマラ様に合掌。

今年初めての集団ラティハンに出掛ける。前嶋氏が来ていた。K氏の話が出てヘルパーカードをG氏の所に送って来たと言う。

納入されたAIDA順送500屯プレス（プレス技術誌に掲載写真）

●一月八日

午前七時三十分、床の中で何となく身体が揺れる。地震かなと思って確かめるも地震にあらず。身体の外の地震と身体の中の地震（ラティハンのこと）と区別がつかないから苦笑する。

●一月十三日

三河地震は昭和二十年の今日。東南海地震は昭和十九年十二月七日の正午ころ。

●一月十七日

早朝布団の中で強い横揺れの地震に気づく。また東の方の地震かと思っていたら京都の方の地震とテレビは言っていた。阪神大震災であった。

●三月十八日

「ホコリはホコリ」これは服部先生が集団ラティハン中に御自身に受けられたトークです。

今朝前記のクマラトークを思い出した。「誇りは誇り」「誇りは埃」「埃は埃」クマラ様は上手いことを言われると、ラティハン後服部先生が言われた。このトークは私も聞いていておかしくなった。

●四月十三日

井形昭弘国立療養所中部病院長曰く「老化は病気ではない」。人間は子孫を残すことで、永遠の命を全うすることが宿命づけられている。その意味で死を避けることは出来ない。人間は日々死に向かって進んで居り、その過程で現れる老化もまた宿命といえる。老化を否定することは出来ない。以下略。

●七月四日

日本カトリック教会白柳誠一枢機卿談。

個人をとりこにするのは「怖い宗教」

「人間に一番大切なのが自由です。その宗教が自由を尊重し伸ばしていく宗教かそうでないか。個人を（自立）させる宗教か《とりこ》にする宗教かは、見分ける一つのメドになるのではないでしょうか」（どの宗教も《奉仕》をすすめるが、本当に隣人への奉仕か、それとも教団への奉仕が先になっていないか。奉仕の方向が違うと意味はまるで違ってきます」

「宗教は人の霊魂と神様との関係です。まず人間精神の内面にかかわる。時間をかけ納得すべきもの。急激な人為的な方法で変えていこうとする宗教があるとすれば、無理があると思う」「超能力やオカルト的現象。カトリック教会でも《奇跡》は言いますが、非常に慎重です。売り物にするものではない）―では、宗教とは何か。「人間の尊厳性を自覚させ、その人全体の精神的人格を高める。望むべくは人のために尽くす人間になる」これが白柳枢機卿の回答。もちろんカトリックのキリスト教信仰の立場からの話ということになる。仏教や神道には、またそれぞれの立場があり得る。それにしても「宗教はこわい」の思いは、今回の事件（オウム）の推移を見ながら、多くの人が抱いてしまう正直な感慨であろう。不幸な時代である。

編集委員　横　山　真　佳

信仰とは「超越者に対ずる絶対的な帰依」イデオロギーは人間のつくりだした観念の世界であり、相対的なものだが極端に排他的にもなる。

信仰は人間でなく超越的存在への服従である。それを人間や指導者への服従と間違えると大変なことになる。人間が人間の自由を奪ってはならない。

毎日新聞平成七年四月三十日　山室　章《アキラ》の言葉

●五月二十七日

科学と宗教

宇宙というものが「無」から創造され、真空というものから物質が生成されるという素粒子物理学と宇宙物理学がたどりついた現在の理論は既に何千年も前に釈尊が般若心経の中で喝破されているのである。所謂「色即是空五蘊一切皆空」というやつだ。老子の思想もまた「無より有を生ずる」と述べている。最先端の物理学はやっと現在、実験でそれが正しいと知り得たわけである。……中略……つまるところ科学というのは、この宇宙（世界・人間）の理を探求する学問であるのだから、それは神に対する問いかけのような学問と言える。（中後略）オウムの騒動を生むようになったかは、それはもう釈尊の教えにある如く「因縁」だと言わざるを得ないのが皮肉な所。

毎日新聞八月二十八日　北村　想

●七月十五日

毎日新聞今日の記事に井上ひさし氏の宗教談に「霊は存在するか、死後の魂は何処へ行くのか、そういう時間と空間を超えた見えないものの、有る無しは科学では証明出来ません。しかし科学はそれを証明出来ると信じ込んだ。その時から科学の宗教化が始まり、同時に宗教の科学化が始まった」

☆　☆

秋、服部先生は国立名古屋病院に入院。検査の結果、肺ガンと判明。

服部先生のラティハン中のトークも少なくなって来たかと思ったら入院された。見舞いに行ったら割合お元気だったので安心した。しかし、これが最後の面会とは知る由もなく来年もまた会えると期待していたのに。

☆　☆

平成八年（一九九六）

年が明けてから一時退院という知らせを年賀状で知った。年末年始の一時退院と思っていたがそのまま自宅療養をされていた。私の書き始めた「渋柿人生の卒論」の第五編までの原稿を病床の暇つぶしにと思ってお送りしたのは三月か四月だった。

●六月十三日

一九八七年十一月より続けているスペシャルラティハンの代用として鞍馬山への月参りに出掛けた。山上で（三十一年前にお供をして此処で「クマラの世的指導原理」を受けに来た時は、お互いに若かったなぁと思いながらラティハンをした。先生の〝病状安かれ〟と祈念して、ぼんやりと（神の力を）受けながら山中を先生と一緒に歩いていた感じだった。

●六月十四日
午後二時頃、前嶋氏より服部先生死亡の連絡を受けた。突然の事ゆえ絶句。先生のお没なりになったのは午前九時三十分とのことです。

●六月十五日
六時に正寿寺に集まり追悼ラティハンをする。七時に金光教教会の通夜に参加する。浜松からも前嶋夫妻が参加した。

服部聖風先生は宗教的には無色の方でスブドの霊的修練《ラティハン》オンリーでした。特定の宗教はお持ちにはならなかったが、バイブルも仏典も精読され機会ある毎に披露して下さいました。御母堂様が金光教の信徒であった御縁で金光教の神式の葬儀でお送りする事になりました。

●六月十六日
服部聖風師の葬儀が十二時より金光教教会で神式で行われた。スブド関係の参列者は奈良の砂川氏、和歌山の谷口氏、浜松の前嶋夫妻と東海支部全員と（退会された）猪子氏兄妹。

私がこの世で最も尊敬し、信頼し、（兄の如く）慕い、頼りにしていた聖風先生への別れの言葉は（声にならなかったが）「お世話になりました」であった。さようなら先生！

結びの言葉

服部聖風先生は（一口で言えば）生きた薬師菩薩。聖風観音にして、一方では近寄りがたい威厳のある厳父のような風格も備えておられました。

私にとっては何でも見通す閻魔大王的存在でもありました。聖風先生は、〝浄玻璃の鏡〟以上の全知全能のクマラ様のお見通しの言葉を聞き、ラティハン中の指示であるトークは勿論のこと、世的生活中でもクマラ様の言葉を聞き適切なアドバイス、時には忠告、クマラ様に代わっての叱責までも伝えられました。東海支部では私が一番クマラ様に叱られた筆頭と自認しております。

今、その助言的啓示を追想して見ますと、（私個人の体験した範囲の見解ですが）注意・助言・叱言には四つの段階に分けて教育されていたようです。

最初の段階の注意は「行動によって内部ジワ（魂）を汚す段階」所謂「低次の諸力」、仏教的に区分すれば「煩悩」にそそのかされた行動。分かり易く言えば欲望による誤った行為に対する注意・叱言。

第二の段階は「低次の諸力に対する執着する心」、仏教的に言えば心の中に有る「煩悩」によって内部ジワ（魂）を汚さぬための忠告。助言。

第三の段階は「内部ジワ（魂）を思考によって汚さぬ」ための助言。仏教的に言えば「アラヤ識」に悪い考えを入れると内部が汚れるから、良い考えを入れなさいと言う忠告・助言。即ち、第一、第二の段階をクリヤーした人に対する忠告・助言です。アレコレ考えてクヨクヨしたり、暗い考えで内部（魂）を汚したとき受ける注意・助言です。（積極的・楽天的・肯定的・明るい考えを持て！　悲観的・否定的・退嬰的な暗い考えで、内部を汚すな！　という忠告・助言です）

第四の段階は一～三の段階をクリヤーした人に対する助言・要望です。「頭を使うな！　空っぽにせよ」に象徴されている助言です。その真意は「この頭、この身体は神が使うから、神に任せなさい」と言うことです。この頭、この身体は浄化されたから、指示が受けられるようになった。だから神の指示を聞きなさい。これから神がこの身体を使うことが出来るようになった。それをお前がアレコレ考えて頭を使っていては、神が（この頭を）使う事が出来ない。指示を与えることが出来ない。神に明け渡しなさい、それがお前にとっても良い事で有り、「受けて行動する」という本当の生き方が出来る方法でもあるという事です。

頭を空っぽにして内部に注意を向ければ神の指示が浮かんで来る。指示が受けられますよ。というアドバイスです。頭を自分で使うから受けられない。だから「頭を使わずに内部に聞け！」そうすれば指示が受けられる。と言うことです。

これを日本の学校制度に当てはめますと、

第一段階の注意を受ける人は小学校の児童です。

第二段階の注意を受ける人は中学校の生徒のレベルです。
第三段階の注意が受けられるようになったら高校に進学したと言う証しです。
第四の注意。助言を受けられるようになったら大学の学生レベルです。

〔注意：知識は使え！　活用しなさい！　知識を使う事は大いに結構！　魂を汚すことは絶対に有りません。知識と思考。この区別を明確に認識して下さい。人間の思考で知識を使うのと、神の指示で知識を使うのとでは結果に大きな成否の差の出ることは確かです。思考は「一考はすれど再考はせず」がベターです。それ以上すると妄想になりジワを汚します。但し（知識としての）反省は必要です。〕

さて、ここからが一般の学校と違う所です。たとえ第四段階に進学していても第一段階の誤った行動をすれば、直ちに第一段階からやり直しです。校長が神様ではカンニングは絶対不可能です。ここがスブド学校の厳しい所です。

（例えば、たまたま第三段階のクラスに居ても）第二段階の誤りをして内部が汚されると、直ちに中学校行きです。留年では済まされません。このように中学に転校したり高校に進学したり、大学に進学したと思ったら知らない内に高校に転校させられたりの、てんや、わんや、右往左往の末に第四段階を卒業すれば第五の段階の「神の言葉が聞ける段階」です。ラティハンで「神の言葉が聞ける段階」です。これは差し詰め大学院と言うところです。

これをマスターすればスブド大学の修士課程修了です。

第六の段階は日常生活中でも（内部を見つめるだけで）「神の言葉が聞ける段階」です。ここまで来ればスブドの学位をとった博士です。スブド大学の教授の資格有りです。聖風先生は日常会話中でも神の言葉を明確に聞くことが出来ました。スブドの博士号は間違いなく取られたと思います。クマラ様が聖風と名乗れと言われた時点で教授に任命されたと推察されます。

スブドに入会すると言うのは、正しくスブド学校入学と一緒です。魂の浄化を目的とする専門学校です。

校長は唯一全能の最高神。教育の基本理念は「神への全託」。校訓は「受けて、行動する」。校則は「信頼・誠実・服従・忍耐」。教育科目は「霊的修練《ラティハン》」オンリー、教科書&教義は「なし」（参考図書として有るのはバパトークのみ）。退学自由。学費自由献金（通常の目安は会場維持費の割勘程度、ゼロでもＯＫ）。卒業は概ね死亡時を以て卒業。卒業の証書と資格は「各人の魂の浄化レベルに相応しい来世の国への入国許可ビザとパスポート」です。聖風先生は生前「神の言葉が聞けなければラティハンをしたとは言えないよ」「神の言葉が聞けなければスブドとは言えないよ」と言って私達にアドバイスされていました。しかし、残念乍ら〝未だ道遠し〟です。私自身の自己評価は精々大学一、二年生程度です。今から一念発起して死ぬまでには大学卒の大学院に編入して、「神の言葉を聞く」ことの出来るまでにジワを浄化して、少しでも先生の境地に近付き、死んでからも（先生に会えるよう）ジワを浄化して貰って、あの世でお目にかかれる資格がとれる事を夢見てラティハンに励む所存です。
聖風先生の御冥福を心よりお祈り申し上げます。

合掌

一九九六年十月三日記　伊藤孝司

補　記

低次の諸力の解説（物質力、植物力）…スブドの意味より抜粋……。

《低次の諸力（魂）の人間に及ぼす影響》

バパはここで、魂が新しい容れものの中で肉化し、発達して新しい人間存在になる道すじを、簡単に説明することにします。

宇宙的秩序には、「全能なる神」の定めによって、さまざまの段階があります。各段階は、それだけで一つの圏または世界を、なしております。最も低いものから順に、物質的生命力の世界、植物的生命力の世界、動物的生命力の世界、人間的生命力の世界、そして地上の人間以上の存在の生命力の世界、が存在しています。

これらは初めの五段階だけでありますが、それ以上を言う必要はありますまい。それぞれの段階で、これらの生命力は、みずからの世界を形造っております。例えば、物質世界は、この地上の人間存在の魂と似たような魂を、何百万となく含んでいます。これらの世界の、それぞれにいる魂は、機会があれば、ある焦点にひきつけられ、そのなかに入ろうとしています。そのような焦点は、男性と女性との結合を通して生れます。魂を引きつける磁石の役目をする、この容れものは、夫婦の結合によって作られるのであります。それは単なる液体のように見えますが、生命の水とも呼びうるもので、それを動かし、はたらかせ、発達して完成させる生命力を内にふくむことができるのであります。

この容れものは、夫婦の結合を通して生れるものですから、相反する性の二つの存在の本質から成り立っています。それが一種のレンズの役目をし、近寄ってくる魂をあつめて中に入らせるのであります。そしてもし夫婦の頭の中が、その結合前、また結合中に、不断に現世の事物や快楽で占められていたならば、その液体のしずくは、物質力のみをあつめて、それ以上の何もひきよせません。従って、もし新しい存在がそこにやどったならば、それはただ物質力だけを中に蔵することができ、その子供の魂は、物質的魂となりましょう。

この新しい容れもの、すなわち物質的魂でみたされた一滴の液体は、母の子宮のなかで徐々に生長し、発達し、ついには一個の人間として完成して、この世界に生れることができるようになります。子供のなかにある魂が何であろうと、その肉体は人間の形をしています。彼の体、器官、四肢は人間であり、それ故に彼は、人間らしい考え方をし、人間らしい欲望をはぐくみます。彼は手で物を持ち、人間が普通するように、直立して歩きます。要するに、その表現はすべて、人間のままであります。

これは、鐘を鳴らす行為にくらべることができます。たとえ、それを子供が叩こうと、教養ある大人、または美しい婦人が叩こうと、鐘は同じ音をひびかせます。誰が叩こうと、鉄の性質は同じであり、同じ音をたてるでしょう。魂についても同じであります。人間の存在全体を支配する人間の中身が、物質的魂であろうと、植物あるいは動物的魂であろうと、外に表れる表現は、やはり人間のままでありましょう。

少しずつ、この新たに生れた子供は、周囲の世界の物事に気づくようになり、もっと後になると、感情的に反応し、それについて考えはじめます。と同時に、彼がこの世の環境の影響下に入る前とくらべて、彼の霊的環境との接触は弱まってきます。最後には、彼のなかのあらゆるもの、つまり体も、頭脳も、心情も、感覚も、一切が、現世の事物で満たされてしまい、後に成人してこの世を超えた状態を考え、天国の状態を想像したり、神とその力を思い描こうとしても、ただ現世の環境をもとにしてしか考えられなくなります。それが彼の内部自我の、唯一の中身となってしまったからです。

そのような人が、神を思い描こうとして、金や宝石でつくられた宮殿にすみ、玉座に坐っている荘厳な人間の姿を思い浮かべたとしても、驚くには、あたりません。彼は、神はすべての上にあることを知っており、そこで現世での体験をもとにして、それを最高度に高め、またそれを素材として神の像を、つくりあげるでありましょう。

「神」について考えても、何ら有益な結果に達することはできません。人間の知性では、魂の性質や、人の内部状態を理解することすら不可能なことです。なぜなら、知性や頭脳、感情、心情、欲望などは、人間にはその状態を、うかがうことのできぬまだ無形の液体の容れものに魂が入った後に、はじめて、生じてきたものだからであります。またそれ故に、もしも我々の内的状態に秩序がもたらされ、魂が本来の全き状態になるべきであるならば、「神の意志」によって生じた道以外に、他に道はないのでありま す。これによって、我々は思考と、自己意志と、感情と、この世の事物に関する妄想から解放された「受ける状態」において、「神の恵み」を授けられるのであります。以下省略。

《魂の欠陥》　抜粋

これがどのように起こるか一例をあげると、人間は通常、心の欲望を押えられないものでありますから……というのは、他の人達以上に豊かに幸せになりたいと願い、物質的繁栄の見通しを得るのに心を砕いていますから、彼の内部性質、彼の心、そして彼の感覚は、完全に物質世界の事物の方を向いています。このような状態にあると、物質界の色々な力が新存在の種子の中に入ることのできる、また実際に入ってくる一つの通路がひらかれるのであります。

また夫婦の内部感覚が、怒りや憤怒の感情から自由になっておらず、そのため、他人に何ら愛を感じられないという場合もごく普通にありますが、人間のこのような性格は、植物的な色々な力にその根源があります。もし新しい人間の種子が、このような特性を持った夫婦の結合から生れると、その種子はさまざまな植物的な力が入ってくる焦点となりましょう。

人間存在はさらに、男女を問わず、自分の意のままになる者に対しては無慈悲にふるまう性格を、本性のなかに秘めており、それによって動かされます。つまり、敗れた敵に対しては、たとえ赦しを乞われても、赦そうとはしないでありましょう。

彼らはただ、自分の自尊心と、目的の追求だけが関心事であり、彼らから快楽と満足の、どの一つでも奪うおそれのある人とは、交わることを避けるのであります。もし、このような性格を有する夫と妻との結合から、新しい人間の種子が作られたならば、その種子は動物段階の力が、入り込む焦点となるでしょう。

これら低い力とともに、夫婦が尊大な内部性質を持ち、自分たちの能力やすぐれた地位を信じている場合には、新しい種子は、普通の人間段階の力が入る導入口ともなります。この種の人たちは、自分たちが、この世に在るのは、「神」に創造られたからである、という事実を認めも感じもしません。彼らは、人間自身を神の地位におき、「全能なる神」に対する真の礼拝を否定するのであります。バパが今述べた四つの生命力は、人間の内部感覚に交互に影響を与えています。というのは、人間の中にはこの四つの力のそれぞれに対応する特性……即ち思考、感情、欲望、感覚という主要機能があるからです。人間のなかのこの四つの機能は対応する四つの生命力が、人間のなかに流れ込むための、入口と接触点の役目をしているのであります。

人間の内部自我に対して、絶え間なく影響力をふるっている、これら四つの力の外に、さらに高次の力が存在しています。この力は、人間の全存在に、いっそう高い影響力を及ぼしますが、人間の思考心、感情、欲望、そして感覚の機能の及ぶ範囲を、超越しております。この第五の力は、人間のなかに入り、人間に働きかける為に、何ら持定の形式を必要としません。というのは、そのような形式なるものは、感覚や欲望や感情や思考心の作用の結果でしかないからであります。この力が人間に入るためには、人間は、何ら形を持たぬ大海原の広大さにも比すべき状態にならなければなりません。その状態に達した時にのみ、第五の力は人間のなかに入り、この世の生と、この世を超えた生とを、共につつむ無辺の生命に対する知覚が、ひらかれるでありましょう。

この特性、すなわち第五の力の影響を、自分のなかに受けとることができる特性を持つ人たちは、こんにちの世界においては、非常にまれであります。

ババは「預言者」という言葉をめったに使いませんが、この特性は、古代の経典に、その生涯が記録されている預言者たちの持っていた持性であります。つまり、今述べたような仕方で、受けとることのできる人間の特性であります。しかしながら、誰がこのようにして、受けるかということは、ババには申せません。神の選択が、過去の時代に生きた人々の上だけにあったのか、または現在生きている人々も、同じようにこれを受けることが神の御意志であるのかは。

既に申し上げましたが、もしも人間が物質の力で全く蔽われてしまうと、そのとき、彼の持っている全機能は、肉体的な機能も、また思考心、感情、欲望、感覚などの内部機能も、すべてが、彼の中身となってしまった物質力の意のままになります。

このようになると、その人間の得たあらゆる経験も、教育も、知性と心と感覚との練磨も、彼の内部世界を占拠した、低次の力の目的に、奉仕する道具にしかならないのであります。この為に、或る人の全性質が、物質・植物・動物の力によって、すでに満たされている場合には、如何なる忠告を以てしても、また、各宗教の「受け手」が示した正道に導こうとして、どんな訓練を課しても、そのような手段で彼の性格を、是正し変化させることは不可能なのです。以下略。

以上の如く、ババが懇切丁寧に説明しておられますが、低次の諸力を、シンプルに、心の動きで表現すると、物質力は物質に対する執着心と思考する心。植物力は感情と怒り。動物力は征服欲や闘争心や自尊心や無慈悲。人間力は名誉欲や尊大な心と無神論。と私は、大ざっぱに理解しています。

付　記

スブド日記はこれで終わります。かえりみますと私のスブド人生は全託に始まり、全託で終わるという感じです。

ビギナー時代は霊的修練《ラティハン》で全託が出来ず、立ちん坊の修行に行くと自嘲した時もありました。スブドは忍耐というババ（注：スブド同胞会の創立者パ・スブー師の通称。インドネシア語で父という言葉）の言葉を信じて通って居るうちに、何とかラティハンでの全託の境地も味わえる様になり、世的な実生活でもスブドの恩寵を受けて居るという体験や確証を戴き、神と何時も一緒という感じで暮らせる様になりました。

天才バカボンのセリフではないが「スブドはこれでいいのだ！」と思っていたら、昭和五十四年（一九七九年）頃から尊天《クマラ》トークの指示で「全託、全託」と諄《くど》いほど仰言る。そんな事は分かっていますと心の中で口答えしていたら、その全託はラティハン中の全託だけでは無くて、世的な「実生活での全託」の要望と判明しました。

それからの十五年が大変でした。「神の言葉は人間の言葉とは違う」とクマラトークで聞いては居たが、神の言葉は奥行きが深く、私達の日常的な会話の領分の解釈では、その深い意味深々たるところ迄は理解出来ず、仏典の「無上甚深微妙法」的に意味深いものと痛感しました。

しかし、（実生活で）全託する為の方法やキーワードともいうべき言葉は、神のトークの中に繰り返し繰り返し、形を変えて、数多く言われて居たのです。

真摯に受け止めて実践を心掛けたのですが、結果的には十五年ものあいだ「馬の耳に念仏」「馬耳東風」の如く聞き逃して仕舞い、試行錯誤の繰り返しでした。あれこれ悩み、「神に任せなさい」と言われ、何処まで自力でやり、何処から先をお任せするのか、その区分が分からないと悩んだり。任せよと言われても、どのようにお任せしてよいものやら分からずに悩んだり、任せる事とは何もせずに放置して〝神様どうぞ〟でよいのか千々に乱れる思案の連続でした。

「…はじめに…」の中に披露した通り「世的全託」の方法を完全に悟ったのは本誌出版の為にスブド日記を整理しながら読み返して居る内に、具体的な方法は、服部先生が二十八年前に受けられた啓示「意志は捨てよ、意志を使うのは、絶えず内部の流れに注意を向ける事のみに意志を使うべきであり、それ以外に意志を使うべきではない、そうすれば内部の流れが意志し、頭を使い、この身を動かすだろう。それが本当の生き方である」の中にある事を見つけました。

「頭を使うな。頭を空っぽにせよ」の指示は、「意志は捨てよ、意志を使うのは、絶えず内部の流れに、注意を向ける事のみに、意志を使うべきであり、それ以外に意志を使うべきではない」と言う事を具体的に示されていたのです。

このようにして頭を使わずに、（言い換えれば、思考力を使わずに）内部の流れに、注意をしていれば、「内部の流れが意志し、頭を使い、この身を動かすだろう。それがクマラに任せる方法であり、本当の生き方である」と言うことになります。

神に任せる方法として、この神の言葉を早速活用して「意志を捨てよ！。意志は内部の流れに注意を向ける事のみに使い、内部の流れに任せることが神に任せることである」と（自分の意志を使わずに）日常生活で実践している内に気がついたのですが、『内部の流れ』（即ち神に意志）が頭を動かし、この身を動かした結果、時には適切な追加処置であった為に図らずもフォローした結果になったり、或いは新たなる対策になったり、また或る時には指示がなく静観していたら（〝人間の理解を越した処で、神の力が神の意志する方向に有効に働いている〟と言うスブドの原則により）それが思いがけない好結果を招いたり、又はそれが最上の対策であったりして、悟るところが多々あり良い勉強になりました。

この頭を使わずに「内部に任せる」又、クマラ様の言う「神にお任せする」生活態度は、あながち、何もせずに成り行き任せに放置して、ただ漫然と暮らしている消極的態度とはならずに、冒頭に書いてある啓示の「生きるとは神の指示に従って行動することである」の啓示そのものの生き方であり、（神への）全託の神髄であると気が付きました。

実生活に於ける全託・神にお任せする方法は、（分かり易く）言えば「内部を見つめる」「内部（の流れ）に注意」して居れば良いのです。このことはラティハンについても言えます。ただ漫然と立って居るだけでは、足が棒になるだけです。ジワ（魂）の浄化にはなりません。内部の流れを感じとる事が大切です。

結論としては、神にすべてをお任せする方法は、神の指示に従う方法と同一同根であると言うことです。

即ち、神の指示に従う事は、神にお任せ（全託）することであり、神にお任せする方法は、内部の流れ（即ち神の指示）に従い行動するのですから、神の指示に従うことになります。これは実生活に於ける立派な世的全託の実践です。
これが神様の求めておられる世的生活に於ける理想の全託の姿です。

一九九六年十一月十一日

合掌

伊藤孝司

豊田市下市場町八-五二

服部先生と歩んだ三十余年間のスブドと実生活

前嶋　仁

幼少年期

私は、浜松市より約二十キロ北の、平地から山間部に移行する地に生まれました。家の前には幅十メートル程度の川があり、夏は、川の中にある岩や渓流で遊びながら幼少期を過ごしていました。

幼少時より人の死について強い関心と恐怖心を持ち、近隣で死者が出ると、体中に震えを感じ、四肢に自動的な運動が出てきて、止めることができませんでした。父母が心配して、医者に診てもらったところ、舞踏病と診断され、長い間、薬を飲んでおりました。医師としての私の判断では、舞踏病ではなく、不安神経症であったと考えます。

自然現象とその奥にある原理または法則に強い興味を持ち、理科系の本を多く読みました。理科の授業で、先生の話は極めて容易に理解でき、そのかなりの部分は、自分の中ですでに理解されているもののように感じていました。

中学生の時、兄が読んでいたムハマッドスブー・スモハディウィジョヨ著のスシラ・ブディ・ダルマを見せてもらい、物質や植物に強力な力が宿っていて人間に影響力を与えていること、人間の内部に人間らしさを与えるものが本来備わっており、人は本来の自己を取り戻せば、その内部からの導きを受け、各人の個性に合った正しい人間的な生き方をする事ができるということを知り不思議な感動を覚えました。

高校生になって、ギデオン教会から新約聖書をもらい、何度か読んでおりました。そうしているとき、十菱麟氏訳の〝奇跡の人エドガー・ケイシー〟を読み、ある特殊な人には、透視能力が備わっているかもしれないと思うようになりました。エドガー・ケイシーが透視中に語った膨大な記録を、ジナ・チャーミナラ女史が分析して、〝窓はひらかる〟(Many mansions)という本を出していました。これには、人間の魂が、因果の法則に拘束されながら輪廻を(生まれ変わりを)繰り返し、成長・老成していくことが豊富な実例を示しながら説明してありました。これにすっかり夢中になってしまい、アメリカよりMany mansionsの原書を取り寄せて、終わりまで読んでしまいました。高校での英語の勉強は、この本を教科書としていたようなものでした。英語の成績は、ついに「5」をとることもなく、「3」をとることもありませんでした。エドガー・ケイシーの業績を広めるためのA.R.E.(Association for Research and Enlightenment)から、〝ピラミッド〟〝宝石〟をテーマにした本をさらに発注しました。ついには、ヒューリン・ケイシー（エドガー・ケイシーの長男）からリーディングを送ってくるようになり、私にA．R．E．の日本代表になってくれないかと依頼されました。宇宙のどこかにアカシック・レコードというものがあって、過去に宇宙に生じたあらゆる事象がそこに記録されている。エドガー・ケイシーの透視は、催眠状態の中でおこなわれ、彼の透視によればアカシック・レコードの記録を読んでいるとのことでした。そのため、透視時にエドガー・ケイシーによって語られたものの速記をリーディングと呼んでいました。A．R．E．の日本代表の件は、まだ高校生の身であるからと断りました。

服部先生との出会い

名古屋大学理学部に入学後、スブドの事を思い出しました。名古屋なら誰かスブドをやっている人がいるかもしれないと思い、スブド日本支局に手紙を書きました。手紙の返事がきて、岐阜の多田茂さんが東海支部の支部長ですから、そちらに連絡をとるようにとのことでした。多田さんに入会の希望を伝える手紙を書きましたら、名古屋に服部知巳先生という眼科医でスブドの最古参の方がおりますので、その方に電話で連絡して、スブドについての説明を聴いてもらいたい。その後、どういう理由でスブドに入会したいかを書いて、改めて入会の申し込みをするようにとのことでした。四月の最終日曜日の午後、服部先生宅を訪問いたしました。

「スブドは非常に難解で、理解するのに時間と辛抱強さが必要です。少なくとも三年間はやらないと意味がない。それが辛抱できないようなら最初からやらないほうがよい。難解な本でも最後まで読みとおせば何か残ります」というような口調で切り出されました。「スブドのラティハンではとても強いエネルギー、磁場のようなものと言ってもいいかもしれないが、働いて人間をとても深いところから変えるものです。わたしは六年間やってきましたが、感受性が高まり、人が嘘を言っているとすぐにわかってしまう。そういうときの話は、カットする（切り捨てる）ことにしています。スブドには目的がありません。人間、目的がなければテコでも動くものではありません。敢えて目的を探せば、よりよい人間になるということだろう。スブドのラティハンについてどれだけ多くの言葉を尽くしても説明できるものではありません。パイナップルの味を言葉で説明してみてもわかってもらえないのと同様です。ラティハンは実際にやってみなければどんなものであるかわからないでしょう。一生やってみるぐらいの気持ちがあったら入会してみてはどうか」と話されました。

服部先生から受ける雰囲気と話の内容にすっかり感動してしまい、スブドを是非やってみたいと思うようになりました。高校生の時、難解な英語の原書を読み通した経験があり、忍耐強さでは並以上だと自負しておりました。よし今度は、スブドという超難解な本を一生かけて読んでやろうと決心しました。服部先生宅を辞し小走りで栄町の地下鉄駅に向かっていました。私、十八歳の晩春の夕暮れ時でした。

オープン

三か月の待機が終わり八月の最終土曜日にいよいよオープンとなりました。「前嶋君、オープン前に何か聞いておくことはないか」と服部先生から言われました。岩井さんが笑われました。何か処刑でもされる前の様で、私が不安になったからだと思います。もとより心の準備はできておりましたが、敢えて質問を捻り出して、「ラティハンをすると、輪廻で生まれ変わるとき、何かよい影響がありますか」といってしまいました。エドガー・ケイシーの本から受けた影響を残した明らかな愚問でした。先生は、輪廻にはお答えにならず、「君の祖先が犯した過ちを、君の魂が汚れとして引き継いでいるから、ラティハンでは、その魂の汚れの浄化が行われるのです。それによって君の運命がよくなるということがあるかもしれません」といわれました。来世が問題ではなく、現世をどう生きるかが大切であると言われているように感じました。私は質問したと同時につまらない質問をして先生を煩わせてしまったと思いましたので、もはや何も言うことはありませんでした。このようにしてオープンが始まりました。オープン時もそれ以後のラティハンもほとんど何も感ずることなく、ただ立ちに通いました。伊藤氏のいわれる立ちん棒の行を続けました。バイブレーションと体が動かされるような感じはありましたが、神の力は強烈にちがいないから、こちらが抵抗しても抗しがたい力で体が動かされるに違いない、それまで待っていようと、いまからみれば誤った態度でラティハンをしていました。それでも、あるとき背筋が強い力で反り返ることがありました。服部先生がそれを感じ取られ、「それは受けたからだよ」と言ってくださいました。概して、ラティハンでは特別なことは何も起こりませんでした。

スブドと人生の処し方

ラティハン会場の正寿寺から約百メートル離れたところを走る国道二二号線沿いに、由美という喫茶店があり、ラティハン後、服部先生、伊藤氏、私の三人でよく立ち寄っていました。そこで、人生の処し方を先生から拝聴いたしました。

「ラティハンは神の仕事だから何も考えず立って任せていればよい。しかし、ラティハン以外では思いっきり脳を訓練しなさい。学問とは学んで問うことだよ」「えっ、飛ぶことですか」と私。「問うことだよ」と伊藤氏。私は当時、先人の確立した知見を飛び越えて新しい学問的境地を切り開く事が自分の人生の仕事と思うぐらいに舞い上がっていました。服部先生がそのことを言われたのかと思い込んで驚いたのでした。ところが、先生は単に学問の受動的側面の他に能動的側面があることを指摘されたのです。私は、これではやや不満足でした。かといって、服部先生と伊藤さんを向こうに回して、十九歳の私が自説を説く力はありませんでした。両氏とも、私のことを物わかりの悪い奴だと思われたかもしれません。

「知情意の低次の諸力を使わなくてはならないときに、ぼけっとして何もしないでいるのがスブド的だと思っている人が多いが、それはスブドぼけというものだ。それでは、役立たずの人間になってしまう。そうであってはいけないよ。思いっきり学問をし、その疲れを癒すためにラティハンに来るというつもりでやりなさい。そうすれば内部の成長があり、世的な能力で遅れをとることがなく、車の両輪のようにして人生に役立つでしょう」

「Erste Beste（最初の最良）というのがある。最初に会った女性が一番よいと思ってしまい、あせって結婚し、後で後悔する。急いで結婚し、ゆっくり後悔する様な結婚が非常に多い。前嶋君はできるだけ多くの異性と清らかな交際を持ちなさい。それぞれに皆よいところをもっているよ。いい女が実に多くいる。その中から自分にあったのを選べばよいのだ。焦って結婚するなよ」

服部先生よりこの様な指導をいただき、私の大学生活とスブド人生がスタートしました。週の内、夜二日はラティハン、二日は家庭教師で占められてしまい、弓道のサークルに入りたかったのですが断念しました。スブドが私のサークル活動となったのでした。

医師としての服部先生

一年生の夏、プールで結膜炎に罹り、服部先生に話しましたら、「私の診療所に来るように」と言われました。それから間もないある夕方、服部眼科で、患者のやや長い列の末尾に並びました。順番がきて、看護婦さんに診察室に入るように案内されました。先生は、私の順番より二人位前の患者さんを診察されていました。先生と患者さんとの間にはほのぼのとした暖かさがあり、先生は診療の仕事を楽しんでおられるというのが実によく感じ取れました。私はまばゆいものを見た時のような感じにうたれ、この時の光景が心深くに焼き付いてしまいました。

ドイツのスブドハウス

その年の秋頃、私はスブドドイツに手紙を書き、ドイツのスブド季刊紙を送ってほしいと頼みました。ドイツ語の勉強とともに外国のスブド活動を知ろうと考えたのでした。その季刊紙の中で、ドイツではすでにスブドハウスができており、ハウスが人と人を結びつける場になっており、スブドの発展の基盤のひとつになっていることを知りました。

波動光学のレポート

先生の勧める異性との交際は苦手で、なるべく美人は避けて、ふだんの自分を失わないで済みそうな女性とグループで物理の勉強会を持ったのが精一杯でした。

学問の方はかなり頑張ったと思っています。大学の講義でやっているよりかなり先を、独自で勉強しました。私が教養部の終わり頃、大沢と言う学生が私のところへ助けを求めてたずねてきました。彼は教養部の四年目にはいっており、今回単位が取れないと退学になるというのです。波動光学の単位が必要でレポートを出せばもらえるのですが、何を書いてよいかわからないとのことでした。私はこれは、自分にも勉強になるし、自分の力試しになるとおもいすぐに引き受けてあげました。レポート用紙約十枚を使って、波動光学の基本であるマックスウェルの波動方程式の導出とその二、三の応用例を書きました。参考書の単なる丸写しではなく、数式の展開をわかりやすく工夫し、その意味するところ、物理的意味について自分なりの解釈を付記しておきました。大沢さんは、波動光学の単位で優をもらい退学させられないでさらに学生生活を続けることができました。

頭の使い方

ある日、性的欲求が妙に強く感じられ、寮にじっとしていられなくなり、街を歩いていました。行き交う若い女性に惹きつけられる感じがしてなりませんでした。声をかけてどうこうする勇気はありません。本屋に立ち寄り、卑猥な写真や記事が満載してある本を買って帰りました。貪る様に読みふけり、猥せつな想像を逞しくしておりました。その夜ラティハンがありました。ラティハンの中で、先生は私の頭に両手を載せられ、「この頭、ああ痛い、おお痛い……」ラティハンがおわりました。「前嶋君、君、妙な頭の使い方をしていないかね。頭の中がひっくり返るような混乱状態、それはひどくくらくらしたのだが、何をしたのかね」といわれました。私は、これには動転してしまい、恥ずかしくて本当のことが言えませんでした。「本を読みすぎて、頭を使いすぎたかもしれません」と言ってしまいました。先生は「学問や勉強に頭を使うのであったら、こんなにはならない。何か変な風に頭を使ったようであるから、これから少し使い方に注意されるとよい」と言われました。この時、ラティハン中に先生に感じられる感度がどの程度であるかということと、ラティハンのなかでは、まる裸にされるということを知りました。また、聖書が、心の中で姦淫しても罪であると教えていることは広く知られていますが、私はスブドの中で直接体験としてそれを教えられました。

医学的に診断できない病巣

あるラティハン中でのことです。先生は、私の背中、脊椎のすぐ右側を指で押され「イタタタ……」と言われました。「ここに病巣があり、そのためおまえは、真の健康を得ることができないのである。やがて、神はこの病巣を取り除くでしょう」このラティハンの後で先生は何も言われませんでしたが、先生は、時折私から強度の倦怠感を感じられていたと後日言われました。私は幼少期よりやや無力体質の傾向がありました。胸部エックス線写真等の検査では、異常を指摘された事はありませんでした。医学上の検査では見つからないような病巣であったと考えられます。そして、投薬によっては治療できないような病気であったのかもしれません。現在私は、ゴルフを一ラウンドではもの足りず、一・五、時には二ラウンド楽しんでおり、体力で人に劣っているように思いません。

手の浄化

またあるラティハン中でのことです。先生は私の両手を、それぞれ先生の両手でお取りになりました。また何か注意されるのかなという気持ちが僅かにしましたが、私は私のラティハンをすればよいという気持ちになり、神にすべてを委ねますという気持ちになっていました。先生は、「この手この手……この手は汚れの少ない手である。神はうれしい」と言われました。ラティハン後、先生は「君の手はきれいなようだから、汚してはいけないよ。神はおもしろいことを言うな。自分で浄化しておきながら、自分で喜んでいる」。私はラティハン中、時折いろいろな雑念に振り回されているので、自分のラティハンが満足に進んでいるのか一抹の不安をもっておりました。この時、ラティハンの中では、このような自分でも神としっかり結ばれているという感じがして、安らかな気持ちになったのでした。

自分の体を通して神の力を知る

名古屋での学生生活が終わりに近づいたころのラティハン中でのことです。服部先生が私の前にやってこられました。頭、肩、腕、背中を撫でられた後に、「……おまえは……やがて……自分の体を通して……神の力を……神の存在を……知るようになるでしょう……」。私には寂しいことでしたが、これ以後、先生を通した神の私への啓示が終わってしまいました。時々、先生の手が私の体を触れて、アアイタッ、アアイタッタッ、……といわれたことはありましたが。

進路

物理学科に進み、午前十時から正午までの単一講義と、午後の実験または演習があるのみで自由時間が豊富にありました。遊ぶも学ぶもしたい放題でした。私は、アメリカの物理学科の大学院で使われている教科書を、できるだけ多く読むことにしました。そのような勉強方法をとっている学生が他にもおりました。一年が過ぎ、核理論物理学に行こうか、物性物理学に行こうか迷いました。服部先生に相談しましたら、「二、三日待ってほしい。聞いておいてやるから」とのことでした。どこに聞いてくれるのでしょうか。もうこの時期には、この様な言葉が何を意味するか自明のことでした。次のラティハン後のお茶飲みの時、「君には物性物理が向いているようだな」と言われました。私は極度に抽象的な論理は苦手でした。ある程度容易にイメージを形成できないと理解したという満足感が得られませんでした。

この様にして、物性物理に絞り込んでその方面の理解を深めようとしました。
ガラスは光を通すのに、金属はほとんど光を通さない‐光の透過性の理論。
磁石は鉄を引きつけるが、紙や陶磁器を引きつけない‐磁性の理論。
電流は銅線をよく流れるが、陶磁器を流れない‐電気伝導性の理論。
常温で金はよく延ばすことができるが、ガラスは割れてしまう‐延性と剛性。

このような物の性質がどこから来るのか、私は子供の頃から不思議に思っていました。物性理論では、電子の挙動よりこれらの性質をすべて理論的に導き出していました。これら理論を理解しようとしている間は、長い間の疑問が次々と解き明かされるので感動と満足感がありました。

最終学年になり、学生は八人程度のグループになって各研究室に配属され、卒業実験をすることになりました。私は電子回折（電子顕微鏡はその応用）の研究室を希望しました。その研究室は、当時電子回折の世界的権威のひとりであった上田良二教授が主宰しておりました。上田教授の講義を聴いたとき、先生の学問業績だけでなく人間として尊敬できる気持ちになりました。希望者は指定した時間に研究室に集合するようにとの連絡があり、私を含めて約十五名が集まりました。学生のほか助教授、講師、助手が集まったところで、上田教授が挨拶といくらかの雑談をされた後、物理の基本的な質問をされました。学生はだれひとり答えられませんでした。教授はさらにヒントを出して学生が答え易いようにしました。それでも、学生は黙ったままでいました。私は血が騒ぎました。これでは学生が不甲斐ないことになると思って発言することにしました。言葉で説明しようとしたら、「前の黒板で図や数式を書いて説明するように」といわれました。上田教授は曖昧な説明では満足できない方のようでした。言われるように図式をもって説明しました。それは物性理論の初歩で、私が熟知していた得意のところでした。教授は次々に質問をされました。そのたびに、私の頭の中で答えが用意され、皆の前にある黒板のところに出て、解答していきました。教授は、「前嶋君はもう答えなくてよい。他の学生に答えてもらいたいのだ」ということになってしまいました。私は上田教授のもとで、アルミニウム結晶の格子欠陥の生成エネルギーを求める実験をさせていただきました。

そんな実験をしているある午後、研究室のカンファレンス室でお茶を飲んでいたところ、上田教授と二人だけになった時がありました。「前嶋君、君の答案を改めて読んでみたよ。最初読んだ時、何を書いているのかわからなかった。もう一度よく読んで、初めて君の言おうとする事がわかったよ。すばらしいひらめきをもっていることがよくわかった。これからは、他人にもっとわかりやすい文を書く努力をされるとよい」と言われ、快い気持ちになりました。ラティハンをしていると、インスピレーションが多く得られるようになると聴いたように思いましたが、自分にも幾らかその傾向が出てきた様な気になってしまいました。ただ、せっかく受けたインスピレーションを人に有効に伝達できなければ、役に立たずに終わってしまうということを上田先生は教えてくださったのです。

四年生の初夏のころ、就職か大学院に進学かで、周囲も、自分も落ち着かなくなってきました。私は、就職は考えず、大学院に行きたいと思っていました。当初の考えでは、大学院で物性物理を専攻することとし、特に、固体物性の理論と実験研究をしたいと思っていました。ところが、固体の磁性、電気伝導性、誘電性、光学特性等の物性論の本をある程度読み進めて、その基本となる理論をほぼ理解し、知識欲も満たされるに従って、考えが変わってきました。当時、物理理論の手法を用いて生命現象を解明しようとする生物物理学が急速に発展しつつありました。私はこの方面に興味をそそられ始めたのです。アメリカの有名な固体物理学者であるキッテル教授も、固体から生命に研究対象を移した一人でした。私は、一方でまた、科学は人に幸福をもたらすように利用されなければならないという考えに強く共感しておりました。理論の園に遊んでいるだけではいけない、科学を実践して人間の幸福に役立てなければならないという考えがしだいに強くなってきました。これら二つを満たす可能性を一番持っているのは、物理の大学院に行くのではなく、医学部に再入学して医師になることだと考えました。そのように考えていたとき、上田教授から、「君は大学院へ進学する予定でいるんだろうね」と聞かれました。私は思いきって自分の考えを話し、医学部に再入学して、物理理論の手法をもちいて人間における生命現象を研究したい旨を述べました。教授は、「それは遠大な計画だね。私は勇気がある人が好きだ。頑張りなさい」と言ってくださいました。

自分の進路について決心ができてきたころ、人事院による国家公務員上級職試験について同級生の学生が話しているのを聞きました。私には関係ないことだと思いましたが、物理学の力試しになることと、医学部入学試験の滑り止めになると思って受験することにしました。名古屋大学物理学科一学年の人数は八十名おりましたが、半数以上が公務員試験上級職物理甲を受験しました。一次の択一試験で受験者が五分の一に絞られ、二次の筆記・論文試験でさらに三分の一に絞られました。三次試験の面接ではもはや落とされることはないとのことでした。面接の受験会場に現れた物理学科の同級生は私とSさんという女学生の二人だけでした。彼女とはそれまで簡単な会話しかしたことがなく、面接の順番がくるまで、やや長い時間隣あって座っていることになったのでした。待っている間中、何かの話題を見つけては話を続けておりましたが、今は思い出せません。ただ、私が面接に臨むとき、メガネをかけていったほうがよいか、かけない方がよいか彼女の意見を聞きました。彼女は、「メガネは似合わないわ。素顔の方があなたは素敵よ」と言ったのでした。文脈はどうであれ、「あなたは素敵よ」という言葉に私がナイーヴに喜んでしまったのは、今でもその言葉を覚えているところから容易に想像できると思います。彼女は、京都大学物理学科大学院に進学し、私は特許庁に内定しました。

初めての挫折

服部先生はかねてより、「君は、名古屋にいることを考えたほうがいい、よそに行くと苦労するよ」と私に言ってくださっていました。進路について私の考えを話しましたら、「物理を学んだ後、医学を研究するのは非常によいことです。医学を進歩させるには様々な方法論が必要です。ただ、医療行政はよくないから、苦労することを覚悟しておいた方がよい」と言われました。上田教授と服部先生の二人の先生よりほぼ同じ励ましをしていただき、残るは名古屋大学医学部入学試験だけとなったのです。昭和四十四年三月十九日医学部入試合格者名の掲示の中に、私の名前はありませんでした。私の人生で味わう初めての大きな挫折でした。

服部先生から、あらかじめ、結果を連絡するように言われていましたので、その日の夕方、電話で不合格をお伝えいたしました。「それは残念だったね。受かるもよし、落ちるもよしだ。夕食を一緒にしたいから診療所に来てくれないか」と夕食に誘ってくださいました。ホテルのレストランで食事を共にしていただきながら、いろいろ慰めていただきました。食事が終わってもまだ私の気分が晴れないと感じられて、喫茶店を二、三軒寄ったあと、「少し街を歩こうか」といわれ、先生と並んで歩き続けました。先生と歩くことにより私は落ち着きを取り戻しました。最後に、都ホテルのロビーで展示品をみながら、「これはオブジェというんだよ」と説明してくれました。別れ際に、「過去を振り返るな。現在を精一杯生きなさい。元気でやれよな」といわれました。

受験失敗の傷が充分に癒えぬまま、特許庁に就職するため東京に向かうことになりました。列車の中で、「神と自分の関係で、ババも服部先生も何ものも介在させてはいけない。神と自分は直接つながっていなくてはならない。これまで、服部先生を少し頼り過ぎてきたが、これからは、自分を直接神に向かわせ自立しなくてはいけない」という思いが浮いてきていました。

特許庁に入庁

東京では板橋区の東武練馬駅の近くに住むことになりました。四月、五月は、研修続きでした。五月のスブドの全国大会で服部先生に一か月ぶりの再会をすることができ、「役所では、朝、先輩の机を拭かされる」とボヤきましたら、「ほう、それはよいことだね」と言われました。しばらくして、先生は、「プライドをかなぐり捨てて、何事にも囚われないで、自然体でいるとき人は一番強く生きられる」といわれました。私には、この言葉は大きすぎて飲み込むことができませんでした。

特許庁の同期生の中に、東北大学電気通信研究所の大学院を卒業してきた小田さんがおりました。在学中、彼は電気通信の研究をしないで、物性物理の研究をしていたとのことでした。仕事が終わったあと、物性物理を話題にして話し込むことがよくありました。そのうちに、超伝導の理論（絶対零度付近で物質の電気抵抗がゼロになり、いったん流れた電流は減衰することなく永久に流れ続ける）に話が及んできました。私の頭もだんだん白熱してきて、約三か月の間、バーディーン、クーパー、シュリーファーの三人により初めて理論的に解明された超伝導理論の原論文に没頭してしまいました。これは物性物理学の理論では最高峰であり、量子論の輝かしい成果のひとつとされていました。数式の展開の詳細な追跡理解は完全にはできませんでしたが、理論の概要を把握でき満足感に浸っていました。

スブドハウス建設の計画

その頃、私は池袋支部のラティハンに通っていました。そこで、日本でもスブドハウスの建設をする必要があり、建設委員を決めるため、希望者

昭和49年、松島にて仙台支部と後楽支部の合同ラティハン会。
左より、田村、石附、前嶋(私の妻)、前嶋、田川、今井、細田、滝、森田の各氏。

は申し出るようにということを聞きました。ドイツのスブドハウスのことを読んでおりましたので、私はその委員になることを申し出ました。そして五人の常任委員の一人になりました。委員会は何回か会合を持ちましたが、二、三か月はさしたる事の進展はありませんでした。その時、スブドハウスの建設は不可能のように思えてきましたが、また一方で、このハウスの建設を通して私にわかるような形で神の存在を示してくださいという祈りと、この建設の中で神の力は示されるという確信のようなものが私の中に同時にでてきました。当時、私は、池袋支部の他後楽園支部のラティハンにも通うようになっていました。今井先生、細田氏の両ヘルパー、奈良さん、布施幸弘さん、島田さん、上田さん、田川さん、小沢さんが弓一会館に金曜日午後八時に集まって、今井先生の言われる、自由、闊達、裃を着ない会話とラティハンをしておりました。私には、そこの水がよく合って、金曜日の夜がくるのを楽しみにしていました。今井先生は、「スブドハウスは、奇想天外の発想と自由な話し合いから出発してほしい。何が起こるか神がすることだからわからないよ。小さな凝り固まった発想は、この際やめてほしいよ」といわれていました。細田ヘルパーは「何事にも囚われることがないように」とよく言われていました。

持田さんが、屋敷続きの土地の一部を、スブドハウスに使ってもらいたいという申し出をされました。よみうりランドの月例会のあった翌日の日曜日に、建設委員五人で下見に行くことになりました。皆一様に、よいところだという印象を受けて帰りました。ヘルパーグループに土地のテストをしていただき、おおむね肯定の返事をいただきました。設計をどうするかという段階にきました。次のよみうりランドの定例会に参加して帰ろうとしたとき、一人の外人が、「アナタハ　スブドハウスノ　ヒトデスカ」と尋ねてきました。「えっ、ああ、スブドハウスの建設のコミッティーをしています」と答えました。「チョット　ワタシノイエニ　アソビニキマセンカ」と言われました。そのようにして、私はハッサン・ロイ氏のお宅に行くことになりました。飲み物をいただいてくつろいだところで、「これはスブドハウスの模型の作りかけです」と言って木細工でできた半完成の建物を見せてくださいました。彼は、深夜、毎日のように椅子にゆったりと腰掛けているとラティハン状態になるとのことでした。ある夜、いつものようにラティハン状態になっている時、目の前に建物が見えてきた。それが建設を予定しているスブドハウスであると感じたので、そのスケッチをし始めた。受けては描き、描いては受けることをくりかえしてこのようになったとのことでした。私は服部先生において、ラティハン中に受けることを何度も見ておりましたので、これを聞いて何の違和感も持ちませんでした。ただ、よく受けることのできるスブド会員が東京にもいてくれたという喜びがありました。私は直ちに、「すばらしいことです。是非この建物を実現させるように努力したい」と答えました。今度の全国大会までに完成させて、そこでプレゼンテーション（提示）しようということになりました。それから、毎夜十時頃、ハッサン宅を訪問し、模型作りを手伝いました。途中から坂本伊素麿さんも加わってくださいました。スブド会員が三人で、一つの目的のために懸命に作業をしたのでした。時の経つのを忘れ、時には、早朝四時まで作業をして、そのまま泊まってしまい、ハッサンの家から役所に出勤したこともありました。朝五時に下宿に帰ったとき、下宿の主人がひどく怒って、ここはまじめな大学生もいるのだ。夜遊びをして風紀を乱しては困ると怒鳴られてしまいました。

ハッサンの受けた建物の構造は、L字型で、一階にラティハンホールとミーティングルーム、厨房等があり、二階に、ババの部屋、ゲストルームがあり、玄関は北側に面して二階にありました。二階から人はどのようにして出入りできるのかわからず、ハッサンは困惑したそうです。持田氏がスブドハウスにと申し出てくださった土地の地形は、北の道路に面したやや狭い平地から南に向かって傾斜しながら約二メートル下降していたのでした。ハッサンはこれを知りませんでした。受けた建物の構造は、ハウス建設予定の地形にピッタリと符合していたのでした。

スブド全国大会が近づいた頃、服部先生宅にお電話し、「今度の大会では、スブドハウスが議題になるとおもいます。お会いできるのを楽しみにしています」とのみお伝えいたしました。

大会の日、会議場に完成をみたハウスの模型を展示する事ができました。服部先生は、その模型を見た瞬間に、内部に強い衝撃を感じられたとのことでした。これは、ただものではない、受けて作られたものであることをはっきりと感じ取ったと言われました。会議で、土地の件は委員長の大竹さんが、建物の件は私が経過報告をさせていただきました。その時の討論で、先生は、御自分がハウスの模型を御覧になったとき、内部に訴えるものを感じられた旨を発言なさいました。

その時の模型のハウスは、実現しないで終わりを遂げました。その後、時間はかかりましたが、わたしは、日本スブド全体がそのハウスの実現を切に望んでいなかったということであったと受け止めるようになりました。

私はこの経験を通して、神の力をはっきりと示していただいたと感じました。この時より数年前に、東海支部でのラティハン中、服部先生を通して、やがてお

昭和46年10月、名古屋城で。左より律子・ロイさん（ハッサン・ロイ氏の奥さん）、服部先生、前嶋。

まえは、自分の体を通して神の存在を知るようになるでしょうと啓示されたことが真実であるように思ったのでした。

川崎スブドハウス

全国大会が終わって約一年が経過した頃、あるスブド会員から、川崎市南町のもと遊郭街にその目的で建設された建物を、売却するまでの間、スブドのために使ってもよいという話がありました。私は、ハッサンから、「新しくできるスブドハウスの使い方、運営のし方の練習をしておくためにそこに住んでみないか。一人では心細いから、誰か家族持ちの人と一緒に住んだらよいだろう」と言われました。

このようにして、一階に江村さん御一家、二階の一室に私が住むことになりました。細長い大きな家で、しばらく使用していなかったため、ほこりが分厚く積もっており、ハッサン、江村夫妻さん、私、他数名のスブド会員がほぼ一日かけて叩きがけ、掃き掃除、雑巾がけをしました。二階にラティハンをする部屋を作るため、約五、六個分の部屋の隔壁を取り除く工事を、自分たちの手で施工してしまいました。襖の紙も新たに貼り替え、やっと住む事ができるところまできました。その建物の命名を〝スブド荘〟とし、私が下手な字で筆を使って、〝スブド荘〟と板に書いて、表札として玄関の上に取り付けました。

この建物は、江村さん御一家と私が住居として使っただけではなく、ラティハン、スブドの種々のミーティングに使われたり、ある七夕の時、浴衣を着たパーティを行ったりしました。日本に住んでいたスブドの外国人レイモンド・ブラックウッド、サイモン、ヴォーン・ロートンたちの交流の場でもありました。また、昭和四十六年の夏、チランダのスブド世界大会のとき、羽田空港に近かったためアメリカ人、ペルー人が中継地として宿泊利用したこともあり、小規模ではありますが、国際的な役割を果たしたといえます。私がドイツの季刊紙で読んだスブドハウスと同じ機能をしたように思いました。

サイモン夫妻との関西旅行

世界大会が終わってアメリカに帰る途中、サイモンとジェニファ夫妻が川崎スブド荘にしばらく滞在しておりました。サイモンはカリフォルニア大学理論物理学の大学院を卒業したが、理論物理学は自分の内部感覚にあわないと感じ、研究所を去り、建築・庭園業を始めた。建築と庭園造りは彼には実に楽しく、石を動かしていると、その石がどこにどのような方向で置かれたいのか石の意思がわかるとのことでした。これから京都の寺院の庭園を見て回りたいというので、私も役所から夏休みをもらって同行することにしました。いつどこで泊まるかというような予定をたてず、サイモン夫妻と新幹線に乗り名古屋駅で下車しました。近鉄線で伊勢に行くつもりでしたが、サイモンを服部先生に紹介してみようかという考えが浮かんできましたので、名古屋駅から先生のお宅に電話をいたしました。先生はすぐに名古屋駅まで来てくださり、私たち一行と会ってくださいました。名古屋に一泊していったらどうかといわれ、駅前のホテルに泊まることになりました。夕食は、東海支部の会員も数名加わって、ウナギが名古屋一おいしいイバショウがいいだろうといって案内してくださいました。ウナギが配膳されてきて、先生が「芳ばしいね」といわれました。私はサイモンにどう一言で伝えたらいいかわからず回りくどく説明したら、サイモンが「Flavour?」と言い、「まあそんなところだね。アメリカにはウナギはいるのかね」と先生。「いっぱいいますが、誰も捕ろうとしません。大きいウナギをバターで炒めて希に食べることがあります」とサイモン。先生は「大きい奴はウナギもそうだが人間も大味だ」と愉快そうに笑われていました。食事が終わったところで、服部先生は、「サイモンはまだ食べ足りないよ。僕はそう受けた」と言われ、寿司屋に連れて行ってくれました。サイモンの腹はそこですっかり満足したようでした。

翌日、先生は近鉄線名古屋駅まで見送ってくださり、私たちは伊勢で下車し、伊勢神宮に参拝しました。神宮の境内を歩いてしばらく行くと、五十鈴川のせせらぎに通じる路がありました。ジェニファ、サイモン、私は足を濡らして浅瀬に入り、快い涼を得て、声をたててはしゃぎました。昔の神官は鯉の動きをみて占ったと聞いていましたが、私には何をどう占ったのかわかりませんでした。サイモンは池の鯉をジッと見つめた後、その意味が分かったといっていました。神宮の本殿に通じる階段を上って行くと、やや強いバイブレーションを感じ、さすが聖地だけのことはあると思いました。その夜は伊勢の旅館に泊まりました。旅館より、京都の井原先生のお宅に電話をし、明日京都に行き数日間滞在しますので、その間に先生のお宅に一度お邪魔したい旨申しあげました。

京都の夏はひどく暑く、その暑い中を、銀閣寺、清水寺、西芳寺、金閣寺、竜安寺とその石庭、天竜寺、二条城を見て回りました。日本人は予約しないと入れてくれない所でも、外人とその通訳ということで入ることができました。京都御所、修学院はそのようにして入ることができました。修学院は午後やや遅く入場し、庭園は広大で回るのにひどく時間がかかりました。小高い丘にある休息所で一休みしました。もう辺りには人影がありませんでした。三人とも疲れたためか言葉を交わすこともありませんでした。夕日が落ちて行くのをみていると、深い静寂が訪れ、眠気はないのに、一瞬時空が消失してしまった様な感じになりました。

宿泊料がやすい旅館に泊まることにしました。翌日、サイモン夫妻はどこへ行くよりも先に、「喫茶店に入りコーヒーを飲むのだ」というので私も従いました。相変わらず暑いので、私が「タクシーに乗ろう」と言ったら、「そんな無駄使いはできない」と拒否されました。私は、「それならなぜコーヒーなど飲んで無駄使いをするのか」と言ったところ、「アメリカ人は、朝、コーヒーは欠かせない」とのことでした。この旅行中、サイモン夫妻と私が衝突した唯一の事でした。以後、朝は必ず喫茶店に入りコーヒーを飲んで、タクシーにも程々に乗って京都の寺巡りをしたのでした。

約束の夜、井原先生のお宅を訪問させていただきました。サイモンの仕事の話をしながら、京風のお菓子を種々いただきました。最後に、奥様の詩吟を聴かせていただき辞去いたしました。

京都を去り、大阪に一泊することにしました。大阪支部のラティハンと歓談に参加して帰途につきました。

途中、浜松で下車し、サイモン夫妻と私の実家へ向かいました。私の生家は浜松の北方、二十キロの平地から山間にさしかかるところにありましたので、山紫水明の地と言ってよいと思います。サイモンとジェニファを家の前を流れる川に誘い、流れに入って水と戯れていました。私は幼少のころよりよく遊んでいたので、川の中にある岩をすべて知っていました。たちどころに、素手で七、八センチの鮒を四、五匹捕まえて見せました。前嶋さんの手はマジックハンドだといって驚いていました。我が実家に泊まった翌朝早く、サイモンとジェニファは周辺の散歩に出ており、人が住んでいる藁葺きの家を見つけて写真に撮っていました。昔の日本の情景が残っていると思ったのかもしれません。旅はこれで終わりを遂げたのでした。

職業の適性についてのテスト

旅行から帰ってまた以前の生活が始まりました。役所の仕事をしていながら何か充実感を欠いているような感じがしてきました。サイモンが理論物理の研究所を去り、庭園師となって喜々として働いているのは、内部感覚にふさわしい仕事をしているからであると思われました。再び、大学時代の終わりに感じたものが私の頭を占めるようになりました。

医師を職業とする事が、私に適しているかどうかロザック、ハッサンの両ヘルパーにテストしてほしいと依頼しました。確か、川崎のスブド荘でテストを行ったように思います。全員ノーと受けました。医師になったとき、傲慢になるように私は受けたと言いましたら、二人のヘルパーは頷かれました。このテストの結果に従って、審査官の仕事に専心することにしました。

数年が経ちました。その間に、ハッサンはカナダへ帰っていきました。後楽園支部で知り合った小沢さんが英会話・学習塾を始めましたので、私は役所帰りに塾講師としてそこで働くようになりました。

結婚

妻になる和子との出会いがありました。服部先生より「結婚を早まってはいけないよ、私が決めてやるから。決めるまえに、私のところへ連絡してくれ」と言われていましたので、和子を連れて先生宅を訪問させていただきました。先生は、和子とは初対面の時から、近親感をもってくださり、和ちゃんと呼ばれていました。「私のことは、俄には信頼できないかもしれないが、前嶋君は実にいい男だ」と和子に言ってくださいました。私はいい男だと言われたのは、服部先生ぐらいなもの（他に、言ってくれた人がいたかもしれませんが、記憶にありません）でした。こういわれると、服部先生の言葉を裏切らないためにも、妻の前ではいつまでもよい男であり続けなければならないことになります。この日、奥様とともに媒酌の労をとってくださることをひきうけてくださいました。結婚式の媒酌人の挨拶で、私たち二人が並んでいるのを見た瞬間に、二人を是非一緒にさせなければいけないと感じられた旨の話をされました。

私との結婚でこれまでの勤めをやめ、東京に来た妻は、失業保険金をもらいに職業安定所に定期的に行っていました。安定所で職に就く意欲を問われ、仕方なく紹介された仕事の面接試験に行きました。試験より帰ってきて、特に断る理由もなく、子供もいず、ぶらぶらしているだけだから勤めてもよいというのでした。これが、その後約十年勤めることになった日産厚生玉川病院の庶務・会計の仕事でした。

医師への再決意

結婚もし審査官の仕事もなれて安定した生活を送っておりました。しかし、特許の審査の仕事に空虚の感じがしてなりませんでした。そうこうしているうちに特許庁内の分類室に配置転換されました。当時、特許の国際分類の導入時期であり、その整備のため多忙を極めておりました。夜遅くまで残業を強いられ、疲れきって帰宅するという日が続きました。その中で、国際特許分類の基本概念をすべての審査官に周知徹底させる説明会をすることになり、私がその企画実施の任務を負うことになってしまいました。もうやるしかないと決めて、精力的に短期間で完了させました。これは庁内でも高い評価を得ました。この仕事が終結に近づいたころより、内部より持続的に医師を目指すようにとの促しを感じ始めました。そのうちに子供が産まれました。結婚もし子供も産まれたのだからもうやめたらという気持ちも多分にありました。しかし、それから二か月後、東京医科歯科大学医学部入学試験場に行っていました。神に祈るような気持ちになっていました。私は自分の天職のことで悩みきっています。私には医師の道しかないように思われます。そこに私の生命を完全燃焼する場を求めています。この願いの実現のために力を与えてください。私に到底その力が足りないならその限りではありません。と心の中で言っていました。

試験が始まりました。自分にある以上の力を出そうとするのではなく、自分にある力を出し尽くそうという気持ちになり、心がいつになく静まっていました。一度解答が出来たあと確かめに入り、多数箇所で計算間違いを見つけて、訂正する事ができました。四十九倍の競争の中、受験勉強もろくにできず、最初の子供の出生直後に臨んだ試験でした。

合格発表の日、特許庁の昼休みに、お茶の水にある大学まで掲示を見に行き知りました。その日、何事もなかったように勤務を終え帰宅しました。和子に伝えたところ、医学部に入るかもしれないという話は聞いていたが、まさか現実になるとは思っていず、それはよかったねと言ってはくれましたが、当惑ぎみでした。特に、二か月の乳幼児を抱えて生活していけるかどうか懸念されました。私の両親と妻の実家の両親に伝えたところ、一様に難色を示していました。私の意思ははっきり決まっていましたが、周囲の心の準備ができていないと判断したこと、学資の準備が不十分であること、特許庁の職場での退職準備等のため一年休学してから医学部にはいることを決めました。当時の東京医科歯科大学教養部長は竹下啓次教授でしたが、「入学してすぐ休学したいと言ってきた学生は君が初めてであるから、どう処置したらよいか教授会で決めさせてもらいたい。ただ入学金を納めてあるから権利はあるね」とのことでした。

服部先生に医科歯科に入学することになりましたが、一年休学してからにしますとお伝えしましたら、「歯科医科大学か、それはよかったね。歯科医科大学は悪い大学じゃないな。よく頑張ったね。君の根気強さには敬服するよ。一生の仕事だから生き甲斐を感じられることをするのが一番いいよ。一、二年の遅れなど卒業して十年も経てば違いはなくなってしまうよ。前嶋君は何歳になるか」「二十八歳です」「そうか、私も君と同じ位の年に医学を本格的に学び始めたよ。大学を卒業してすぐに軍隊に召集され、中国各地を野戦して歩きまわっていたので、戦争が終わっても野戦ぼけしていて、医師として使いものにならなかった。一から医学を学び直さなければならず、そうして始めた年が君と同じ年だったよ」と言う励ましをしていただきました。

数日の内に、竹下教授から連絡があり休学を一年間認めるとのことでした。

昭和50年春、世田谷区岡本のアパートの前で。
私の長女を抱いて。

昭和50年夏、奥志賀高原から帰る途中、
先生宅で。私の長女とともに。▶

この一年間は人生の充電期間と考えました。夏休みには、生後六か月の長女、妻を連れて、豊田市の伊藤さんが所有している奥志賀高原の別荘に行き、一週間滞在して心身の休息をとりました。帰途は、名古屋を経由することとして服部先生の診療所を訪問しました。

先生は、「亭主が仕事に喜びを感じることができないようだと、家庭も楽しいところではなくなるよ。和ちゃんもこれから大変だと思うが亭主の生き甲斐のためにする苦労だったら、苦労が苦労でなくなるよ。前嶋君を支えてやってほしい。若い時に二人で支えあって困難な時を生きると、年とってから、互いにいっそう愛おしく思うようになるもんだよ」と、主に私の妻に向かって話しかけてくださいました。私に向かって先生は、「医者というのは人生経験が多いほど患者の気持ちをわかってやれる。君のように別の仕事を経験して、ある程度の年齢に達してから医者になるのは、広い視野に立って診療するようになるからよいことだと思う。医科歯科大学は、医者仲間では高く評価されているね。君のことで私も鼻を高くしているよ」と愉快そうに笑われました。

妻も私も、服部先生に大いに元気づけられて先生宅を辞去し、浜松の私と妻の実家に向かいました。この時期には、両家の両親も私の意思が堅いことを知り、強い反対はしませんでした。服部先生が私の方針を強く支持していると両親に伝えると、それまで抱いていた不安がほぼ解消したようでした。

和子は、長女を病院の保育室に預けて、病院の庶務・会計の仕事を続けており、私は、特許の審査の仕事をしながら退職の準備をしていました。

医学生時代

次の年、四月に入学式に出席して第二の学生生活が始まりました。ほぼ十歳年下の世代とのつきあいがはじまりましたが、距離を感じたのは最初だけで、すぐに自分が十歳年上ということを感じなくなりました。私のように別の大学を卒業し、会社勤めを経験してきた学生が全体の約一割を占めていましたのでいっそう自分が特別ではないという感じになったのだと思います。

最初の二年間は、教養部で、前大学と同様に英語、ドイツ語、生物、物理、化学、数学、政治学、社会学、哲学、体育の単位を取れとのことで、勉学の意欲を喪失しそうでした。できるだけサボって、テニスなどして体を鍛えることにしていました。時には、先輩の外科医の先生が勤めている病院に行き、手術室に入って、鈎引き、糸結びをさせてもらいながら、手術の見学をしていました。

学校が終わって夜になると、忙しくなってきました。医学・歯学の受験予備校の数学・物理の講師となって夜十時頃までアルバイトして帰宅するのでした。

教養部一年の秋に次女が誕生しました。共稼ぎでしたから育児にも協力しなければなりませんでした。

教養部二年の春、長女は都立南大蔵保育園で午後五時まで預かってもらえるようになりました。美濃部都政の福祉政策のおかげで、昼食費、おやつ代を含めて一か月二千円を納入するだけでよかったのでした。

その年の夏、今井先生が体調を崩され、手術を受けて後、自宅療養をされていました。二人の子供を連れてお見舞いに伺ったとき、「下の子は、五つ子の福太郎君に似ているね」と言われました。まもなく、晩秋には、今井先生が他界され、吹く風には特に無常を感じさせられました。

昭和五十三年、いよいよ医学の本格的な勉強が始まりました。名古屋大の物理学科の時と全く対照的で、学ぶこと、記憶しなければならないことの多さに驚きました。三十歳を過ぎており、記憶力が衰えているので、理解力で補うほかありませんでした。

医学部一年の前期試験の時、これは医学部での最初の試験でしたが、和子が突然発熱と咳が出て、息苦しくなってしまい、勤務先の病院に入院することになってしまいました。私は大学へ行って試験を受けないわけにはいかず、実家の母と義母に交互に東京にきてもらい、子供の世話をしていただきました。和子の病気は、最初マイコプラズマ肺炎と診断されましたが、後に、喘息に罹患していたことがわかりました。心身の疲れが原因ではなかったかと思います。入院は約一か月間でしたが、この時が退職後の最大のピンチでした。その後の学生生活中に、時々妻の喘息発作があり、入退院を繰り返していました。

私より若い学生たちが、試験に落ちていたにもかかわらず、全部一回で合格しました。ただ一度だけ、放射線科の試験の前日、高熱のため気力がなくなり、準備不充分で不合格となりました。これはすぐ口頭試験をしてくださり、無事通過しました。

最終学年の七月、三女が誕生しました。卒業試験と医師国家試験に失敗する事は、家族を路頭に迷わせることになります。麻酔科の一科目のみを試験で失敗しただけで、卒業が半年遅れになった学生がいました。真剣に勉強して、両試験を無事パスして、医師になることができました。

研修医時代

東京医科歯科大学第二内科には、全国の医学生・内科医師に最もよく読まれている内科診断学、内科学の本を著作・監修された武内重五郎教授が教室を主宰していました。武内先生は循環器、肝臓、腎臓の各学会で指導的な活躍をしていて、内科学の広範囲に精通している最後の医師とまでいわれていましたが、教室の医師を極めて厳しく指導するのでも有名でした。私は、卒業後の教育を、その第二内科で受けることにしました。

二年間の研修はかなり厳しいものでした。最初の六か月は大学病院で、次の一年間は土浦協同病院で、そして再び大学病院で六か月の研修でした。重症患者の診療、夜間当直などで、三日間位ほとんどまとまった睡眠がとれず、動き続けた時もありました。多忙であったにもかかわらず、研修医になってから、妻は喘息発作を起こすことがなくなり、私も臥床するほどの病気に罹るということがなくなりました。

循環器を専攻

研修医を終え、心臓を中心とする循環器疾患の診療に特に興味を感じましたので、循環器内科を専門にすることにしました。

循環器グループに属するとすぐ、取手協同病院に派遣されました。ここで循環器疾患を中心とする診療に一年六か月従事しました。この間、週に一度大学に行って、犬に実験的な急性肺塞栓症を惹起させる研究をしていました。肺塞栓が突然発生したとき、その血行動態がどのようになるか、血液の粘性に変化が生じるか、その時関与する臓器として脾臓が考えられるが、はたしてそうか、脾臓を摘出した犬で血液粘性の変化が生じないことを証明できるか、の疑問が出てきて、それらの疑問に対する検索をする実験をしていきました。この研究の結果は、一九八五年の日本バイオレオロジー学会で発表し、その論文集に収載されました。この実験で、犬を多く犠牲にしました。ある時、実験犬を飼っている大学の動物棟で子犬が生まれました。係のおじさんが、「子犬親子を実験に供するに忍びない、こんなことをする仕事がつくづくイヤになった」と私にこぼしました。「子犬一匹なら私が家で飼いましょう」といってもらい受けることにしました。現在でも我が家の愛犬になっており、見知らぬ人にも吠えることなく、尾を振って近づいていきます。自分の運命を知っていて、ただ生きていられることを喜んでいるかのように見えるのです。

昭和61年3月、東京医科歯科大学の前で、第2内科医局の先生とともに。右端が私。

取手から大学病院に戻り、六か月間、循環器内科の診療に従事しながら、血液の粘性の測定法の簡便化とその精度の研究をしました。この研究の結果は、一九八六年の日本バイオレオロジー学会で発表し、その論文集に収載されました。

この当時、私は、心臓が大動脈に血液の拍動流を駆出して、血液が全身を循環する過程を、コンピュータを使ってシミュレーションできないかと考え、プログラムの作成に夢中になっていました。これが可能になれば、心臓または血管のどこかで、どれほどかの異常が発生したとき、循環がどれほど障害され、生命がどれほど危険になるかを予測したり、検査結果の意味づけを容易にすることができると考えました。拍動流を解析するには、測定器具が精巧なものでなくてはならないこと、膨大な計算が必要なためコンピュータを使わなくてはならないこと、やや高度の数学的理解力を持っていることのため、ほとんどの循環器専門医はそれを行っていませんでした。拍動流を直流に単純化して、血行動態の解析を行っていました。この解析では、老人の動脈硬化をきたした血管と若い人の弾力性に富んだ血管との間に、血液の流れ易さに差が生じません。大動脈が弾力性に富んでいれば、心臓は少ない駆動力で大動脈に血液を送り出すことができ、反対に、大動脈が鉛パイプのように硬ければ心臓は大きな駆動力を発生しないと同じ量の血液を大動脈に送り出せないことになります。この様な状況を無視した解析では、循環動態の本質的な理解が得られないことは明白でした。私が、拍動流のコンピュータによるシミュレーションと解析を行おうとしたのは、循環動態のより本質的な解析と理解を得る手段を求めようとしたからでした。私がそのような考えに達していたとき、大学病院の心臓検査室の資材・機器置き場で、先端に圧力マノメータと電磁血流速計を兼ね備えた米国ミラー社製のカテーテルを見つけました。このカテーテルこそ拍動流の血行動態の解析に必要なデータを、患者さんから得るのに必要なものであり、私が求めていたものでした。私は、見た瞬間に極めて貴重なカテーテルであることが解りました。先輩の先生に、誰かこのカテーテルを使っているかどうか聞いてみました。「以前、肺動脈内の血流速を測定するのに使ったことがあり、その研究が終わってから使われることなく放置状態になっている。君が使う必要があれば、使ってよい」とのことでした。シミュレーションのプログラムが部分的にできあがり、作動し始めた頃、アメリカの文献を探していたら、ある文献に、拍動流の解析を、インピーダンススペクトルを用いて、極めてエレガントに行っている記載を見つけました。自分が考えていたことを、数学的に整理された形（Fourier 変換）で行っていたのでした。インピーダンススペクトルを用いると、計算のスピードが早く、解析結果の意味づけが明白でした。早速プログラムを、インピーダンススペクトルを求めて（圧波形と血流速波形の Fourier 変換を行って）血行動態を解析するように作り直しました。そのプログラムができあがり、模擬の圧波形と血流速波形をディジタイザーで入力し、プログラムが所期の目的を遂行するかどうかテストしました。何か所かに欠陥があり、動きませんでしたが、次第に欠陥を修正していくうちに完全にプログラムを走らせることに成功しました。

宇都宮の病院勤務

このプログラムを使って、循環器の研究がいよいよできると思っていたとき、宇都宮市にあるC病院に転勤が決まりました。その病院は、東北自動車道のインターのすぐ側にあり、脳神経外科と外科が主力でしたが、経営が悪く、住民の評判もよくありませんでした。医科歯科大の第二内科は、それまで、赤字で評判の悪い病院を立て直した実績が多くありました。C病院の経営者が内科を強化し、経営の建て直しを図ろうとして、第二内科に医師の派遣を要請してきたのでした。循環器専門のＹ医師を医長として、一年先輩であり消化器専門のS医員、研修医のI医師と私の四人で行くことになりました。私は、血流速カテーテルを使って是非研究したいと思っていましたので、循環器グループのトップである助教授に、血流速カテーテルを大学から借りて宇都宮の病院に持っていきたいと頼みました。助教授は、研究論文を書くならいくらでも長く貸してやるとのことでした。私は、そのカテーテルを大切に持って宇都宮市へと向かいました。

私たちが着任した時、C病院の内科病棟には、若い患者は少なく、退院の目途のたたない慢性疾患に罹っている年配の患者が多くいました。外来の患者も少なく、時間の余裕があり、一人の患者に充分な診療時間をかけることができました。ある時、肺炎を起こした年配の患者を、Y医長が入院させ、医長自身が主治医となって治療しておりました。その患者は、若いとき結核に罹患して、片肺の機能が廃絶しておりました。今回、他方の機能していた肺に、肺炎を起こしたのでした。痰の喀出ができず、呼吸の困難な状況となりました。Y先生は、自身が病弱でしたので、重症患者の診療に困難を感じられ、私にI研修医を指導しながらその患者の治療をしてほしいと頼んできました。当然、私は、「できるだけのことをやってみます」と引き受けました。呼吸状態が悪化する一方でしたので、気管内挿管を直ちに行い、人工呼吸器を接続しました。血圧が低下して、尿も出なくなってしまいました。強心利尿薬の持続静注、中心静脈圧をモニターしての循環血液量の補正を行い、呼吸・循環を良好に保つようにしました。尿の流出が良好となってから、栄養状態の改善のため、経管栄養（胃にチューブを入れ、流動性の食事をあたえる）を始めました。こうする一方で、肺炎の治療のため、有効と思われる抗生剤を三種類程選んで投与しておりました。四、五日が経過し、快方に向かって行きましたが、人工呼吸器を離脱させる程にはなっていませんでした。気管内挿管は、長期にわたると、いろいろトラブルを起こしますので、研修医のI医師と気管切開をおこないました。その後、呼吸筋のリハビリテーションを行いながら、徐々に、人工呼吸器から離脱させることができました。気管切開をした孔も、カニューレの抜去後、閉塞していきました。ある程度のレベルの病院であれば、この様な重症患者が集中治療で救われることはそんなに珍しいことではありません。しかし、C病院では、設備も乏しく、看護婦も、この様な治療法を初めて目にするほどで、慣れていなかったので、医師の側でかなりの労力をかけたことも、治療が順調に進行していった一因であると言ってもよいと思います。この治療に対して、患者本人はもちろん、家族の人たちが大変感謝してくださり、Y医長は、私とI研修医の労をねぎらってくださいました。

　消化器内科のS医員が研修日で院内にいない日に、私が病棟回診してある部屋に入った時、腹部を押さえてひどく痛がっている年配の婦人で、S医員が主治医となっている患者さんがいました。黙って見過ごすことができず、痛いところを診せていただきました。直ちに外科的な手術治療が必要であることがわかりました。S医員に連絡しようとして電話を二か所ほどしたのですが、不在のため連絡がとれませんでした。私は外科医のところに行って、その患者が緊急の手術を要するか、診察の依頼をしました。外科医はすぐ診てくださり、直ちに手術をしないと腸管が腐ってしまう嵌頓性イレウスであるとの診断をされました。私は、本人に説明して、手術を受けることを納得していただきました。手術は無事終わり老婦人の痛みは消えました。その後、突然、Y医長が私を呼び止めました。Y医長は、私のやったことは半分正しくて、半分間違っていると言いました。私が、S医師の面子を潰していること、内科は整然とした秩序のもとに働いていることを、院内の各部課に示しておかなければならないのに、短絡的行動をとり、秩序を乱したことが誤りだとのことでした。それでは、面子と秩序の維持のためには、患者さんの激しい痛みと生命の危機は二の次にせよということになり、私には到底納得がいかず、むしろ、怒りがこみ上げてきました。医師としての使命は、患者の命を救うことを最優先にして行動することであり、他のいかなるものもその次に位置するべきものであることは自明のはずだ。私は、この医長と反りが合わず、よく小さな衝突を起こしていました。

数か月が経過した頃、内科の入院と外来の患者数が少しずつ増えてきました。半年が経過した頃には、内科病棟で働いていたある看護婦が、「身内に病気の人が出たとき、私の働いている病院にいらっしゃいとやっと言えるようになりました。しばらく前の状態では、そのようにとても言えませんでした」と私に話してきました。

C病院では、DSAという、当時日本に数台しかないような、高級血管造影装置があり、脳神経外科の検査に使っていましたが、心臓・血管の検査にも使用できました。しかし、私が持っていったカテーテルを使って検査するには、記録装置、それを操作する検査技師が必要となりますが、記録装置も技師も存在しませんでした。そのため、私の研究は、この病院では頓挫した状態でした。

その年の暮れ、C病院に来て約八か月が経過したころ、病院側から、経営の改善が予期したより遅いため、病院を売却して新たな経営者に委ねると言ってきました。しばらくして、病院を買いとることになった経営者が来て、内科は残って私たちと一緒にやりませんかと誘われました。外科と内科は同一の大学から医師を派遣していましたので、外科がその病院を出て行くとき、内科だけ残るというわけには諸般の事情からできなかったようでした。

この様にして、私は年末にC病院を去ることになりましたが、Y医長は私と別れるとき、「先生はサラリーマンを経験し、年をとっているにしては、世間を知らないね。先生を部下にして、非常にやりにくかった。ただ、先生の臨床能力についていては、各患者の疾患の本質を見抜く力が優れており、評価している。このことは助教授に報告しておきます」と語ったのでした。

長野の病院勤務

翌年（昭和六十二年）の初めより、長野県の北信総合病院に行くことになりました。

北信総合病院は、県北部の循環器のセンター病院に指定されているほどで、循環器疾患の診療のための設備と訓練された技師、看護婦がそろっていました。私の循環器の臨床研究は、ここで本格的に始めることができました。

大動脈の基部の拍動流のエネルギーのスペクトル分析を行うことにより、大動脈側からの負荷との関連で心臓の収縮力を評価できるかもしれないという考えが浮かんできました。拍動流のエネルギーのスペクトル分析とは、基本周波数とその整数倍の周波数（高調波）に、血液の拍動流のエネルギーがそれぞれどのように分配されているかを調べることであります。心筋梗塞等で収縮の障害がある心臓から送り出される拍動流では、エネルギーのスペクトルが正常とは異なったパターンを示すのではないか、もしそうであるなら、拍動流のエネルギースペクトルをみることにより心臓の機能を評価する新しい手段を得ることができると考えました。実際の患者さんでこれを確認すれば、循環器の医学における新たな知見となるのでした。

心臓カテーテル検査のとき、血流速カテーテルを大腿動脈より挿入して大動脈基部に進めていきました。圧波形は出現しましたが、流速波形が出るべき端子からの電気信号はノイズ（雑音）ばかりでした。アメリカのミラー社製の血流速計が、東京で作動し、長野で作動しなかったのは、交流電源の周波数が東京、アメリカで五十サイクルであるのに長野では六十サイクルと異なっているためでありました。六十サイクルを五十サイクルに変換するコンバーターを使って電源を供給するようにし、カテーテルから流速波形を取り出せるようになりました。

実際の患者から得られたデータをコンピュータに入力し、以前に完成させたプログラムで拍動エネルギーのスペクトル分析を行ってみました。結果は、予測したように、エネルギースペクトルのパターンが、正常者と心筋梗塞に罹患した患者との間で異なることを示しました。研究結果は、日本循環器学会の総会（平成元年）で発表することが受理され、私が発表いたしました。この研究の論文は、日本循環器学会の発行する英文誌に掲載され、平成三年にはこの研究が評価され、医学博士の学位を母校の大学から授与されました。私が医学を最初に志した時、服部先生から「物理学の手法を用いて医学の発展に寄与することができるでしょう」と励まされたことが現実になったように思われたのでした。

開業への道

総合病院では、数名の医師、看護婦、医療技師がチームを組んで、大規模で複雑な医療機器を駆使して検査し、最終的で精密な診断をすることが求められます。治療方針を決める場合にも、担当医の意見は聞かれますが、専門の医療グループの討論を経て決められます。このような状況では、グループの長が、検査、治療に主導権を持ち他の医師たちの考えや意見は埋没されることが多々起こります。医師の研修、訓練中の間は、それでよいのですが、その時期を過ぎ、知識の蓄積と診療技術に熟達してくると、自分の医療方針が次第に確立してくるようになります。自分の担当している個々の患者に対して医療方針が確立するとともに、病院が今後どのような医療をめざすべきか、そして、そのための医療機器、設備をどのようにしたらよいか、というようなことにまで自分の意志がはっきりしてきます。ところが、病院内においては、医師の封建制が強く、自分の意志を仕事に反映させることに多大な困難を感じます。ここでも自由が制限され、閉塞された感じが襲ってきました。それに加えて、回診、検討会等によって多くの時間が費やされ、個々の入院患者とゆっくりした会話の時間が持てなくなり、医師と患者が疎遠になりがちになります。これは私の本意ではありません。次第に勤務医でいることが、耐えられない気持ちになっていきました。自分自身の診療所を持って、自分が長年心に抱き続けてきた医療を実現したいという思いが次第に大きくなっていきました。しかし、開業に要する資金は全くないといってよいほどでした。

当時、長野県中野市の北信総合病院に勤務しておりましたので、開業するなら、その周辺が、有利であると考え候補地を探しました。これでよいと感じられる所は、見つかりませんでした。浜松市の近郊である郷里に帰った時、地方の信用金庫に行って、医院の開業をしたいので資金の融資をしてもらいたいと話してみました。履歴書と事業計画をもって再度来るようにとのことでした。それらの書類を作成して持っていきました。本所で検討したいので数日間待ってほしいとのことでした。しばらくして連絡があり、当信用金庫で融資をさせていただきたいのでよろしくお願いしますとのことでした。この様にして約二億円の開業資金の準備ができました。あとは、土地を探すだけになりました。

病院の勤務を休んで土地探しをすることができませんでしたので、浜松市に住んでいる兄に適当と思われる土地を探しておいてほしいと電話で頼みました。兄は遠州鉄道に勤務しており、遠鉄が不動産部を経営しておりましたので、遠鉄不動産に依頼しました。一か月程経過しましたが何の連絡もありませんでした。兄に催促し、遠鉄不動産で適当な物件がないようなら、他の不動産にあたってほしいと頼みました。すぐに兄から電話があり、兄の住む近隣の不動産で適当と思われる物件を三方原町に見つけたとのことでした。市の出張所と体育館を備えた公民館、小・中学校に近く、その地域では比較的広い六メートル道路が交差している地点にある土地でした。大根・ジャガイモの農地がまだ多く残っていますが浜松市のベッドタウンとして発展しつつあり、背後人口は約三万人で近隣に内科医院はないとのことでした。平成元年五月の連休に浜松に行き、土地を見ました。広い道路と接する部分が約八十メートルもあり、面積二百四十坪の細長い土地で、住むにはやや不便と思われましたが、医院として使うには便利であるように思われました。その連休中に、土地の購入を決めて長野に帰りました。

診療所の建設

私の診療所に来る患者が、くつろいで医療を受けられることが必要であると考えていました。そのため、無駄ではあっても、診療所の真ん中に小さくてもよいから日本庭園を置き、それをコの字状に囲んで診療所の待合室、受付事務室、診察室、点滴等の処置室、看護婦控え室、レントゲン内視鏡室を配置することを設計の基本とするように設計事務所に指示しました。設計事務所と何度か打ち合わせた結果、診療所部分約五十坪、住宅部分約五十坪の住宅付診療所の設計図ができあがりました。この時、二十年前のスブドハウスのことを思い出しました。設計図ができたまでは同じでしたが、今度の建設は実現するという確信が、前の時より較べものにならないほど強く感じられたのでした。

平成二年五月三十一日に北信総合病院を退職し、浜松の借家に住むことになりました。開業の準備を本格的に開始しました。工事の責任者、医療設備の販売業者、薬の問屋等が、どこから情報を得たかしれませんが、次から次へと電話してきて、面会を求めてきました。とにかく会って話だけ聞こうということにしましたので、多くの時間が費えていきました。生活費を稼ぎ出さなくてはならず、東京都府中市の病院へ週四日間アルバイトに行きました。その病院で胃内視鏡を頻回に行う機会があり、循環器疾患に加えて消化器疾患の診断技術に習熟する事ができ、開業医として診療の間口を広げることができました。

六月に地鎮祭を行い、土台の工事が始まりました。八月の終わりに建設が終了するように建設会社に依頼したところ、できるだけ早く工事を進めるとのことでした。

アルバイトに行かない日には、工事仕様の細かな選択、購入する医療機器の機種の選択、院内の薬局に備える薬の選択を、短時間の内に、次々と決めていかなければなりませんでした。診療報酬明細書の作成用コンピュータ、レントゲン透視撮影装置、心臓・腹部エコー装置、心電計、救急セット、胃内視鏡装置の選定をしていきました。これらの仕事をしているとき、自分の診療所で、心に描いていた医療がいよいよできるのだという思いがしてきて、快い気分になるのでした。

建設会社の人手不足のため工事は大幅に遅れていました。十月になってやっと、診療所部分が完成し、住宅部分はさらに遅れて年内いっぱいかかることになりました。

開　業

十月十一日には、アルバイトの病院も辞めて、十一月の開業の準備をしました。十一月一日、看護婦二名、アルバイトの事務員一名、事務員一名（妻）、医師の私で、診療所はスタートしました。三方原町では、私に面識のある住民はほとんどいず、当初の患者さんは、まったく知らない医者に初めて受診するという状態でした。初日は四、五名程度でした。暇な長い日が続きました。十一月十日に、近隣の医院の先生、大学の先輩の先生、地区の有力者、私の友人・知人、私と妻の親族に集まってもらい、開院式を行いました。服部先生が名古屋から出席してくださいました。先生に乾杯の音頭をお願いしました。先生は、診療所の中心にある日本庭園の丸橋の上に立たれて（ステージとして使った）、「最近の医療は、検査に依存する事が多くなり、医師と患者の間が疎遠になってきている。前嶋君は心の通う医療を行ってくれるものと信じています」と言われました。

◀ 平成2年11月、
診療所の庭での開院式で。

開院式で、私の義兄と義妹とともに。▶

専門医

寒くなりつつある季節でしたので、風邪の患者さんが少しずつ増えてきました。それでも暇な時間が有り余っていました。初期には、囲碁の本を読んで、経営の不安を紛らわせていました。翌年の初めころになって、広く内科一般を診れる開業医に、自分を変えていかなければならないと思うようになりました。循環器を専門として開業しましたが、実際に来院してくる患者は、広く内科一般の疾患に罹患していることが多かったからです。暇な時間を使って、内科学を基本から勉強し、日本内科学会の発行する学会誌を四、五年前に遡って読んでみました。九月に、日本内科学会がおこなっている日本内科学会認定内科専門医の認定試験がありましたので、受験をしてみました。日本都市センターで若い医師に混じって、丸一日奮戦し、帰りの新幹線の中で強い脱力を感じました。一か月後、合格の通知が届きました。開業して、医学の勉強は、誰にも強要されなくなって気楽になった半面、怠惰に流れる恐れがありました。自分をある程度律する必要があったこと、患者を循環器の専門の立場からだけではなく、できるだけ内科全体の視野から診ることができる基盤を作っておく必要があったことから、この試験は、自分にとって意味があったと思っています。

その当時の内科雑誌をみていると、消化管の悪性腫瘍は、上部消化管より下部消化管の増加が著しく、今後の消化管の診療の中心は、大腸へ移行するだろうという記事を頻繁にみるようになりました。上部消化管と下部消化管の両方の内視鏡を兼ね備えている静岡県の開業医は、全体の五パーセントでしたが、私は、早速大腸内視鏡を購入して、本とビデオテープを見て内視鏡の操作のイメージトレーニングを繰り返し行っていました。大腿動脈から心臓にカテーテルを挿入するとき、動脈が著しく蛇行していると、大腸にファイバースコープを挿入するときの状況と似てきます。循環器の診療が、消化管の診療に役立ちました。私の診療所で行った最初の症例から、S状結腸から下降結腸へスコープを進めることができました。

私は循環器を専門にしてきましたが、日本循環器学会が認定する循環器専門医になっていませんでした。循環器を専門にしてきた古参の医師は、経過措置で専門医の資格を受けることができましたが、私の場合、認定医制度が開始された時までに循環器を専門に診療してきた年数が、一年だけ不足していました。私は、試験を受けなければ、循環器の専門医の資格を得られませんでした。平成四年八月三十日、日本都市センターで、試験が行われ、三時間で、百八十題を解答するというものでした。生涯で最後の受験と思って頑張りましたが、試験の終わり頃には、老眼のためか、問題を読めない程文字が霞んできて、思考力も鈍くなってきました。一か月後、合格通知を受け取ることができました。

学会が認定する専門医は、診療報酬とはまったく関係なく、単に、努力目標または、達成感を得させるものに過ぎません。だから、無意味な資格と見なす人も多くいます。私もそう思っておりましたが、医師が知識と判断力の一定のレベルを持っていることを客観的に測って置くことは、独断的な、偏った医療に陥らないようにするために必要であると考えるようになりました。

東海スブド支部での忘年会

開業して二年が経過しておりました。来院する患者数も増えてきて暇な時間が少なくなってきました。診療所の経営は、一家の生活とローンの返済がやっとできる程度になっており、経営についての不安が消えつつありました。

その年の暮れに、東海スブド支部の忘年会への誘いがあり、約二十年ぶりに正寿寺に行きラティハンをしました。ラティハン後、東海支部の人たちから、また時々ラティハンに来てくださいと誘っていただきました。忘年会の時、服部先生の隣の席に座らせていただきました。先生は、私に、「一日患者が何人くらいあるか」と聞かれ、「約某人です」とお答えいたしましたら、「それでは一応診療所の経営が軌道に乗ったということだね」と喜んでくださいました。その後、あまり会話がなく、先生は、スブドのセンターから来た印刷物に目を通しておられました。私は、先生との久しぶりの再会で会話が弾むと期待していましたので、少し寂しい気持ちになって帰途についたのでした。

多彩な患者

開業して三年が経過した頃までに、急性虫垂炎の超音波による早期（腹痛が発症して六時間後）診断（病院へ紹介し、即日入院、手術）、卵巣腫瘍の超音波診断（病院へ紹介し、手術）、肺癌の診断（病院へ紹介）、前立腺癌の超音波診断（病院へ紹介）、急性化膿性胆のう胆管炎の診断（病院へ紹介し、手術）、胃内視鏡による早期及び進行癌の診断（病院へ紹介し、手術）、大腸内視鏡による直腸及び結腸癌の診断（病院へ紹介し、手術）、心房細動を伴った甲状腺機能亢進症の診療（自院で除細動と投薬）、胃潰瘍・高血圧・骨粗鬆・尿路結石を伴った原発性副甲状腺機能亢進症の二例の診断（浜松医科大学へ紹介、手術）、腹部大動脈瘤の診断（浜松医科大学へ紹介、手術）、大動脈弁閉鎖不全と僧帽弁狭窄の連合弁膜症の診療（病院へ紹介し、後、自院で診療）、多発性腎嚢胞の診断、小児の種々感染症の診療、腹痛で受診した女児の尿管拡張を超音波で診断（総合病院泌尿器科へ紹介し、重複尿管と診断・手術され治癒）等を経験することができました。心臓を専門としていた勤務医の頃と比較すると、疾患が多様で広範囲に渡っており、自分が構想していた以上に診療の範囲が広がっていたのでした。ある時、四十八歳の女性が、左頬部から頭部と左肩が痛いわけではないが何となく重いといって受診されました。整形外科の診療所を二、三か所受診して頸部のレントゲン写真を撮ってもらいましたが、異常なしといわれたとのことでした。一瞬、私に何をしろと言うんだろう、もうやるべきことはすべてやっているように思える、更年期の症状か不定愁訴だろうと思いましたが、念のため脊髄の変性疾患がないことを確かめようと思い、ＭＲＩ（磁気共鳴画像）の検査のみを依頼して、聖隷三方原病院に予約しました。検査後、放射線科の医師の所見を付したＭＲＩ画像のコピーが病院より送られてきました。検査結果と治療方針は、私の診療所で患者さんに話すことになっていました。ＭＲＩ画像で、頸椎の左側下部に腫瘤像があり、左の肺尖の一部を圧排していました。患者さんに、画像の検査結果を示し、良性の神経腫ですから手術すれば完全に治癒すると説明しました。患者さんは、すぐに、手術を受けることに同意してくださいました。手術の結果、神経由来の良性腫瘍であることが病理組織診断でわかり、頭と肩の鈍重感がなくなっていました。その患者さんは、今でも快適に暮らしています。

服部先生からの電話

東海支部のラティハンに誘っていただいておりましたが、積極的に行きたいというまでの気になりませんでしたので、次々に先送りにしていました。約一年が経過した頃の年末に、服部先生からお電話がありました。「このところ、御無沙汰いたしており、失礼いたしました。先生はお元気でいらっしゃいますか」「お元気どころではないよ。この一年間、君が東海支部のラティハンに来られるのを待っていたが、来てくれなかった。この頃、寂しい気がしてならない。友人を失うのは、この年をして辛い。老人の被害妄想かもしれないが、君が心を害されているような気がしてならない。そのようなことがあったら、是非許してほしい」と言われました。私は、「いいえ、そのようなことは、ありません。名古屋に行こうと思っていましたが、新幹線で行こうか、東名自動車道で行こうか検討していました。そのうちに、スピード違反をしてしまい、免許の一か月の停止処分を受けてしまいました。もう、処分は済みましたので、名古屋に行くことができます」と答えました。「そうか、それは辛かったね」と言われました。私の理由は、半分程度しか申し上げられませんでした。ただ、私が先の忘年会のときに感じた寂寥感をやや長く引きずっているのを、服部先生が感じられ、先生自身が苦しまれたことを済まなく思ったのでした。この上は、一日も早く先生とお会いして、疎外感をなくしていただきたいと思い、新年の初めより、東海支部のラテイハンに参加いたしました。二週間に一回、土曜日の東海支部のラテイハンに通うようになりました。ある時、「前嶋君は個人ラテイハンをやっているか」と先生から聞かれました。「時々ラテイハン状態になることはありますが、今からラテイハンを始めここで終わるというような形式に従ったことはしていません」と話しました。先生は、「医師がラテイハンをする事は、よいことか悪いことか、今でもわからない。診察中に、患者から受けやすくなるため、疲労感が増し、頻繁に休憩をとることになる。患者は快適な気持ちになるようだ。私は、診療が終わると必ずクリーニングラテイハンをしていた。君も寝る前に、クリーニングラテイハンをするといい」と言われました。当時、私は、ラテイハンを二十年間ブランクにしておりましたので、いわばラテイハンのリハビリテーションの状態でした。服部先生の忠告に従って、就寝前のクリーニングラティハンを行ってみましたが、三日坊主に終わってしまいました。

年が明けて平成七年になり、この年の始めから、一週間に一回、東海支部のラティハンに通うようになっていました。診療の間に、患者が途切れた時、お茶を飲んで休憩していると、頭の中がラティハンになっているのでした。一週間の間にこのような小ラティハンが何回となく起こっていましたので、ラティハンを忘れている時間が短くなりました。土曜日になると、今日は名古屋でのラティハンがある日だなと思い出され、できるだけ土曜日の午後に用事を作らないように準備するのでした。

ある精神科医とのゴルフ

二十年余りのゴルフ歴のある精神科のＫ先生が、浜松市に開業されています。心の病を診ておられるためか、先生自身も精神状態の具合が悪くなることがよくあるとのことでした。Ｋ先生と私は、年に二回程度ゴルフを一緒にプレーしておりましたが、ある時Ｋ先生は、「私は前嶋先生とゴルフをするのが今までプレーした他の誰よりも楽しい」と言われました。Ｋ先生は、心を観察するプロであり、誠実なようすで、私も先生に敬意をもっておりましたから、その言葉を聞いていっそう驚きました。私が他の先生と異なることといえば、スブドのラティハンを少しばかり続けてきたというだけでしたから。

患者さんから得る励み

ある時、汚れた服装で粗野な言葉を使う六十歳位の男性が、怪我をして来院しました。少し応対しにくい患者だなと思いましたが、小外科的な処置は時々していましたので、治療を開始することにしました。必要最小限の会話しかしないまま、数日間、通院治療をおこないました。傷が治癒して、抜糸したとき、その患者は、「先生は今まで会ったどの医者とも違う。こんなに気持ちよく治療してもらったことはなかった。先生、これからもよろしくお願いします」と私に言ってくれました。今でもその患者は、高血圧の治療のため、定期的に来院しております。どのような患者であっても、分け隔てなく、自分の持っているすべてを傾注して診療するだけだと折に触れ自戒しております。

平成六年より、厚生省により、寝たきり老人在宅総合診療という医療形態が導入され、通院できない病気のお年寄りを開業医が定期的に往診して、総合的な診療をすることになりました。そのような往診に行っている患者さんのうちの一人に、私が往診するたびに、「先生のお顔を見るとほっとします。来てくださるだけで体の具合が良くなったように思います。安心します」と言ってくださいます。このような感想を述べてくださる患者さんは、私が診療した患者全体から見れば、極めて微々たる存在です。それにもかかわらず、その患者さんの言葉は、私には感銘深く聞こえるのでした。私が服部先生にお会いして間もない頃、先生の診療の情景から感じたほのぼのとした温かさが、思い出されてくるのでした。

私の診療の中で、その片鱗でも感じてくださる患者さんがいてくださること自体が、私にとって大きな励みとなるのでした。

学　校　医

平成七年六月より、静岡県立浜松盲学校の校医に任ぜられました。高等科を備えているため、静岡県全体と愛知県の東部から生徒が集まって、一部寮生活を送っています。その生徒たちの健康管理を任され、定期健康診断を行ったり、学校保健委員会に出席しております。

服部先生の体調の変化

先生は、診療所を閉鎖されて、仕事をされなくなったころより、病気がちになられたと話されていました。平成七年六月頃、胸に帯状疱疹ができ、痛みのため苦しんでおられました。八月中旬頃には、倦怠感が強いため、しばらく集団ラティハンを休まれるとのことでした。以後、病気の療養生活に入られ、私たちとラティハンを共にしてくださることはありませんでした。大変残念なことでした。私が、再び、先生とラティハンを共にしていただくようになってから、約一年半余りの短い時間しか経っていませんでした。

結　び

○スブドと世的活動

服部先生は、私がスブドを始めた当初より、職業等の知的能力を使わなくてはならない分野では、頭脳を極限まで使い、世的な活動能力を高めておくように指導してくださいました。私は、その御指導に従って、世的な活動分野の追求と事業の遂行能力の向上のための努力を、自分の能力の限りを尽くして行ってきたつもりです。そうする中で、時折、私は内部から強い促しを感じました。ある時は、その促しが示す物事の実現までに、紆余曲折の道をたどり長時間がかかりました。ある時は短時間の内に実現しました。実生活での願いを実現させるとき、知情意を用いる努力とともに、時期の到来を待つ根気強さが必要であると痛感しました。

スブドのラティハンを長年持続して行うこと自体、大変な忍耐強さがなければ不可能ですが、この忍耐強さが、努力しながら時期がくるのを待って世的な事業を成就させるうえで、大変役だっているように思われます。

○伴　侶

平坦ではなかった道を、苦言一つ言わず共に歩いてきてくれ、私の無理とも思える願いの実現のため私を支えてくれ、私にとってこれ以上望んでも得られない女性であると思っています。むしろ、彼女の出現を待って、私の内に潜在していたものが、実現に向かって動き始めたように思えます。服部先生は、私たち二人が似合っているかどうか一瞬のうちにみてとられたようでした。そして私たち二人がより強い絆で結ばれるように惜しみない労をとってくださいました。私は、彼女に最初会った時、違和感がない程度の感じでした。今、結婚して二十数年が経ち、他人であったものが生活を共にするようになっただけで、どうしてこれ程までに妻に対して近親感を持つのだろうかとしばしば不思議におもっています。

○職　業

特許庁審査官は、私には適性を欠いていたようです。自分なりに努力してみましたが、常に閉塞感と空虚な感じに襲われました。私の内部では、かなり以前より医師への職業に転換する傾斜が感じられておりましたが、実現に向かって動き出すまでに、機が熟す時間が必要であったようです。この間、外部と内部の不整合による葛藤に悩み続けておりました。時期が来て、置かれた状況と年齢から常識的に見て極めて困難である所から、医師への職業換えが可能となっていきました。自己の生涯の職業を選択する場合、テストの結果に囚われないで、自分の内部感覚に従って積極的に現実を切り開いて行くのがよい結果につながるように感じました。

医師になってまず感じたことは、体の健康状態が良好になったということです。時には、体の不調を感ずることがあっても、床に伏せるほどの病気に罹る事はほとんどなくなりました。仕事に、充実感と喜びが伴うようになりました。この様な職業につくことができたことを幸運に思っています。

○開　業

開業資金がほとんど零であったにもかかわらず、金融機関から融資を受けることができて、充分な広さの土地・建物、充実した医療機器を準備することができました。開業の地での医療の実績が皆無であるところから始めましたが、比較的短期間のうちに経営を軌道に乗せることができました。当初の自分の予想を越えて、多岐にわたる疾患を持った患者さんの来院があり、それらの疾患に適した診療ができるようになりました。

○一番よき理解者

服部先生は、私のスブド人生のスタート時にヘルパーとしてオープンしてくださり、進路を医学に変更する決意を打ち明けたとき励ましてくださり、生涯の伴侶が似合いであるかを見抜いて仲人として奥様とともに結婚式に立ち会ってくださり、診療所の開院式に乾杯の音頭をとっていただきました。私は、結婚、職業、開業という人生の岐路ともいうべき所で、内部感覚からの働きかけを受けたと感じています。

先生は、このような私の人生の大きな節目の所で、私を見ていてくださり、そこにいらっしゃるだけで安心していることができました。約三十年の長い間のお付き合いをしていただき、この世で、私の一番よき理解者でいてくださったと思っています。今は、幽明境を異にすることになり、限りない寂しさに襲われます。しかしながら、今後とも内部感覚の中では先生と繋がっていることを信じており、これまでどおり私たちの行く先を見守っていてくださるものと思っています。

服部聖風兄をしのぶ

服部知巳先生の御入寂を哀惜す
―その偉大性の私的一考察―

岩井英夫

平成八年六月十四日、東海支部の服部知巳先生が御入寂されました。先ず以て三十六年間に亘る御霊導・御教訓・御守護を哀切の心の底より感謝御礼申し上げます。

聖寿八十二歳、仏式では遷化《せんげ》・又は涅槃《ねはん》に入られたと申すのでしょう。（仏教では一切の煩悩を断ち切り悟りの境地に達し、身体の亡くなった時を無餘涅槃、身体をまだ有しているのを有余涅槃と申します）

尊称も、大兄、尊兄、尊師等とありますが御生前呼び馴れた言葉で、以下単に「先生」と呼ばせて頂きます。

能力低く、文才も無い者ですが、前嶋医師、伊藤孝司氏の呼びかけと御好意に甘え、先生を慕い尊敬するのあまり、厚顔無恥を省みず、稚文を記させて頂きます。

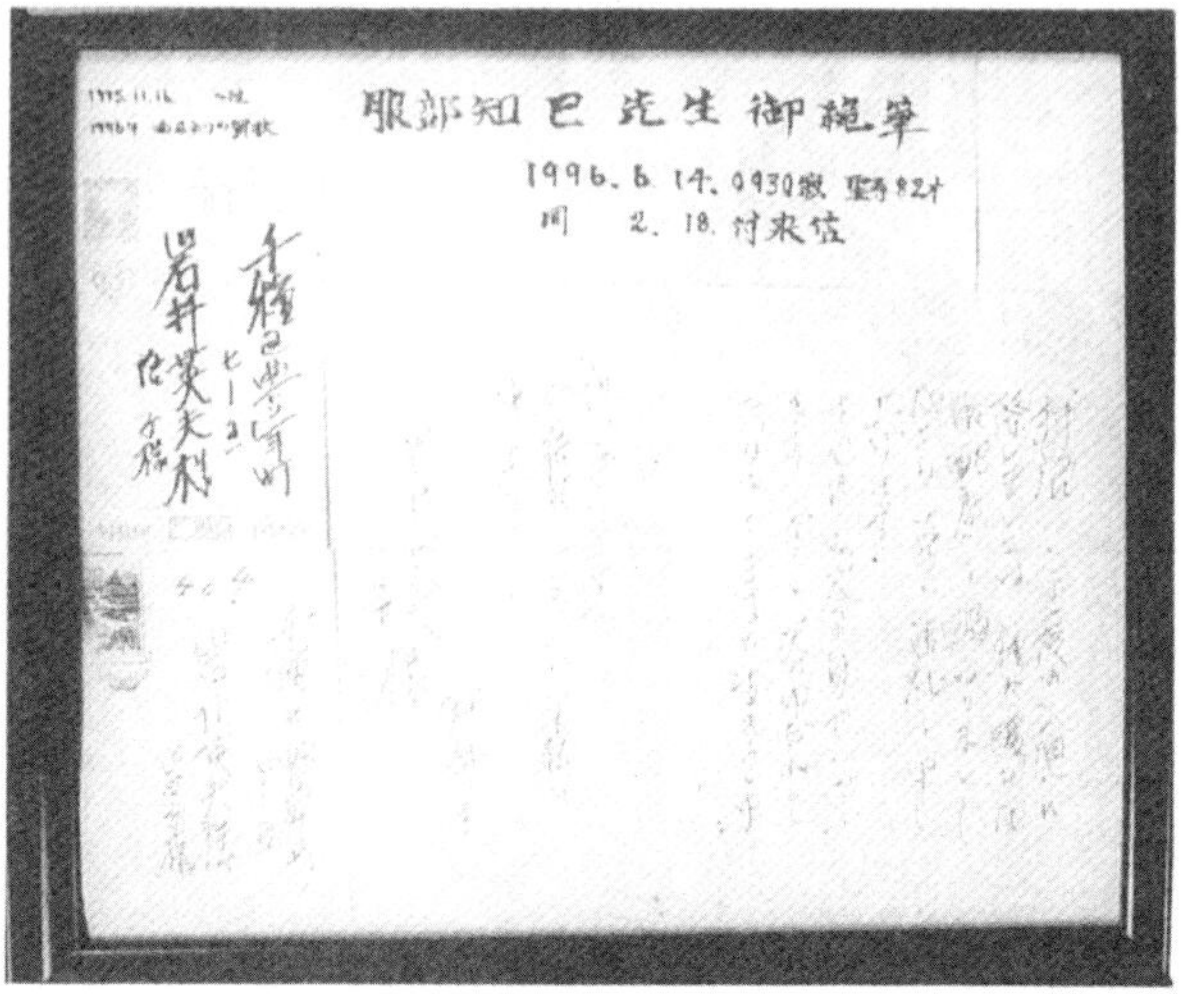

服部先生のお便り。

持って生まれた背後の力

先生は西紀一九一五年一月一日生（御本人によれば年末に産まれたらしいとのこと）。生まれた時からある特殊の背後の力を持っておられたようです。

中学二年になった時、お父さんが「昔は十五歳になると元服して一人前に扱われた。お前も学校へ行きたいなら、自分で学費を稼いでいけ」と言われたとのこと。

昭和四年、数え年十五歳、中学二年生。其後如何にして学費を稼がれたか聞いていませんが、私の経験では昭和八年当時、公立中学の月謝は四円五十銭・校友会費五十銭で計五円（義務教育は小学校六年迄）大工さんの日当が八十銭から一円でした。

その時代、中学校は五年、高等学校三年、更に医科大学と独力で卒業されたのでした。昔から苦学生の話は聞いていますが、この様な話は聞いたことがありません。

能力・努力もさることながら、私は先生の背後の力が必死になる先生を援助し、導かれたと思います。又、太平洋戦争中は先生は軍医として中国戦線に勤務されましたが、或る時用事で麓の村へ出掛けた留守中に、山上の部隊は中国軍の奇襲で全滅したとのことでした。

スブドへ入会されたのも、本屋で「二十世紀の奇跡」を見られて東京へ問い合せ、折よくバパの第一回御来日時の一九五九年二月十三日にオープンされたのであり、これも先生の背後の力の働きと思います。

今、マスコミによって心霊は一般化し、何処の本屋にも心霊関係の本が並ぶようになりました。私は昭和三十年（一九五五年）より財団法人「日本心霊科学協会」の会員でしたが、同協会の月刊誌「心霊研究」誌の寄贈書欄に、「不定期無定価・ＡＺのスブド」の紹介があり、世には変わった人もいるなー、スブドとは何であろうと好奇心で注文し、ＡＺの読者になった所へ十菱麟さんが名古屋へ来られ、随行して来た方が「二十世紀の奇跡」を貸与して下さってスブドを知り、入会を申し込んだのでした。

私も見えない力に導かれ、スブドに入る前に五つ六つの道程を要しましたが、先生は一度で、バパの御来日前に二十世紀の奇跡に遭われたのでした。既に最初から私共とは違う霊位にあり、高いジワ（魂）の所有者だったのでしょう。

この持って生れた力によって一般人とは異なる霊位・霊格・魂の持主である先生の、スブドへの着眼、浄化の度合い、方向等も一般人と違っていて当然のことでしょう。

驚異的肉体浄化

オープン後の先生は、凡庸の想像・追随し得ざる猛ラティハンと全託・浄化の道を進まれました。その猛ラティハンの様相は、先生オープン後一年位後、一九五九年か六〇年の「季刊スブド」に掲載されています（私は一九七五年火災にて焼失）。

激しい肉体浄化運動は、伊藤孝司氏の記録に「蛸踊り」と評記されている程でした。

私がオープンされた、一九六〇年秋頃、私は職務上東京へ一年に一週間、一時期は四か月に半月位出張していたので、暇をみては東京の会場（主として京橋支部）へラティハンに赴きましたが、どこの会場でも、東海は運動が激しいとの評判でした。

然し、もうその頃には先生は肉体浄化は略々終了してみえ、動き回り発声はされましたが、激しいと言われる程の動きではありませんでしたが、目を閉じて真っ暗の中を自在に歩き回られるのには驚きました。

浄化の段階は、一、肉体の浄化、二、感情の浄化、三、思考力の浄化と言われますが、後年「私はスブドの試金石になる」と仰られた先生は、数年で肉体の浄化を終えられ、一九六七年（昭和四十二年）夏よみうりランドで第三回スブド世界大会が開かれた時、バパのテストが色々ありました。バパのインドネシア語―英訳の後、建部さんの和訳になったのでしたが、先生は、バパのインドネシア語が終るや否や、もう反応の運動をしてみえるのです。

伊藤さんの記録によれば、一九六五年、世界大会の二年前に京都の鞍馬山にて、後述するクマラと称する高次の力より原語（不明の外国語）で指示を受けてみえるので、バパのテストに即座に反応し得て当然でしょう。

本を求めて本屋へ行かれると、足が自然に動いて或る所へ行くと止まり、上を見るとそこに求める本がある。

タクシーを求めると足が動いていき、そこへタクシーが来て、乗っていた人が降りて代りにすぐ乗れる等々、日常生活に浄化した肉体の効力を随所で体験されました。

もはや完全に、私共の世界である第四のナフスムトマイナ・人間力の世界の上、第五のロハニ・完成された人間の魂に支配された世界に入られ、後年には第六のラフマニ・天使の力の領域に近づかれたか、お入りになってみえたかとも思われる状態でした。

第四の世界の境地の私共には、第五、第六の世界等理解し得る所ではありません。一月一日毎に私共との距離は開いていく一方でした。

一九七一年（昭和四十六年）第四回世界大会がインドネシアのチランダで開催された時には、先生と伊藤孝司氏が参加の予定でしたが、何故か中止されました。

然しチランダ大会終了後より、先生とバパとの霊的交流は一層強くなったようで、其後先生がバパの写真の前での個人ラティハンで、「日本スブド全国大会へのバパのメッセージ」を霊受されましたが、東海支部の参加者零で確証は得られませんでした。

バパとの交流は時々あったようですが、余り口外はされませんでした。その交流はバパの死後も続き、集団ラティハン中、時々「バパここここ」「バパ有難うございます」「バパ有難うございました。どうぞお帰り下さい。有難うございました」等の霊言がしばしば聞かれました。ラティハン中言葉に出ない所、又御自宅での個人ラティハン中には如何ばかりバパとの交流があったことでしょう。

感情の浄化と患者への応対

感情の浄化に伴って、先生は如何なる時も冷静で、御自分の感情を表面に出されたことは一度もありませんでした。

合宿・懇談会での会員よりの質問・発言に際しても、先ず第一に「そうなんだよ……」とか「そうだねー……」と会員の言葉を受け入れ序々に発言事項に触れていき、最後に御自分の意見を開陳されるという形態でした。

眼科治療の患者への応対も誠実丁重で、私の関係信者も五、六名紹介しましたが、皆「親切で医療もすばらしい先生だ」と感嘆されました。ジワの低い人、魂のよくない人は勧めても行こうという気を起こさないようでした。

一人の方は公共大病院で入院手術を宣告されましたが、先生に診て頂くと「入院する必要無し」と言われ、既に七、八年経ちますが通院のみで異常ありません。

或る方は緑内障で片目を手術し、後又更に片目を宣告されましたが、念の為に私が同道して先生の診察を受けた所、「医学的には手術の目だが、私が貴方だったら、もうしばらく様子を見ますね」と言われ、その方は嬉しそうにニッコリされました。後で先生に御聞きすると「まあ一年位もつだろう」との事でした。その後五年位テレビを観て楽しみ余生を送り七十七歳で入浴中急死されました。

私も白内障や近視で二十数年御世話になりましたが、テキパキとし要を得、然も誠実丁重、時には半ラティハン状態で診療されるので患者さんから受けてしまう。或る時「五十分診療すると十分二階へ上がって浄化ラティハンをする」と仰られました。

患者さんの中には「あの先生はよく休む」と言う人が居ましたが、それだけ治療効果はすばらしいので、遠くからも診療に来られ終わるのが三時を過ぎる結果となったのでしょう。

或る時、前に勤務してみえた、名古屋大学附属病院眼科から、難病の患者が回されてきました。某眼鏡店社長の言によれば、名古屋で三本の指に入る名医とのことでした。その当時は県、市関係の医師会役員を数個持ってみえました。手術は見事に終わり、結果も良好だったとのこと、されど先生は「真剣になり夢中になるとラティハン状態で、手が自然に動いて手術したので、後から医学的に説明しようとしても説明できない手術だった」と言われました。

右様に関する件は古い会員は多々聞いています。近くに県庁、市役所があり、県市の要職の方がみえても、特別扱いの依頼を断り一般同様に扱われました。

思考力の浄化

「本というものは発刊当時は入手は安易ですが、時を経ると入手困難になる」と言われて専門書、一般教養書、宗教関係書、其他必要と思われるものは直ちに注文し、後日必要な時に開扉されたようで、その蔵書は莫大な量となったことでしょう。五、六百頁位の本は大体、二日に一冊の割で読んでいかれたとのことです。

受ける力がすばらしいので、本の名前を見た時に大要を受けられ、更に手にした時に又内容を受けてみえるので、本の重点、要点は大体解ってみえるのでしょう。

肉体、感情、思考力と三段階の浄化を終わりラサデリー（内的感覚）プリバディ（内的自我）ジワ

（内的な力・魂）をもって、スシラ（全能の神の御意志に一致した人間の正しい生活）ブディ（人間の内部にある生命力）ダルマ（全能の神に対する服従・信頼・誠実）を完成された方は、世界のスブド人の中にも数少ないと思います。

服部先生の受ける力

一か月前より予告され、招致を受けていた先生は、一九六五年六月二十五日の夜、京都鞍馬山で高次の力（クマラと称す）より「スブドの世的指導原理」を受けました。これは、前もって「教えは沢山あるから記憶することは困難である記録しておけ……」と言われているので、伊藤孝司氏が随行しテープ録音しました。

爾後の先生のラティハンの中には、スブドの神、クマラ、バパの霊言・霊動が渾然として現れ、霊信、霊療、指導的言辞、事件事故の予告等々目を見張るものとなりました。過去を見抜き、未来の予言は現実化しました。

（この、神 - クマラ - バパ等の関係解釈については、現在スブド東海支部の最古参者であり、以後も先生と共に各所へ赴き、先生と接触する機会の多かった、伊藤孝司氏の意見をまず重視し、私の推察判断は参考の域に止めて下さい）

先生の霊言も時には「神は……」時には「クマラは……」そして時には「クマラは服部知巳お前である……」「服部知巳お前がクマラである……」等とあって私共には判断出来ない関係ですが、その言動は驚異的で胸をつかれる思いをした事はしばしばでした。

科学者の先生は不審に思う事は数々でしたでしょう。時には御自分の受けるもの、又ラティハン・テストの正鵠を期さんが為に、翌日の天気予報のテストを続けられたこともありました。

ラティハン中に思考力を使うと、ラティハンが止まってしまうので、全託して委せるのみ、一切は受けた力によって行われ、ラティハン終了後「先生有難うございました……」という会員に「アーあれは君だったのか、僕は全然分からないのだが……」と言われるのでした。

スブドは宗教の根元であるとババも言われており、色々な宗教の中には、私達には理解出来ない行動をする団体・個人もあります。禅とか或る種の精神統一の様に、一定の型にはめないのが、スブドのラティハンの素晴らしい所であります。

ラティハン開始時の個人の能力、霊位、霊格にもそれぞれ差があり、浄化・向上する方向、浄化の進度もそれぞれ違いますが、全知全能の神はすべて御承知で全部引っくるめて浄化・向上して下さるのです。

従って、他の国のラティハン、将来のラティハンの中には私共の想像外のラティハンが出てくることもあり得ます。

先生のラティハンは第五のロハニ（完成された人間の魂）に支配された以上の世界に入ってみえ、私共が推量思考する事は許されません。

スブドの世的指導原理の発表

一九六五年六月二十五日、先生が鞍馬山で受けられた「スブドの世的指導原理」はババ以外は会員であっても話してはならないと言われました。

ババの亡くなられた日にラティハンをしたら、ババが出て来て「ババも同じことを受けているが、お前の受けている一部を文章にして発表しなさい」と言われ、急遽会合が決まり七月四日豊田市の伊藤宅に集まりました。

ババの死の直後であり、重要事項を聞き漏らしてはいけないと思って、テープレコーダーを持参したのが幸いでした。

そこで第十節の中の第一節（十番目迄ある）の十項目のみ発表されました。

全部では百八十頁もあり、先生も老齢化され、生ある内に形に残したいと思われたのでしょう。二、三年前私に整理を手伝ってくれとラティハン会場で言われ、私は皆さんに相談し「東海支部としてやらせて頂きます」と御返事しましたが、クマラに止められたのか、次の集団ラティハンの時に「矢張り止めます」と言われました。

ババは生前「スブドは地球を覆う霊的な力の一つである」と仰られました。又、「スブドはスブドだけが唯一無二の方法であるとは主張しない」とも言っておられます。これが「スブドだけが唯一無二の法である」等と言われたら、○○学会と同じで、すいぶん迷う人も出たことでしょう。

スブドの神とは宇宙の大生命である。この宇宙は約百五十億年前に発生し、現在尚拡大を続けていると言われるが、その宇宙たるや想像もつかない位の大きさである。

恒星である太陽を中心とした太陽系のような世界が約四千億集まって一つの銀河系をつくり、その銀河系が約千億集まったのが大宇宙と言われる（米コーネル大学フランク・ドレイク博士）。

スブドの神は、この大宇宙の始まる前から存在し、そしてこの大宇宙が無くなった後にも存在する方であるとババは言われる。そんな神を推量思考する事など出来得べくもないし、思考する事自体がまことにおそれおおいことであります。

大宇宙の神と直結された先生は、時には神と称する方より、時にはクマラと称する方より、ラティハン中に数限りない助言・訓戒・予言を与えて下さり、更に会員の浄化・霊療を様々な形態でされたのでした。言葉や文章では言い尽くせません。

冒頭に、一、持って生れた背後の力と書きましたが、その力が浄化洗練され、相乗作用を伴って思考力では理解し得ない先生のラティハンとなったのでしょうか。長年ラティハンを共にした私共でも不可解ですから、ラティハンを共にされない方には万言をろうしても到底理解し得ざる所です。

同胞会組織より脱会　東海支部孤立の一時期

一九七〇年四月七日、武藤マンスール一家が家財を整理してチランダに永住し、ババに奉仕をすると聞いた時には全く感激しました。十一月ババより武藤氏にパチェット農園開発の指示があり、武藤氏は日本に支援を求め、十二月より献金が始まりました。

翌年一九七一年八月五日〜二十九日、第四回世界大会がチランダで開かれ、日本からは五十九名の方が参加され、一年四か月前に移住された武藤マンスール氏の御世話になったようです。

世界大会が終わってより、様相は一変し、日本スブドのセンターはチランダの武藤家に移ったかの観を呈し、武藤氏より次から次へと要求があり、あの崇高な気持でチランダへ移住した武藤氏はどうなってしまったのかと奇異の感に打たれました。そこ迄の権限をババは武藤氏に与えてみえるのか？　と疑問に思う程の振舞であり、要求でありました。

オープン後十四年間ひたすらスブド運動をされた先生が、高次元クマラの指示によって、日本スブド同胞会の組織より脱会されたのは一九七三年（昭和四十八年）四月七日で、爾来しばらくの間、東海支部はセンターより孤立状態になり、スブドの基本であるラティハン専一に徹しました。

脱会に際し先生は、「これからは個人ラティハンに入りますが、皆さんは集団ラティハンをして、しっかり自分の足で立って下さい。又、個人的なおつき合いは今後も御願いします」と言って去られました。

スブドは調和を重んじます。センターでは東海支部の奇行を容認して下さり、又東海支部もセンターからヘルパーやコミッティの訪問打診があれば、喜んで受けていましたが、東海支部より積極的に上京し、全国大会に出席する事は無くなり、支部ヘルパー、支部長は時として苦しい立場に立ったことでしょう。

先生との合宿ラティハン

待望久しかった先生との会合が、土曜日の夜から日曜日にかけて、豊田市の伊藤宅のオーディオルーム（三十六畳敷位の広さ）で、有志によって開かれるようになった。伊藤氏は有志全員の布団と枕を個人名を記入して準備して下さり、私共は月に千円宛返済しました。食事は近くの飲食店を利用したが、朝食は伊藤宅でパンとコーヒーか紅茶を準備して下さいました。

先生は母屋の別室で休まれましたが、一時間～一時間半の合同ラティハンで受けたものの浄化に、毎回三十分～一時間個人ラティハンを行って休まれたとのこと。一年に三、四回位行ったが、数年続いて伊藤御夫妻には何くれとなく本当に御世話になったものでした。

先生の診療医務、会員の勤務の関係で土曜日の夜の会合でありましたが、其後、豊田市、稲沢市等の勤労福祉会館、名古屋護国神社の桜花会館等を支部長伊東幸雄氏や伊藤孝司氏の配慮で借りて一泊の合宿ラティハンを行うようになりました。

昭和五十一年二月四日以降の合宿回数四十四回（それ以前の記録焼失）、なかんずく昭和五十六年九月十二日の稲沢市立勤労会館の合宿以降、合宿の重要性と偉大性を感じて、手帳に要点をメモする様にしました。

後日整理記録しようと思っていましたが、中々出来ず、先生の死後、日記帳、手帳を拾い集め必死に整理しました。その記録二十回分は一冊にまとめ、ババのトーク集と同様に、私の重要トーク集として、先生の教訓指導書とし、私の勉学・反省・回想書となりました。

同胞会組織復帰後も偉力を

一九九二年（平成四年）七月八日、正式に同胞会組織に復帰され、東海支部一同、えも言われぬ喜びに包まれました。スブドニュースにも掲載されましたので、先生を知る古い会員の方々も如何ばかり喜ばれたことでしょう。

時に先生七十七歳（数え七十八歳）老齢の身なるを以て眼科医院は数年前に廃院。

「年をとるとラティハンもマイルドになるねー」と仰しゃられたが、その内的な力は更に向上されたようで、ラティハン中には身体に触らなくても、傍に来られただけで吸収浄化して頂けたようです。クマラの配慮で肉体を余り動かさずにラティハン効果をと思われたのではないかと推察していたのでした。

復帰後三年、一九九五年十月二十七日「体調不調ですから欠席します」の通知があり、十一月十六日国立病院入院迄、三年四か月、その間二回体調不調でラティハンを休まれました（二か月と半月の二回）。

「ラティハンでも老化現象は治らないなー、ババでも死なれるのだからなー」と車中で漏らされ、老化防止・健康快復に真摯なラティハンを続けられました。

或る時、クマラに「自分の老化防止に一生懸命なのに、ラティハンに入ると、人の所へ行って、人の浄化を助けてしまう」と言ったら「お前はそれが任務である」と言われたとのこと。

私共はこの一言で示されるように、実に長年、スブドの神、クマラ、服部先生の恩寵を頂いて来ました。

「岩井さんの信者さんは、岩井さんを通して神の恩寵を頂いているよ、クマラが守っているよ」と言われましたが、正にその通りで、信者さん達は大体順調にいっています。勿論これは私共夫妻、子供達にも言えることです。「岩井さんはやせて弱そうだが、寝込むことはないなー」

「全く、スブドのお蔭、クマラ様のお蔭、先生の御蔭です」

送迎の恩寵と不思議

私宅とラティハン会場の経路上に先生宅があるので、この間先生を送迎させて頂く有難い状態にありました。

先生が組織を脱会されてより復帰される迄の十九年間に数々の合宿が行われて、先生との接触、ラティハンを維持して来、その間殆ど私が車で迎え御送りして来ましたが、その時は復帰後の送迎の様な感激はありませんでした。

復帰後三年四か月のラティハンへの御迎え自宅への御送りには、身体が震える程感激しました。私は何たる幸福者でありましょう。かくも尊い先生を送迎させて頂けるとは！

その間に数々の教訓と浄化を受けて記録させて頂き、全く有難い極みでした。

驚いたことには先生宅東の信号は何時も青でした。伊藤さんを浅間町で降ろしてより先生宅へ至る迄に信号は九つもあり、先生にお降り願って約三十メートル東進して、国道四一号線の交差点の信号はいつも青でした。

先生を御送りした回数は、正月休みを除き三百余回になり、先生宅東の東西線は二車線国道四一号線は片側三車線、東西信号は六十秒置き、南北信号は九十秒置きですのに、赤信号で止められたのは、ほんの三、四回、数学上では五回に二回青でよいのに、殆ど青、こんな事ってあるでしょうか。これも先生の力でしょう。先生は車を降りられても発車する迄必ず見送って下さいました。

スブドとはかほど迄の力があり、先生はその偉大な力を余す所なく受けてみえたのでしょうか。スブドに入り、かかる先生と御縁があった私共は何たる果報者であると、しみじみ思う次第です。

幸いにも私の所属する教団の経典「法華経」の中には「本仏」思想があり、本尊は「釈迦牟尼仏のお姿をお借りした本仏様」です。

本仏とは「諸仏（仏・如来の名のつく方全部）を総括する根本の一仏」であり、宇宙の大真理、大生命を具象化・人格化して御本仏と申し上げるのであり、御本仏が地球上の必要な時期・所に応じて釈迦牟尼仏、キリスト、マホメット、孔子等を遣わされたとされています。

スブドは諸々の宗教の根元であるとバパは言われましたが、正に然りであり、スブドによって経典の解釈・理解が安易となり、且つ広範囲化される結果を得ました。

前上述の如き教団の本尊ですから、スブドの神と相矛盾することなく、オープン以来三十六年間、加持・祈禱等によって信者より受けたものをスブドのラティハンによって浄化してこれたのであります。のみならず、スブドの神の恩寵、クマラ・服部先生の恩寵をも併せ拝受させて頂けたのでした。

内部の魂には生も死もない

ババの亡くなられる前二日間、私は未だ経験したこともないような無力感・虚脱感に襲われました。三日目にラティハン会場でババの死を知らされ、あの虚脱感は偶然であったか、ババと何かのつながりがあるのか、何にしてもババの死を知る直前であったことは有難いことであると思いました。

そしてその後に先生より伊藤宅での会合が行われましたので、テープレコーダーを念の為に持参したのでした。

ババ以外には話してはいけないと止められていた先生が、ラティハンでババより「スブドの世的指導原理」の一部を発表して、皆がそれを受けているかどうか確認した方がよいだろう、と言われて発表となったのでした。

その第一節目の第十項目は「人間の生と死について」であり、「内部の魂は生も死もない。ラティハンはそれを体験する方法である。……」と説かれております。

今、現実に服部知巳先生は亡くなられたのです。世的指導原理では「人間は死によって肉体は無くなるけれども、その内部はやはり生の時と同じ様に生き続けているのである……」。

私は仏式に則り、四十九日間は朝信者さんとの朝詣りの時に、先生の御名を称して読経し、七日、七日にはローソクと線香を持参して、先生宅南の公園内より先生宅に向かって瞑目、ラティハン状態で読経しました。先生宅窓下の道路を人が通ろうが、横の道を犬の散歩の人が通ろうが、お構いなく読経しました。雨の日は傘をさしてローソクの灯が消えない様にして。

だが、何のクニアタン（霊的確証）もジワ（魂）の交流もなく、内的感覚も気のせい位の程度しか感じません。さすが最後の七十七日・四十九日目の時には自分の無力に泣けて来ました。私の浄化はかくも遅々たるものであるかと！

然し乍ら現在迄に現実にクニアタンを確証し、又、信者の問に対しても教団方式に據らず、スブドのテスト方式によって返答し得、数々の恩寵・御守護を頂いている事を思うとこの道は決して間違っていない。浄化の遅速は神の支配される所であり、私は私のペースで精進を続ければよいと思う次第です。

幽明境を異にし、あの御生前の御姿に接することはできませんが、引続きジワ（魂）の世界での御霊導・御守護を信じ、終生ラティハンに精進し、やがて霊界入りした暁には、霊位・霊階は違っても、もしも御会い出来れば「霊界ラティハン」を共にするのを楽しみに、神を信じ神に委せながらも、先生の教訓を守り、御指導の要綱を忘れずに拝読を累ね、残された人生を有意義に使わせて頂きます。

オープン以来三十六年、先生、本当に色々と有難うございました。

合掌

終わりに

浅学非才、近年記憶力・理解力・判断力等老化し、加うるに体力も頓に低下し、駄文を綴りましたが、考えてみれば、先生が組織に復帰されてより人知れず老化現象に悩まれましたが、後一年で私も先生が復帰された齢になります。

前嶋医師や伊藤孝司氏のワープロ原稿を拝見して、恥の上塗りであり、両氏によって先生の偉大性は十分発表され尽くされているから私は必要ない、中止しようかと思いましたが、私の如き例もあり、又、私の様に能力低く霊的音痴の者でも、ここ迄これたことを知って頂くのも、スブドの神を信じる一助にでもなり、クマラ・服部知巳先生の偉大性の一側面観ともなればと、厚かましくも書かせて頂いた次第です。

先生死後の集団ラティハン、個人ラティハン中に先生のジワがみえたのか？　私の思考作用か想像か判りませんが、時々先生を感じ、涙をぬぐう時があります。

先生との魂のつながりを信じつつ。

合掌

一九二〇年九月十二日生まれ

一九六〇年十一月十二日オープン
岩　井　英　夫

一九九六年十月二十一日

服部先生との不思議な出会い

和歌山支部　谷　口　宏　之

服部知巳先生のスブドにおけるヘルパーとしての御高名は、昭和三十五年に私が入会させていただいた当初から承っておりました。その後まもなく、初めてお目にかかる機会を得ましたとき、先生から発せられている強い霊的エネルギーのようなものに圧倒され、近付き難く感じました。

それ以来、お会いするたび、いつも先生の存在を意識しながらも、ただ一寸御挨拶を申し上げる程度で、親しくお言葉を賜るようなことはありませんでした。

そのような状態が数年続いた後、昭和四十二年十月二十九日、岡山の後楽園内の会館で、西日本合同ラティハン会？（正確な名称は不明）が開かれることになりました。

当時はまだ山陽新幹線も通じてなく、和歌山から岡山への日帰り旅行はとてもハードでしたが、仕事の都合上前日から出かけることもできず、一旦は参加を断念していました。

しかし不思議なことに、当日の早朝、隣室で眠っていた幼い私の長男が、何の意味なのか突然「おとうちゃん、四時十分」と大声で叫びました。私はその声に驚いて目を覚まし、枕元の時計を見ると果たしてその通りでした。途端に、これは岡山へ行けとの神の御声のように感じました。急いで起き、朝食もとらずにすぐ出発し、途中から電話で参加を申し込み、辛うじて出席させていただくことができました。

会場には、すでに服部先生が、同じ東海支部の伊藤孝司氏と一緒にお見えになっていました。伊藤氏とは以前から親しくしていただいておりましたので、いろいろとお話しもしましたが、先生とは簡単な御挨拶だけであったように記憶しています。スケジュールも進み、いよいよ男子ラティハンのときとなりました。多数の参加者の中で、先生や伊藤氏が何処に居られたか、全く意識していませんでした。

ラティハンが始まってまもなく、私は誰かに身体を強く抱き締められました。驚愕と恐怖と困惑とが錯綜した状態で暫く我慢した後、無理に振り解こうとしましたが、なかなかその力が強くて解けません。いたし方なく、これも神の御意志であろうかと、すっかり抵抗をあきらめますと、平静な気持に立ち返ることができました。しかし、抱き締められたままの状態は、些かも緩むことなく、ラティハン中ずっと続きました。ラティハン終了後、初めて相手が服部先生であることが分かりました。

これについて、先生は、次のように説明をされました。

「ラティハンの中で自然にこのような状態になりました。あなたの内部に秘められていた過去の病気の残滓が、私の体を通じて全部吸い取られ、完全に消滅しました。あなたのことについて私には何の予備知識もありませんでしたが、あなたが過去に経験した悩みや苦しさがよく分かりました。あなたと私は相当御縁が深いように思います」

実際に私は、中学生時代に、肉体的な病気（肺門浸潤）とそれに伴う霊的障害（正確には霊的障害に起因する病気かも知れませんが）に悩まされ、遂に学校を休学するに至ったことがありました。顧みますと、それは私にとって最大の暗黒時代で、苦悩に充ちた日々を過ごしていました。

その後、身体の方は完全に回復し、戦争末期の繰り上げ徴兵検査では甲種合格（全く健康で兵役の激務に耐え得るもの）と判定されましたが、医学的にはともかく、自覚症状としての精神的な安定性（霊障の治まり具合）については、完全に回復（解決）したとは思えませんでした。

各種の宗教や霊的修行等を遍歴の後、スブドに到達し、ラティハンに励んでいた当時においても、ときには未だ後遺症らしきものに悩まされるようなこともあったのです。

服部先生には、この私の永年にわたる苦悩の過程を、ラティハン中の僅か二、三十分ほどの間に、ほとんど全部体験されたようでした。

私は、ラティハン中には、あまり好ましい感じはしませんでしたが、終ってから段々と安堵感に包まれ、これで救われたという実感が湧いてきました。

そして、先生は、御職業は眼科医でしたが、万病を根底から癒すことのできる真の名医であるとつくづく感服しました。

帰りの山陽本線の車中では、七年前のオープンを受けた日の帰りのとき、また、三か月前のよみうりランドでの世界大会中に、一時的に体験したのと同じような、不思議なことが起こりました。それは、突然に、不安・恐怖・怒りといったマイナス面の激しい感情がすっかり消え、平安で静謐な心境となりました。

そして、いろいろと思考を巡らすことが面倒となり、特に、物欲・色欲・名誉欲などに係る世俗的なことには全く興味を失っていました。

駅で買った週刊誌を手にとってみても、そこから発している重くて粗い波長を強く感じて、読むことができず、比較的波長の細かい名画や仏像の図版等を瞥見するのが精一杯でした。

オープンを受けた日の帰りにも、南海電鉄の車中で、もう少し軽度ではありましたが、同じようなことが起こりました。

そして、その後しばらくの間は、毎週二回ずつ通っていた大阪の神林堂での定例ラティハン会からの帰りに、賑やかな街路を歩くのが、刺激が強すぎてとても辛く思ったことがありました。

よみうりランドでの世界大会中は、ラティハン後ときどきこのような状態となりました。特に、大会期間中に、用賀支部の会場で行われた、ババの直接の御指導による、極く少人数でのラティハンで受けたものは強烈でした。

これらの状態は、いつの場合でもあまり長続きせず、徐々にまたは急速に平常の状態に戻りました。しかし、もし戻らなければ、日常生活に支障をきたすおそれがあり、これもまた一種のクライシスと言えるかも知れません。

この日以来、服部先生と私との関係が非常に緊密となりました。もっとも、お会いできたのは、私が東海支部へお訪ねしたとき以外には、全国大会や合同ラティハン会等極く限られたときだけでした。

しかし、いつも先生の存在を身近に感じ、必要に応じて適切な御助言・御指導をいただくことができるようになりました。

先生と私は、単なるスブドのヘルパーと会員としての関係だけではなく、もっと広い範囲において、霊的修練上での師弟の間柄のようになりました。

実際に、先生は、純粋な求道者であり、厳格な修行者であるとともに、偉大なる霊覚者であり、卓越した指導者であったと思います。

その頃、私が愛知教育大学へ出張の帰途、先生のお宅へお伺いしたことがありました。突然お邪魔したにもかかわらず、たいへんお喜びいただき、お心の籠もったお持て成しに与りました。朝方まで、スブドに関しての有益な御助言を賜り、また、スブドの枠を超えた貴重なお話しの数々をも承りました。その際、奥様にも夜通しお付合いいただき、随分御迷惑であったことと思います。今でも恐縮に存じておる次第です。

このように御指導をいただいていたにもかかわらず、私は、自己の不注意と怠慢により、昭和四十七年一月下旬からクライシス状態に陥りました。

その症状が徐々に進行し、遂に、今まで夢想だにしなかった、スブドの休会やラティハンの中止などを本気で考えるほどの重症となってきました。

そのため、同胞の皆様方には随分御心配をおかけし、御援助を賜りました。特に、和歌山支部の楠見恷山ヘルパーには、一方ならぬお世話になりました。毎週二回の支部定例ラティハン終了後、再び私の家で浄化ラティハンをお願いし、その外にもたびたびお出でいただいて、種々御指導を賜りました。また、新大阪支部の中嶋ハリムヘルパーには、わざわざ私の家までお訪ねいただき、極めて厳しい状況下での浄化ラティハンに御参加の上、適切な御助言を賜りました。

皆様方の暖かい御助力により、クライシスもいよいよ大詰に近づいた同年七月一日、服部先生は、遠路わざわざ私のために、眼科医院を一日休診の上、一泊二日の日程で御来和下さいました。

当日は、楠見氏とともに、私の家での浄化ラティハンに御臨席賜りました。私は、そのラティハン中、極めて強力なパワーを感じました。そして、最早クライシスから脱却し、新しい段階に到達したように思いました。

翌日、服部先生、楠見氏、植木氏（和歌山支部会員）とともに、「岡の宮」の支部会場へ赴き、臨時ラティハン会を開きました。このラティハン中に、半年近くに及んだ私のクライシスが、完全に払拭されていることを自覚し、感慨無量でした。

私が今日までスブドに残り、ラティハンを続けさせていただくことができておりますのは、服部先生を初め同胞の皆様方の暖かい御支援のお陰であると、しみじみ感謝いたしておる次第です。

その後は、常に心の中では師と仰ぎながら、心ならずも御無沙汰いたし、極く稀に各種の会合でお目にかかる外は、年賀状で御挨拶するだけとなりました。しかし、先生の御様子につきましては、ときどき伊藤孝司氏からお聞きしていました。

常にスブドのラティハンの重要性について御教示下さっていた先生が、スブドを退会されたと承ったときには、たいへん驚きました。

拝趨の上その理由（真相）をお聞きいたしたく思いながら、遂にその機会を得ませんでした。

その後、先生がスブドに復帰され、福山での合同ラティハン会で、久しぶりにお会いすることができましたときには、たいへん嬉しく、懐かしく存じました。

先生が御病気とお聞きいたしましたので、一度お見舞にお伺をと思いつつ、つい延引いたしておりました矢先に、先生の訃報に接し、非常に残念で、淋しく、悲しく存じました。

八年余り前、私は、永年勤めた職場を定年退職した後に、不思議な御縁に導かれて神職となりました。これについて、先生は、私に最も適した職業であると、たいへんお喜び下さいました。

現在、私の奉務している神社には、いわゆる「霊能者」と言われる方々がよく御参拝下さいます。

最近、前世を観るのを得意とされる方が来られましたので、服部先生のことについてお話ししましたところ、先生は、遥か昔、人類救済のために金星から鞍馬山に天降った「護法魔王尊」であり、私はその弟子の一人であったとの由に承りました。

今は幽明界を異にしていますが、将来どこかの星で、再び先生とお会いできることを期待し、楽しみにいたしております。

服部先生との出会い

富樫孝次郎

三枚の水墨画

私の事務所の壁に達磨の水墨画が掛かっている。それは、緊張して訪れた客が机を挟んで私と向かい合って座った後、少し余裕が出来て、ふと、私の背後を見たとき、気が付くというような位置関係になっている。

そこで、「この達磨さんからパワーを感ずる。どなたさんが描かれたものですか」というような質問をよく受ける。

これは、淡い墨で、一気に描き上げられたもので、服部先生そっくりの顔立ちである。そして、どの角度から見ても、人を、ぎょろりと見据え、私に対しては、世のため人のため誠意をつくして仕事をせよと、激を飛ばし、客には、心を開いて安心して相談しなさい、ただし、変な了見でこの事務所を利用することは許さないぞ、といっているようで、先生が事務所の繁栄を一心に願い、私を守っていて下さるといった感じのものである。

実は、この達磨は、私と家内が、新婚旅行から帰ってすぐ、先生のお宅を訪れたとき、先生が、前夜急に描きたくなって、起き出して描いたものだといって、見せて下さったものを、私の方から、ねだって、頂いて帰ったものである。

その後、先生から、正式に結婚祝いとして雀の水墨画をいただき、新築祝いとして仁王の水墨画を頂いている。

雀の水墨画は、名古屋市内の共済会館で東海支部の皆さんが、私たちの結婚祝いをして下さったとき、先生から頂いたものである。これは、一つがいの雀が木の枝から、まさに飛び立たんとしているもので、夫の雀が「行こうか」と誘い、妻の雀が「はい」と答えているようで、夫唱婦随の夫婦円満への祈りが込められている感じのするものである。この絵は、現在、居間に飾ってある。

仁王の水墨画は、家と家庭を邪悪なものから守る働きがあるものと思われる。この絵は、現在、仏間に飾ってある。

先生の水墨画の才能は、五十代半ばの頃になって突如、開花したもののようである。習作を除けば、達磨の絵が先生の作品の第一号ではないかと考えている。その後、多数の水墨画を描かれ、さらに、油絵にも挑戦されたようである。私は、水墨画についてしか知らないが、先生の浄化された内面をそのまま表現する手段としての水墨画は、重要な意味があるものと考えている。つまり、高次のエネルギーの通路となって、そのエネルギーがそのまま、世の中に放射され続けているように思われるからである。真の芸術には、そのような働きが本来あったことを、先生の水墨画で初めて知らされた次第である。

不思議なもので、先生の水墨画を手に入れるにも、それなりの必然、縁というようなものがあるようである。先生が次々と描かれていたわけだから、もっと頂いていてもいいわけであるが、私のところには、この三枚しかない。しかし、三枚といえど、多い方かも知れない。

実は、私は、もっと先生の水墨画が欲しいと思って、先生のもとを訪れたことがある。そうしたら、次々と出して来ては見せて下さった。そして、その中で、気に入ったものがあればどれでもあげよう、という無言の意志を表明されていたように思う。しかし、それぞれの絵について説明を聞きながら見ていくうち、一つも下さいといえない自分に気が付いた。例えば、奥様そっくりの観世音菩薩のような絵は、先生にとって当然大切なものであると思われたし、不動明王の絵は、ある人の守護神であるが、事情があって預かったままになっているとか、それぞれの絵にそれぞれの意味があることが分かったからである。

ということは、この三枚の水墨画は、私のために描かれた、私にとって、かけがえのない宝物ということになる。

仕事について

私は、司法書士の資格を取った後、それまで事務員として勤務していた司法書士のT先生と合同事務所の形で、岐阜地方裁判所構内で開業した。しかし、実質は、T先生に雇用される関係となっていた。

私の悩みは、第一に、法律学を学んだものとして、司法試験を受けて弁護士となるべきかどうか、第二に、T先生から、難しい仕事を押し付けられるような形となっていて、多忙で、勉強が思うようにできないこと、第三に、資格を取った後、T先生が後を継がせるので、引き続き居て欲しいと強く要請しているところ、二人とも気性が激しいせいか、ことごとく意見の対立が生じ、折り合いが悪い、ということなどであった。

そこで、ある日、服部先生に相談したところ、テストしようということになり、一緒にテストしていただいた結果、「弁護士は一方当事者の代理人として、紛争に巻き込まれたり、紛争を駆り立てるようなこともある仕事だから、向いていない。適職は司法書士である。Tと別れて独立した場合の内部は、平穏で、喜びを感ずるが、その時期は、『今』ではなく、『先』である」ことが分かった。

テストの後、服部先生から、司法書士を生涯の職業として、弁護士とは別の個性溢れる法律家の道を歩め、独立の時期が来るまで、資力、実力を蓄えよ、というアドバイスを受けた。

独立の時期は、意外と早くやってきた。多分テストから半年も経たないうちであったと思うが、突然、裁判所側から、構内の司法書士事務所を閉鎖したい旨の通告があったのである。その後、T先生から、事務所を自由に探し独立しても良い、自分は、事務所を自宅に移すので、書類の提出等の協力を頼むというような話があった。

私が独立して開業するということになると、裁判所外に事務所を構えるとしても、裁判事務を中心に仕事をするべきだと考えた。それには裁判所の近くで、道路に面した、一般の人も出入りし易い事務所が必要と考えた。しかし、裁判所の近くには、そのような条件を満たした事務所は、一つもなかった。そこで、一度は諦めかけたが、裁判所のすぐ裏に、道路に面した財団法人岐阜県婦人会館所有のビルがあり、良く見ると次のようになっていた。そのビルは一階の端が宿泊用の十畳間位の和室であり、その和室は内部からだけ出入りできる構造で、土の壁、障子等の内装はしてあるが、鉄筋コンクリートビルの本体部分にはサッシの窓があり、閉鎖されたままではあるが道路から直接出入りできるドアがある。このビルが建設された当初、この和室部分はコンクリート床の料理教室になっていて、道路から直接出入りできるようになっていたものがその後改造されていたのである。

そこで、この和室部分を再改造し、以前のドアを復活すれば、道路から直接出入りできる事務所となる訳である。ともかく、有力な人を介して交渉を開始する必要があると考え、この会館を、常時、後援会員等を集めて、政局報告会のようなことで使用していた政治家にその後援会員を通じて頼んでもらい、その政治家から婦人会館に私への賃貸を頼んでもらった。しかし、会館の返事は素っ気なくノウであった。だが、私は、そのままでは引き下がれないと考えて、当たって砕けろとばかりに、理事長に借り入れ方を直接申し込んでみた。その結果、自分の一存ではそういったことには、とても応じられない、一応、理事会にかけてみるが多分無理と思うというようなことであった。

ここで、私は、再び服部先生に相談した。

先生は、「滅多なことでは神頼みすべきでないと考えているので、自分のことでは一度も頼んだことはない。だが、ここに事務所が設けられるかどうかは、富樫君の一生を決する問題でもあるから、このことに関しては、頼むことにしよう」といって下さった。

その後、理事長から理事会に出席する便宜を図るので、その席で、直接訴えてみてくれといってきた。そこで、私は、理事会に出席して、弱者のための法律家としての司法書士になる覚悟であることを訴えた。そのついでに、仕事が軌道に乗れば、それなりの家賃は支払えるが、初めのうちは、収入が少ないので家賃はなるべく安くしてほしいということまで付け加えた。その結果、理事会で好意的な意見が多数を占め、奇跡的に私の事務所の開設についての承認決議がなされた。

事務所開設の際、服部先生が、祝福に、飛んで来て下さり、良かった良かったとわがことのように喜んで下さったことが記憶に新しい。

◇　　　　◇

事務所開設後、婦人会館の理事さんたちも、仕事の紹介をしてくれるようになり、仕事は軌道にのっていった。しかし、順調に客が来てくれるにしたがって、事務所が手狭であることの不便を感じ出した。そこで、婦人会館に、ビル本体のコンクリート壁を一部ぶち破りひさしの下を利用して増築したい旨申し出たところ、意外とあっさり、承諾が得られた。

待望の自分の事務所が持て、私は、先生から与えられた、弁護士とは別の個性溢れる法律家としての司法書士になるという課題に取り組むことになった。

司法書士の仕事には、書類を法務局に提出する登記事務と、裁判所に提出する裁判事務があるが、ほとんどの司法書士は、手間がかからず収入の面でも良い、登記事務に目を向けている。しかし、司法書士の裁判事務は非常に重要なものである。つまり、わが国の民事に関する訴訟制度は、伝統的に本人が自分の訴訟を自分で提起できることになっており、必ずしも弁護士を頼まなくとも裁判ができる。それを本人訴訟というが、最高裁判所の司法統計で見ても、本人訴訟は実に多い。しかし、本人訴訟の当事者は、司法書士が支援の手を差しのべないと、弁護士相手では、いかに正しくとも、敗訴する可能性が高い状況にあるのである。そこで、私は、刑事事件は弁護士に任せる以外にないが、民事事件では弁護士と渡り合っても負けないだけの実力をつけて、本人訴訟を支援しようと決心し、それを実行に移すと共に、仲間の司法書士にも裁判事務の重要性を訴え続けた。

最近、全国的に司法書士の裁判事務の重要性が認識されるようになってきて、司法書士の間でも、裁判事務も引き受けるべきである機運が高まってきている。その結果、私にも、中央へのお呼びがかかり、数年前から、日本司法書士連合会の裁判事務推進委員会の副委員長に委嘱されているのをはじめ、全国規模の各種会員研修会に講師を頼まれることが多くなったり、また、二、三年前には、弁護士会の依頼で、二年連続して、配属司法修習生に対する不動産登記制度に関する講義もしたりしている。

この程度では、とても、先生から与えられた課題に応えたとはいえないが、①紛争の渦中にのめり込まず、第三者的冷静な立場で、依頼当事者のために、真の解決に向かって、書類を作成したり、アドバイスすること、②的確な登記や、事前の相談業務等により、紛争を未然に防止すること、③対立相手の立場も考え、人間関係を重視すること等をモットーとして仕事をしている。まだまだ理想通りには行かないが、一生かかって、先生の激励と期待に応え続けて行きたいと考えている。

服部聖風兄をしのぶ

石附大有

私が最初に服部兄を知ったのはスブドの全国大会でした。私は昭和三十四年に東京でオープンを受けましたが、住んでおったのは新潟市でしたので知り合うこともなかったのですが、昭和三十七年に東京に引っ越してからより身近に、名古屋支部には服部さんというヘルパーがおられることを知りました。

それはスブドの全国大会には必ず毎年名古屋支部から出席されて、いろいろの事を演壇で、お話下さったからです。

話し方も非常に巧みで、私はそれを聞くのが楽しみで毎年スブドの全国大会に出たものでした。例えば、ラティハン・クジワアンをやっていると皆んな豊かに成るとか、将来に希望を持たせる話も多々ありました。

又服部兄は聞くところによりますと、霊能が非常に豊かということでした。こんな事もありました。服部兄がスブドを一時辞めて、一、二年たった頃のことですが、それでもラティハン・クジワアンは自宅でやられて、その上スブドの日記を毎日書いておられるというのです。それで私はお会いしたくなって、土曜日の午後にお宅にお伺いすることに致しました。

お会いして、いろいろお話を聞いて驚きました。服部兄は全能の神に全托されている立派な方だったのです。そして私に一緒にラティハン・クジワアンをやると貴方の浄化が良くわかると私にいわれるのです。それで早速一緒にラティハンをやることにしました。

名古屋城のすぐ脇のキャッスルホテルの一室に二人で宿をとり、一緒にラティハンをやりました。終わって服部さんがおもむろに言われるには、貴方は頭のテッペンから足のつまさきまで丁度半分浄化しているというのです。私はもう少し良いのではないかと内心思っておったのですが、多分これが本当のところかもしれません。

それで次回は半分でなく全部浄化したところで今一度一緒にラティハンをやりましょうと堅く約束をして別れてきました。それ以来十数年、私は全部浄化した確信もなくラティハンが、のびのびになっておりました。そして早くもう一度名古屋でラティハンを服部兄と一緒にやりたいなと思っておったやさきの事です。岩井さんより服部兄の訃報を知らされました。誠に残念この上ないことです。こうなったからには服部兄の遺徳をしのび、ご冥福をお祈りするしかありません。〃服部兄が永遠に幸福で平安でありますように〃

以上

平成八年七月

親身のアドバイスと励ましの言葉

金井悦人

服部先生の、三十年程前に下さったお手紙を時折取り出して、再読してはその親身なアドバイスに感じ入り感謝することが時折ありました。このたびの訃報に接し、スブド同胞としての真実を吐露されたその親愛のお心に、改めて深い感謝を覚えます。当時私は、浄化の一過程と思われる、極めて困難な状況に遭遇していましたが、静岡への救援ラティハンにお見え下さる東京の方々に混じって、お忙しい中を、度々遠路お出かけ下さり、ラティハンを共にして下さいました。その後、ご自身の通られた難関を例に、お手紙で懇切にお励まし下さり、大いに力づけられたことを思い出します。亡くなられた今も、先生の波動が、同胞としての私にある種の共鳴を覚えさせているように思えてなりません。

改めて先生のご冥福を祈らせていただきます。

ババの死に面して

河合須磨子

この程は御丁重な御書面に接し、服部聖風様の訃報を知りご冥福を心からお祈り申し上げます。又、御支部の皆様方をはじめ有志の方々の御趣旨のことも承りスブド人として誠実に生きられた今はなき御方、現在真実な歩みを続けられておられます皆様方に対し心からの敬意と親愛の情を禁じえません。残念な事に私は服部先生御本人につきましては面談の機もなく存じ上げておりませんので場違いなことを申し上げるかも知れませんが何卒お許し下さいませ。

私がババのご誕生スラマタンにあずかるべく初めてインドネシアを訪れる事が出来ましたのは、一九八七年六月の事でした。色々と思いまどう事のみ多い私をプッシュして下さったヘルパーのお陰でした。スラマタン当夜は六月二十二日。ババは二階のテラスにお姿を見せて下さり、（余りに大勢の方々でしたので御胸から下だけで私はお顔を拝する事が出来ませんでした）翌二十三日夜明け前にババは逝ってしまわれました。そして不思議な行きがかりでババのお顔に接する事が許されたのは誠に神々しいババのデスマスクでした。

外国の事情は知りませんが通常私共はラティハン前に静かにする時間が与えられていますが、その「静まる」という言葉の意味を明確に、私の理解可能な形で、場所で真実御示し下さったのは死後のバパ自身でした。前日二十三日の炎天下、土中深く埋葬したババのお墓のすぐ前にゴザを敷き数名の外人の女性達と坐し、向かい側では一人の僧侶の、おそらく前夜来から唱え続けられたであろうと思われる低いコーランのひびきと、目の前のゴザの上を這う何匹もの小さな蟻の働き、早朝の冷気と風のかすかな流れ、葉っぱのゆらぎ、地上にあるもの夫々が夫々の在りようで生命に溢れており、私自身も膝の痛み、ゴザの下の土の冷たさを覚えながら、体の奥深いところでは静かな清澄な湖でも見ているかのような思いを決して忘れる事が出来ません。私共人間サイドからみれば、自分の意志なくして地上に生まれ出て、やがて時が来れば唯死んでゆくので、唯一自分の意志を使う事が許されているのは自分が如何に生きてゆくのかが自分に与えられた自由なのかもしれないと思いつつも、或いは、その唯一の自由さえも大きな御意志とその力の下に置かれているのかもしれませんね。本当に希有な事として私共はスブドにすくいあげられたのでしょう。

生命をつかさどる絶対者の愛を現実に、そして確実に受けている証として今、私共はスブドに在るのでしょう。たとえどの様に未熟でいびつなものであったとしても。生きる、或いは生きてゆく事にともなう様々の事柄に対するババのこの上ない懇切丁寧な解説、説明、御指導を私共は頂いているのですから嘆かず、悲しまず、元気に頭を目を上げて自分に与えられた任務、役割にお互いに励みましょう。

今後ともよろしくお願い申し上げます。

一九九六年七月二十一日未明記

〈あとがき〉追悼文よりも私信として走り書き申しました。御寛恕下さいませ。

須磨子

《スブド日本同胞会・元東海地域ヘルパー》
服部知巳先生への追悼文

奈良支部　砂　川　哲　男

服部先生との出会い

服部先生に初めてお会いしたのは、昭和三十六年（一九六一年）の春に開催されたスブド日本同胞会の関西の梅田・太融寺における全国大会の時であった。入会して半年ぐらいの時で、スブドの人々との交流は初めてであり、先生からは大変有益なお話を、興味深く伺ったことを思い出します。その後、当時毎年のように開かれていた和歌山支部主催の合同ラティハン会で、ご一緒して、額に特色のあるお顔を眺めながら一生懸命、お話を聞いていたものである。帰りは何時も南海電車の和歌山駅から、差向いの座席に東海支部の方々とご一緒に座って、大阪・なんば駅終点迄、またお話を聞かせて頂いた。感銘深い内容は今でも潜在意識に刻みこまれていて、難問にブチ当たった時に不思議に救けられた。

名古屋転勤で先生と再会

昭和四十四年（一九六九年）の秋、当時勤務していた日刊新聞社の取締役支社長を拝命して名古屋に転勤し、スブド東海支部に籍を移し、地域ヘルパーを担当しておられた服部先生と再会した。単身赴任なので毎週一回しか参加出来なかったが、胸をわくわくさせながら会場のお寺に足を運んだものである。服部先生を目指して、会場に駆け込んだと言うほうが正しい表現である。仕事を終わるや、足早に会場を目指した動きは、ついに指摘された。「会社の仕事の雰囲気をそのまま、ラティハンに持ち込んでは皆に迷惑をかけることになる。ラティハンの日は少し早めに終わって、心の準備をして参加してくれ」とズバリと言われて、猛反省をしたものである。

このような厳しい指導や助言は、その後もたびたび頂いた。他人からの忠告は全く受け付けない性分なのに、

服部先生の御自宅にて。砂川哲夫、恵子御夫妻とともに。

不思議に反発心は起きなかったのである。

最初にして最後の霊的助言

ラティハンは何時も厳しい雰囲気に満ちていて、「一瞬の油断も許されない」と言えるような霊的修練が続いた。せめてラティハンの時だけでも、「全托」を、と心がけて、一年程経った或る日、ラティハン時「汚(ケガ)れておる。全身が汚れておる」と一喝された。耳のうしろでこの言葉が力強い重低音で轟いた。自分にしか聞こえない音声だと思うが、全身に響いた。瞬間、ハッと気が付いて魂の凍えるのを覚えた。思い当ることがあるのだ。「全能の神からの厳しい指摘」であった。人間には許されることも、神の目には「汚れ」である。思えば東海支部在籍十四年の間で体験した、たった一度の、服部先生の口を通じての厳しい霊的助言であった。

繰り返された厳しい指導

その後、ラティハン会の談話会で一般的な助言は数多く頂いた。時にはご自宅に併設されていた眼科医院を訪問して、個人的なアドバイスもうけた。仕事上でのこと、社会奉仕活動でのことなど、その都度メモをとり、帰宅後繰り返し読んで、そして決断し、実行して、よりよい方向に運ばれたことは数かぎりなく多い。人間特有の物質欲、所有欲を意識から遮断するためか？　としか考えられないような残酷な助言を思い出す。昭和四十七年（一九七二年）のことである。それは奈良・赤膚町にある小林寺拳法の道場（拳技と金剛禅の修業道場）を手放せと言われた時である。やっと手に入れた一〇〇坪（三三〇平方メートル）の土地に、修練道場の建物四十二坪（軽量鉄骨・木製フローリング張八十四畳）を完成させて三年目である。事業資金も必要だったし、一年間悩んだ末にやっと決断、建物を門下生の父兄に寄付し、土地を売却した。土地バブルの始まる数年前であった。その一年後、宇陀郡榛原町自明地区の山林二千坪（六、六〇〇平方メートル）の購入に際しては、またまた貴重な助言があり、この売却代金の三分の一が役立った。この山林が現在のスブド奈良支部のラティハン会場であり、修練道場である。

先生の助言で道場を再開

また榛原町駅から徒歩五分の町立体育館で道場を開設する時も、事前に助言を頂いた。「その地域で小林寺拳法の道場を開設するなら、余程の決意が要る。さらには格闘技からくるパッションを排除することが必要だ。指導中はスブド的な祈りに満たされるよう努力することが、永続につながる」。昭和四十九年（一九七四年）の晩春から月曜日に奈良から大阪へ行き、夕方榛原で下車、指導後、近鉄特急の終電で名古屋へ行き、金曜日の夕方名古屋を出発して榛原で教えて奈良に帰宅するという生活が始まった。この榛原での自己確立、自他享楽を説く青少年善導育成活動が十年に亘って実行できたのも服部先生の強力な助言があったればこそと感謝している。

この間も東海支部に所属して、毎週通いながら、さらに支部主催の特別企画の宿泊研修会にも極力参加した。

議論で〝パッション〟の効用を認識

この研修会は、通常のラティハン会と違って、話し合いが多かった。ラティハン後、服部先生を囲んでスブドに関する質疑応答が展開されたが、スブドのこと以外に社会生活上の問題も、真剣に話し合った。時には険しい雰囲気も漂う程、議論に花が咲いた。先生の指摘は厳しいので何時も涙を飲んだ。自分の欠点や欠陥はよく解っているだけに苦しかった。時々他の人が同じことを言って指摘してきたら、すぐにパッションがかきたてられて、内心で猛反発をしたものである。先生の言葉には不思議な説得力があった。一言一言に非常な重みがあった。頂いた手紙や葉書に書かれた文字も、そうであった。文章を読みながら書かれた文字をしっかりと噛み締めたものである。

一日に何回〝神〟を想うかね？

或る時先生は「砂川君、君は一日に何回〝神〟のことを想うかね？」と問い掛けられた。言葉が詰まって返事に窮した。それ以来、考え事をする時は何時も〝神よ〟〝神様〟〝南無ダーマ〟〝全知全能の神よ〟〝宇宙の創造主よ〟とあらゆる敬称を心の中で想い浮かべて、呼び掛けることに努力した。汚い話で恐縮だが、小便中の少しの時間もこの祈りを実行した。全能の神の恩寵を片時も忘れてはならない、という念いは会合時の挨拶や、会議の時の発言にも、さらに行動に移す前にも、事前に念じるよう努力した。

〝感謝の念〟が無ければなかなか、その都度想えないものだけに、生き方からして考え直してかからねばならないから一生懸命だった。

招来された平穏無事な生活

お陰ですべてにおいて平穏無事な生活が招来できた。まさに今、ババの説かれた「忍耐と服従と全託」の可能な生活を迎えたと言える。だから何時も平安な気分が保てるようになったが、これもラティハンと共に、服部先生との十四年間に亘るお交際《つき》あいがあったればこそと感謝している。妻の千恵子も昭和五十七年（一九八二年）にババの来日時に大阪でオープンをうけた。それも自発的に、入会を申し出して、すぐ許可が下りた。数年前に勧めた時は承諾しなかったのに、どうした心境の変化かと訝ったものである。今では私以上に熱心なので、またまた〝神に感謝〟ということになる。次男の憲和（当時高校二年十七歳）も平成三年（一九九一年）の春に、東京で催された全国大会の会場で全国から集まった三十名近いヘルパーに囲まれて盛大なオープンをうけた。服部先生から受けた厳しいラティハンの成果が、ここにも結実したと考えたい。

助言で退職を決意、京都へ転籍

名古屋へ転任当初、体調は良かったが十四年間の単身赴任の生活は、遂に狭心症と、糖尿病を作りあげた。長期に亘る肉類に偏重した食生活では当然、病気になる。仕事で外出中、背中に強い痛みを覚えて何度か休養をとりながらも仕事を続けていたが、体力も限界に達した。歯槽濃漏、指先の痺れ、眼精疲労、睡眠不良に加え、胸部痛もしばしば。いよいよ体力の限界を感じて、服部先生に助言を求めた。もう一息で中部支社の運営を軌道に乗せられるという時期だったが、先生の助言はずばり「未練を残さず引退すべし」だった。定年二年を残して退職、奈良に引き揚げた。そして入院治療後、決意も新たに、井原将昌ナショナル・ヘルパーの主催する京都支部へ転籍し、ラティハンを継続した。

鞍馬山の奥の院に数年間通う

服部先生が浄化された聖地だと強く推薦されていた鞍馬山にも、これを機に毎週のように足を運んだ。定例のラティハン後だから、夜中の十二時頃に真っ暗な山頂の奥の院に登りクマラさんの見守る中、星空を見上げて、広大な大宇宙に向かって祈りを捧げたものである。榛原に山小屋が出来る迄の数年間、この修業とも考えられる登拝行が続いた。奇しくも京都は私の生まれ故郷である。

「テスト」で全国委員長就任を決意

平成四年（一九九二年）五月、奈良市から山辺郡都祁村に引っ越した途端にスブドの全国委員長への就任要請があった。京都支部から独立して奈良支部を発足させたばかりであった。服部先生は常々「テストは軽軽に実施すべきではない」といっておられたが、その助言を想起しながら、悩んだ末関西地区のヘルパー諸賢にテストを依頼し、また東海支部を訪問して相談し、協議をお願いした。そして応援する旨の力強い助言を得たので決意を固めた。また服部先生からは多くの貴重な忠告があった。各支部のヘルパーテストもすべて「就任ＯＫ」との回答であり、やむなく実施した私自身の個人単独テストでもＯＫと出たので、全国大会直前になって大見マリユス全国委員長（当時）に承諾の電話をした。その時の同氏の歓びは相当なものであったと想像できた。

〝神の選任〟という自覚から議員へ

この決意の原動力となった陰には、服部先生のアドバイスがあったことは否めない。その後の任期の二年間は大変な苦労を重ねたが、〝神の選任〟という自覚と、先生はじめ東海支部や関西、中国、九州地域その他の皆さんの声援が、任務の全うに繋がったものであり、ただただ感謝の想いで一杯である。

蛇足ながら平成六年（一九九四年）の春から二年間、地元こぶしが丘の自治会長に推薦され、続いて平成八年（一九九六年）一月から、都祁村議会の議員に選ばれたことはすべて全能の神の導きと、服部先生の世的助言に負うところ大である。今や村会議員がスブド・エンタープライズとしての認識のもとに、最終段階を迎えた人生の「神から与えられた世的な最後の仕事」として誇りと歓びをもって活動している。

先生のご冥福を衷心から祈念

平成八年（一九九六年）の夏、服部知巳先生が八十一歳の長寿を全うされてご他界されたことは、祝福に値することとは思うものの、スブド日本にとっては大切な人材を失ったことであり、誠に残念無念の想いである。謹んで衷心からご冥福をお祈りして、私ごとの記述が多くて拙い文章となったことを編集者にお詫びしつつ、この追悼文を終わりにしたい。

一九九六年十月三十一日記

三十七年前の知巳先生の面影

十菱　麟

前嶋仁さんのご文章を読んで、いろいろ思い出しました。しかし、このごろボケがひどく、眼鏡を三個も一日にどこかに置き忘れたこともあり、もはや2DKの独居老人暮らしは無理と見極め、まもなく老人ホームに入ることにしています。

仁さんの記述によりますと、三十七年前に東海支部が設立されたということです。私はつい先日、満で七十歳になりました。逆算すると、七十ー三十七＝三十三歳の私がそこにいたような気がします。あのころは、三十代の若僧なのに、若いが故に怖いものを知らず、日本中から呼ばれると、ラティハン継続や支部設立の手助けをしに、日本中を旅していました。自由業でしたから、そのお役を承ったのです。もちろん、その後に潰れた支部もたくさんあります。

あのころ、「東海支部の英傑たち」というような題で、初期のリーダーたちのプロフィール描出を試み、『季刊スブド』に投稿したような気がしますが、記憶違いかもしれません。

聖風という立派なお名前を聞いていても、次の瞬間に忘れてしまいます。私は昔から健忘で、三十代の私でも、お人の名前・電話番号など覚え切れたことがありません。ですから、白壁町の眼科医者・服部先生を目当てに行くときは、手帳が頼りでした。眼医者さんは先生です。私はいろんな意味で、これから服部先生とお呼びして、この文を続けます。

人を神格化するのは宗教の始まりと聞いています。私がスブドからなるべく離れているのは、スブドの明白な宗教化が見えるからです。権威から下部に何かを教え込もうとします。ハイエラーキーがあります。教理と教義があります。

フセイン・ロフェが直接、インドネシアから持ってきたラティハンは、フレッシュで生き生きしていました。彼はバパのことを「マイ・ティーチャー」と呼んでいました。ラティハンはエキササイズ（運動ほどの意味）です。彼自身もまだ青年です。私が、「バパの周辺はどんな雰囲気ですか」と聞いたら、「そうですね。昔、キリストの回りに集まった人々もこんなだったかな、と思うほどですよ」との答えでした。

本筋に戻ります。ラティハン後の宴席で（当時はみなよく飲みました）、今は亡き後藤史朗さんが、服部先生に特に見せてやるといった風に、百円玉を額にピタッと貼りました。「下を向いても落ちませんよ」「ほんとだ」と皆、口あんぐり。（実はこの奇術、だれでもできます）
故・日野誠さんとか猛烈な勢いの人もおりましたが、服部先生は持ち前の包容力で支部をうまく纏めて行ったようです。東海支部の孤立期（臭いものに蓋をしないでね、もしすると「臭教」になります）には、服部先生の独立的な強い面が出たのだと思います。中央集権化や世界宗教化への抵抗と思います。

私が三十三歳で伺ったとき、先生は五十五歳だったと思います。まさに「先に生まれた」人でした。お互いに学問的・知識的な話はあまりせず、冷暖自知的な直感的対話に終始したと思います。

神道では「口切り」とも言いますが、服部先生の自然発露的「霊語」によって、他の人々が大いに啓発され助けられたということは、本当に素晴らしいことです。本来なら、霊的治癒の力を持っている人は、集団ラティハン中に同胞の身体に触って癒してもいいのですが、今の型にはまったラティハンの雰囲気では、そういうものは出てこないでしょう。

私は四十五歳からアル中を二十五年やり（原因は女房に裏切られたと思った）、だいたい旅の空にいました。私は、自分には因縁上どうしても結びつくべき宗教が必要だと、ずっと考えていました。スブドをその代用にする気は全くありませんでした。キリスト教は幼児期から日曜学校に通い、二十歳ごろには洗礼も受けていましたが、もう一つ飛び込めず、天理教というより、「お道」として或る教えを開かれた中山みきさまに傾倒し、最近は合体体験をして、二十五年越しのアル中から脱皮しました。断酒成功です。

ご存じのとおり、公営の老人ホーム（私は生活保護で入ります）は禁酒です。その点、私には準備が出来て、楽です。

東海支部での大会では、私は服部先生のそばに座りました。先生も私のことを懐かしげに見て、「リンサン、どうしてる?」と言われました。双方とも口数は少なかったのです。

ある人から伺いましたが、晩年の先生は眼科医の天職に励まれ、疲れるとラティハン、終われば医業、疲れればまたラティハンというご生活だったそうです。私もそんな風なラティハンをオープン以来ずっとやっています。ラティハンを利用するというよりも、ラティハンを通じて神に帰るのです。

「迷文」でいいと書かれてありましたので、迷いながらどうにか書き上げました。なるべく原文のままお願いします。検閲のない自由な社会がいいですね。

おわり

謹んで故服部先生の御霊に捧ぐ

藤井　ロサナ

願わくば神の御加護が豊かにあらん事を――

ご生前の服部先生とは殆ど交流のなかった私でございますが、この度ご逝去になり、何か思い出を書くようにとのご指名を受けて、初めて新発見をしたように感じています事は、何かが明らかに繋がれていた事を知りました。確かにスブド会員同志であった為でしょう。

地上に御滞在中の思い出は二つなのです。

その一つは私がスブドに入って、まだ二、三年しか経っていなかった頃の事です。ある日一通の手紙を頂いたのです。それは思いがけもなく先生からのご丁寧なる文章による私への再縁の御紹介でした。それも、一度もゆっくり個人的にお目にかかった事もない私としては、少々戸惑いを覚えましたが、その相手の方の事情を思いますと、先生が如何に東海支部以外の他の地に住む会員の事まで気にかけていらしたかを知る一つのエピソードなのです。優しさと人生の先人としての心配りを有り難く、且つ恐縮に存じた次第でしたが、その時期は、当福山支部の発足したばかりの頃で、約十五名位の新しい男女の会員ばかりでした為に、私には、お受けする決心がつきませんでした。今日ではすでに時効となった昔のお話なのです。

もう一つの思い出は今から五、六年前に遡るお話なのですが、先生の晩年になられてから、秋の福山に於ける合同ラティハン会に多数の東海支部の会員方と共にご参加頂いた時の事を想い出します。会の合間に伊藤様に伺った話によれば、「服部先生が『今回は何でも福山へ行かにゃならん』と張り切りなさるので皆んなついてきたんですわッ」と満面の笑顔で話して下さいました。

その御来福時が最後となりましたが、会議中も談話会中も実に熱心にお元気そうにご参加になり、一切ご高齢のお疲れを見受けることはございませんでした。

軽やかにそこに坐しておられたその空気の様な存在を印象深く憶えています。

一九五九年二月のオープンと承っておりますが、日本スブドの草分け時代の大先輩を失ったという感は免れません。

しかし、この世を去って行かれた後の、このどこまでも静寂な、たとえようもない透明な清々しさこそ、先生の受けてこられたラティハンのもたらす素晴らしさであり、その偉大さに平伏する想いでございます。

ひたすら神を信じ、神に愛され、地上の人々にやさしく、いたわりの気持ちを持ち続けられた先生に敬意と感謝を心より捧げたいと存じます。

衷心よりご冥福をお祈り申し上げます。

付録

スブドの紹介

「スブドのしおり」より抜粋転記

スブドジャパン事務局会

お電話でのお問合せ：049-277-3360
Eメールでのお問合せ：enquiries@subud.jp
〒350-2211
埼玉県鶴ヶ島市脚折町4-13-16
交通/アクセス：東武東上線坂戸駅から徒歩15分

スブドのはじまりと伝播

スブド同胞会を創立したムハマッド・スブー・スモハディウィジョヨ（Muhammad Subuh Sumohadiwidjojo）は、二〇世紀の最初の年、一九〇一年に、インドネシアのジャワで生まれました。彼は二歳のときからすでに不思議な能力をしめしましたが、二十四歳の時、或る夜、当時住んでいた中部ジャワ、スマランの街を散歩しているとき、突然まったく予想もしなかった霊的な力のおとずれを受けました。彼がくもりのない内部感覚（内的自己）の眼で視ているとその力は、輝く光の球として頭上に現れ、周囲を真昼のように照らし、彼の頭頂をつらぬいて体の中に入りました。彼の全身は内部から照らされて水晶のように透きとおり、はげしく振動しました。

このような体験は、それから連続一千日毎夜つづいておこりました。そしてその後、この体験は彼だけのものではなく次第に内的な世界からしめだされつつある現代の人類に、神の力との結びつきを回復させるため、神から与えられたのであるという指示を受けました。

そして彼が受けたこの神の力との接触は彼を通じて他の人々に伝えることができ、また彼から接触を受けた誰でもが、さらに順次他人に伝えることができることを啓示されました。これがラティハン・クジワアン（Latihan Kejiwaan）と呼ばれているスブドの霊的修練のはじまりです。

スブドはこうして、今世紀に地上にあらわれた神の力の一つとして、人類のあいだにもたらされましたが、長いあいだ、インドネシアのなかでも少数の人々の集まりにしかすぎませんでした。これは当時のインドネシアが、オランダの支配下にあり、精神的な運動は厳しく弾圧されていたこと、さらにその後第二次世界大戦、独立戦争がひきつづいておこった外的事情のためでもあります。

しかしそれ以上にムハマッド・スブーは、スブドが何時どのようにして広まるかは神の御意志のなかにあるという指示を受けており、この霊的賜物を伝えるのに、心や感情に訴える宣伝や勧誘は適当でないとして、スブドの伝播を、ただ神の御意志にゆだねていたことによります。スブドの拡大についてこの態度は、こんにちでも変わっていません。

こうして、スブドが同胞会として正式に設立されたのも、ようやく一九四七年のことでした。そして一九五四年になって、スブドの存在はぼつぼつインドネシアの国外にも知られるようになり、同年、海外での最初のグループが日本に初めてつくられました。しかし当時もなお、スブドはとるに足りない少数の人々の集まりにすぎませんでした。

しかし一九五七年になると、本格的な伝播がはじまりました。その年の五月、スブドに関心をもった少数の英国人に招待されて、ムハマッド・スブーがはじめてヨーロッパを訪れたときから、スブドは、突然常識をうらぎるほどの速度で、全世界にひろがりはじめました。そして言語や民族や文化の障壁をとびこえて、きわめて短時日のうちに数十の国々に伝播し、多くのグループがつくられるに至りました。

こんにちスブドの会員は五つの大陸にちらばるさまざまな人種の、あらゆる皮膚の色と宗教の人たちから成り、スブドが全人類的な性格のものであることを証拠だてています。そして世界中のスブド会員は、スブドの接触によって結ばれた兄弟姉妹として、体験によって初めて知ることのできる魂の同胞感で一つにつながっています。スブドは外的な組織ではなく魂のなかのつながりであり、あらゆる差別をこえて人類の一体性を体験しつつある人々の霊的同胞会であるからです。

ムハマッド・スブーは、同胞会のスピリチュアル・ガイド（霊的な事柄について道を示す人）の立場で、日本をふくめ世界各地をしばしば旅行し、親しく会員に助力を与えてきましたが、一九八七年六月二十三日に、八十七歳で亡くなられました。

ムハマッド・スブーは、ふつう単にババ（Bapak）と呼ばれています。これはインドネシア語で父ということですが、この呼び名は、何よりも全世界のスブド会員のムハマッド・スブーに対する敬愛と、彼と会員たちのあいだの親密な内的関係をよくあらわしているように思われます。

スシラ・ブディ・ダルマ

スブドという言葉は、スシラ（Susila）、ブディ（Budhi）、ダルマ（Dharma）の三つの言葉を一つに縮めたものです。従ってスブド同胞会は、詳しく言えば、「スシラ・ブディ・ダルマ同胞会」ということです。スシラは、神の御意志に添った人間の正しい生き方とモラルをあらわし、ブディは、人間の内部に与えらえている本質的な生命力の特性を意識することであり、ダルマは、全能なる神に対する服従と信仰と誠実な態度をあらわしています。

これら三つの言葉は、純粋で平和な意識を持ち、聖なる「大生命力」と接触することのできる人間の状態を象徴しています。また人間が、仲間の人たちに対して、自分自身に対して、また神に対して、どのような態度を持つべきかを示しています。

スブドという言葉には、そのほか、すべてはその発祥の根源に立ちかえるという意味があります。これはスブドが神から与えられ、神の力によって神のもとにつれもどされる道であることを象徴しています。

スブドの特徴

スブドは、以上のような意味を言葉のなかにふくんでいますが、スブドは宗教ではなく、教えでもありません。また、どのような理論や思想とも結びついていません。スブドの本質は、新しい霊的修練であるラティハン・クジワアンのなかにあります。

ラティハンは、これまでの修練とは、いちじるしく異なっています。ふつう修練といえば、瞑想や精神集中や禁欲など、心や感情の努力によって行われますが、ラティハンはそういうすべてにまったく無縁です。ラティハンのきわだった意義は、それが人間の理解をこえた神の大生命力との接触にもとづく霊的修練であることにあります。ラティハンは神の力と直接に関係をもったときに生ずる人間の状態であり、神の力の働きを内部で受けとることから成る直接体験です。

ムハマッド・スブーを通して可能になったラティハン・クジワアンの一つの特徴は、それまで知・情・意のなかに埋没していた人間の個意識（神から与えられた内的な自己感覚）が、大生命力との接触によって思考や欲望の力から解き放たれて本来の力と働きを取り戻し、人間が神の力の働きを受けとるための道が開かれることにあります。これが、通常、魂の覚醒と呼ばれているものです。

なぜなら、このような状態においてのみ、人間の本来の魂が目覚めさせられ、自分にとって必要なものを、直接神から受けとることができるからです。これは実際の体験以外には知りえないことですが、ラティハンを行っているあいだは、それまで思考や欲望の力に覆いかくされていた個意識が、自然とそれらの力との結びつきから切りはなされるのです。

では、なぜこのような思考や欲望との分離が必要なのでしょうか。

思考や欲望は、人間にそなわる最も重要な能力の一つです。人間が学問や技術を習い、生活に必要な一切を作りだすことができるのも、ひいてはこんにちの文明自体も、すべて思考や欲望のすぐれた働きによります。このように思考や欲望は、人間にとって不可欠の機能ですが、一面それらは、現世の生活のための機能にすぎず、神と魂の世界を知るためには、まったく無能力です。

このことは、思考や欲望が、赤ん坊としてこの世に生まれて以後に、現世の刺激や環境に対処するために年齢とともに発達させてきた能力であるのに、他方神と魂は、それ以前からすでに存在していたことからも明らかです。

思考や欲望は、むしろ、神と魂の存在についての知覚を意識から閉めだし、ひいては、神の力の働きかけを受ける道を遮断する作用をしているのです。現代の人類が、次第に真の内面生活を失いつつあるのは、思考と欲望のみを、多くの世紀にわたって盲目的にまた一方的に、発達させてきた当然の結果とも言えます。

このようなわけで、人間が神の力との接触を受ける可能性を得るためには、先ず思考や欲望の力が個意識から切り離されることが必要となります。なぜなら思考や欲望の影響が意識のなかにまじっていると、それだけ意識そのものを曇らせ、人間の内部の魂をとおして神の力の働きを受け、感じることが難しくなるからです。

しかしこのような思考や欲望の個意識からの分離は、実はいかなる人間的努力によっても達成することはできません。なぜなら、思考や欲望を静めようと思い、そのために努力すること自体が、やはり思考や欲望であるからです。そのようないかなる試みも、正しい結果に導かれるよりは、当人も気づかない内にかたちを変えた我意を強めるだけに終わるだろうということは、わかりやすい道理です。

実をいえば、思考や欲望からの真の分離は、人間の力をはるかに超えた神の力の助けがなければなし得ないのです。ラティハンにおいては、大生命力との接触によって、この分離が自動的に行われ、思考と欲望が自然と静止に導かれて、個意識のかたわらに取り除かれるのが体験されます。

そしてその時、自分の生命の内部に、それまで自分の気づかなかったより深い生命の力が存在し、それが目覚めて働き始めるのを経験します。そしてこれが「霊的修練」と呼ばれるのは、その働きを継続的に受けつづけることによって、人間としてのあるべき姿になるように、神の力によって訓練されるからです。

このスブドのラティハン・クジワアンは、実はそれ自体が、人間の神に対する「礼拝」を意味しています。それは心や感情で行うふつうの祈りや礼拝ではありませんが、魂による祈りであり、霊を以てする礼拝です。

なぜなら、意識から思考や欲望の影響が除かれ、心が空虚になるということは、人間が自分の知識や能力をかなぐりすてて、神の偉大さの前にへりくだり、無力になるということであり、一方人間内部の魂は、地上的要素から解放された状態において、神の力と直接に接触し、全託と服従のなかで神から受けるからです。

オープンとラティハン

以上で明らかなように、スブド同胞会は、全能なる神の力との本来の結びつきを回復して、神への礼拝であるラティハンを行おうとする人々の集まりです。スブドのなかにはさまざまな宗教の人たちや特定の宗教を持たない人たちがいます。

同胞会の一員となってラティハンを行うには、オープン（opening・ひらき）によって、先ず神の大生命との接触の伝達を受けなければなりません。接触は十七歳以上であれば、誠実な求めに対しては何の制限もなく与えられますが、ただ入会を申し込んでから、三か月待機の期間があり、その期間がすぎた後にオープンが行われます。この待機期間中は、つとめてすでにスブドの会員である人々を通して、理解をふかめることが要望されます。（注：六十三歳以上の人、重病人、およびすでに会員である人の妻は待機の必要はありません）

オープンは接触の伝達のために任命されているヘルパー（helper）によって行われます。オープンに際して必要なことは、ただ心身をくつろがせ、誠実献身の態度で、一切自分の力をすてて神に自分を委ねれば足ります。これは、ヘルパーにとっても同様であり、ヘルパーは接触を受ける人に何ら注意をむけることなく、ただ神に全託して自分のラティハンを行い、これによって接触が行われます。

オープンはこのように簡単であり、容易ですが、それは接触がヘルパー自身の能力や働きによるのではなく、人間を超えた「力」によって行われるからです。オープンにおけるヘルパーの役割は、接触を受けてラティハンを行いたいという誠実な願いに対する証人として、神の力との接触のための通路となるにすぎません。

オープンによって接触が与えられた新しい会員は、その後、集団で行われるラティハンに規則的に参加します。ラティハンは男女別々に行います。接触によって魂が目覚め、神の力を受ける道がひらかれたことはオープンに際して、或いはその後のラティハンの実修を通して（それは三回、五回、十回、或いは、数か月、またはそれ以上かかるかもしれませんが）これまで経験したことのない或る未知な働きが、自分の内部ではじまったのを感ずることによって知ることができます。それはふつう、心や感情とはまったく独立して感じられる、自分の内部での生命波動、または内部からの運動として体験されます。

こうして、ひとたび接触が人間のなかで確立し、その働きを自分で感じとることができるようになると、その後のラティハンは、当人の意志や願望とは無関係に、自動的に進行していきます。修練を行うものは、自分の意志を超えてはじまったこの神の力の働きを、ラティハンの度ごとにただ受け、さからわずに従っていくだけです。

ラティハンの働きは、人間の力の助けを必要としません。人間的なはからいや欲望によって、ラティハンの内容を左右しようとすれば、ラティハンは自動的に停止するか、またはその働きをみだすだけです。ラティハンについて人間のなし得る最善の協力は、与えられる働きをそのまま受け、自分では何もしないようにすることだけです。

このことは、ラティハンが人間によって指導されるものではなく、従ってラティハンに人間の指導者は存在しえないことを明らかに示しています。人間の作った修練は、人間によって指導されますが、ラティハンの指導者は、ただ神のみであり、神の力以外の導きはないのです。

ラティハンは、原則として、週に二回、集団で行います。ラティハンの働きは、それだけですでに十分に強力です。早く進歩したいという欲望にかられて、勝手に修練の回数をふやそうとするべきではありません。ラティハンの働きが自分で納得できるまで集団のラティハンを行った後に、ヘルパーの同意を得て、自分ひとりでラティハンを行うこともでき、さらにもう一回修練の回数をふやすこともできますが、いずれの場合でも、可能なかぎり週二回の集団ラティハンに参加することは必要であり、かつ大切な事柄です。

ラティハンを定期的に行う以外には日常生活に対する規範は何もありません。普通に社会生活、家庭生活を営みながら、ラティハンを行っていけばよいわけです。

修練で何が得られるか

ラティハンは当然各人のなかに、結果をうみだします。しかしラティハンはそれが何であろうと何かを期待したり、自分の欲望を達成する手段として行う修練ではありません。その当の性質からいって、ラティハンは神を礼拝して、神が与えてくださるものをただ受けとりそれに従っていくのです。

ラティハンは、基本的には、神と各人との直接の関係を意味します。従って、或る人がラティハンで何を受けたにしてもそれはその人に与えられたものであり、他の人が受けたのではありません。人間は、ひとりひとり違っていますから、スブドで人々が体験することは、各々みな異なっており、ラティハンのなかでの神の導きも、各人の条件、内容、強さに応じています。それゆえ、或る人が、ラティハンで何を受け、何を体験するかは、前もって予測することができません。

スブドでは他人との比較は無意味です。各人は、それぞれ神の全知に導かれて、自分独自の道を歩きます。しかしどの場合でも、スブドのなかで歩む道は、単なる観念や自己満足ではなく、具体的な変化と体験との道程です。ですからラティハンで何が得られるかといえば、〈体験によって知るほかはない〉というのが最も正しい答です。しかし、これまでに得られた証拠にもとづいて、ごく大まかに述べれば、ラティハンで各人が受ける体験と変化の全体の意味は、すべての神の力による浄化であります。

その基本的な方向は、過去の生活のなかで、また両親や先祖からの遺伝によって、人間の内部に積み重ねられてきたさまざまな欠陥が、神の力によって少しずつ除去され、真の人間としての魂と肉体を獲得していく道程であり、また身体の全部分が清められて、神に導かれる内的自己からの指示に一致して働くように作りなおされることだと言うことができます。

一例をあげれば、人々がふつう当然と考えている人間の種々な性質と傾向、自尊心、支配欲、不安、猜疑、嫉妬、利己的な感情などは、実はすべて、ラティハンによる浄化を通して、次第に取り除かれていくべき心の病気に過ぎないのです。また人間の五体や、頭脳や感情などの内部機能も、これまでのように欲望に奉仕する道具であるばかりでなく、内的自己からの指示を受け、実行するための道具として、新しい生命を与えられなければならないのです。

ラティハンで与えられるこの神の力による浄化は、人間の内的外的な生活全体にかかわる非常に広範囲な過程であり、そのひとつひとつが本人にとって大きな恩恵になります。しかし、それが常に平坦な道程だろうとか、短い期間のうちに、済むだろうとか考えるべきではありません。幾世紀にもわたって、受けつがれ、積み重ねられてきた人間の不純と欠陥は、人間の骨肉の内部にまで、すでに浸み透っています。

従って浄化は、簡単な補修工事のようなものではなく、古い礎石をくずして新しい土台を築き、腐れかかった柱をひき抜いて新しい柱を建て、壁を塗るというような、人間全体の徹底した変革と新生を意味します。さらにその影響は、現世の生活にとどまらず、死後の生活にもおよび、一身だけでなく、子孫にまでおよぶ、息の長い仕事なのです。この浄化が、すべて、この世の普通の生活を妨げることなく進行し、浸透していきます。そのため浄化は、いかに強力であるにしても、かなりの時間がかかります。そして、与えられる浄化をとどこおりなく受けようとすれば、神への信頼と忍耐が要求されます。忍耐と、神の全知への信頼、そして神の偉大さに対する誠実と服従は、神から人間が受ける際のもっとも正しい態度であり、浄化をなめらかに受ける鍵でもあります。

スブドの構図の中にもたらされるもう一つの恩恵は、浄化にともなって、霊的世界の実体を確証し、識別するように導かれることです。思考や欲望の影響から清められた意識によって、人間の内部にある種々の魂の力（生命力）の存在と作用に気付き、それらを正しく区別できるようになることです。

人間の内部世界（霊的世界）を構成しているこれらの生命力の存在は人間の五感の背後にあり、思考の対象とはなりえない精妙な力であるために、一般に知られてもおらず、まれに言及されることがあっても誤解に覆われています。それらの種々の生命力は、実は、人間の中身であり、思考や感情にエネルギーと刺激を与える原動力として、人間の心の働きと行動の質を決定する要素なのです。

これらの生命力は、それぞれ神の定められた生命秩序のなかの異なった段階（物質、植物、動物、人間、さらにそれ以上の諸段階）の領域に属しています。けれどもそれらが人間のなかで無秩序に働いているために、人間は無意識のうちに、本来人間が支配すべき低次の力に逆に支配されて、自他を不幸にしているばかりか、人間完成への道を自ら閉ざしているのです。

ラティハンはこれらの種々の力を、正しく識別する可能性を与えます。それによって、人間のなかで作用し、人間の意識と感情に常に刺激と影響を与えているさまざまな力のなかから、自分の真の魂からくる力と、それ以下の従属的な力とを識別し、それぞれを本来の位置に秩序づけて、現世と死後の生活のために役立てる道がひらかれるのです。ラティハンは基本的に個人的な体験ではありますが、スシラ・ブディ・ダルマの特性を持つように神の力によって導かれる人々の集まりとして、スブドは所属社会及び広く人類の福祉のために人道的なさまざまな活動を行っていこうとしています。スブドの社会活動は社会福祉をはじめとして、教育、文化、青少年運動など広い分野にわたり、多くの国ですでにさまざまな試みが始まっています。

スブドは言葉や宣伝によってではなく事実と行為によって、最終的には「赤十字」のようにあらゆる差別と対立を越えて人道的な活動を行う団体として世界に受け入れられることをめざしています。

以上、スブドの意味と目的を簡単に説明しましたが、スブドはなによりも体験が第一です。その意味でここに述べたことも、具体的な内容は体験を通して知るほかはないということ、スブドにおいては、自ら体験した以外のことを、盲目的に信じたり受け入れたりするように要求されることはないことをつけ加えておきます。

同胞会の構成と運営

○会　員

オープンを受けてラティハンに従っているものを会員といい、スブド同胞会はこの会員で構成されます。同胞会の運営は、権威の上にではなく、会員の意見の一致を基礎として民主的に行われます。オープンを受けたものは、自分から退会を申し出ないかぎり、会員たる資格を失うことはありません。

会員は、規則的に集団ラティハンに参加することを要望されるけれど、このグループの集団ラティハンに出席することも自由です。またラティハンの実習上おこる問題については、自由にヘルパーに助言をもとめることができます。会員はスブド同胞会の秩序ある運営と発展のために、内的外的に自発的な協力を行う以外に、義務はありません。

○同胞会の財政

スブドの同胞会の活動の経費は、原則として会員からの寄金によってまかなわれます。会員には、同胞会組織の運営と維持に資金面で協力する義務がありますが、あくまで自発的な協力を建前とし、従って、寄金についての強制や差別は一切存在しませんし、入会金や定額の会費もありません。会員は、それぞれ、各自の事情に応じて自分の出しうる寄金の額を自ら決定し、自ら納付します。その具体的な方法は、支部によって多少の相違がありますが、各会場におかれた献金箱に自由に入れる他、所定の用紙に自分の予定寄金金額を記入してあらかじめ通知し、それに従って納付する方法がとられています。これらの寄金は所属グループのラティハン会場の維持費、ナショナルセンターの維持活動費（日本スブドハウスの維持費を含む）、スブドの国際組織への寄金などに使われます。

将来的には、スブド活動のために必要な資金とスブドが理想とする社会活動のための資金を、寄金だけでまかなうのではなく、スブド会員が協力して行う企業活動（エンタープライズ）を通して生み出したいと思っています。そしてこの目的のためにさまざまな有志の会員の努力が行われ、大規模な国際プロジェクトも発足しています。しかし、この目標はまだ実行されているとは言えず、当面は会員の自発的な寄金によって活動を行っています。

オープンを受けるには

「オープンとラティハン」のところでも説明しましたが、入会にあたっては原則として三か月の待機期間があります。入会希望者はその間に、センターや各支部で開かれる説明会に参加しヘルパーの説明を聞き、疑問があれば納得のいくまで質問することができます。待機期間の終わり頃に入会の意志を再確認しますが、ヘルパーが必要と感じた場合、待機期間を延長することがあります。

オープンはセンターもしくは最寄りの会場で行います。ヘルパーの簡単な説明に続き、「新たにラティハン・クジワアンを受ける人びとに」が読まれ、疑問があればそれに答えることになっていますが、できる限り三か月の待機期間中に、疑問を解決し、スブドの目的を十分に理解してオープンにのぞむよう期待されています。

次にオープナー（ヘルパー）の前に立ち、各自、

―全能の神への誓いの言葉―

「私は全能の神と神の力を信じ礼拝いたします」

を述べ、それからオープンを開始します。

もし神を信じているとはまだ言えないと感じられる場合には、神と神の力を信じられるようになりたいという誠実な願いを表明すればそれで十分です。

新たにラティハン・クジワアンを受ける人びとに

ムハマッド・スブー

あなたはこれからオープンされ、スブドの礼拝であるラティハン・クジワアンを始めますが、その前にスブドという言葉の意味を理解する必要があります。

スブドとはスシラ・ブディ・ダルマの略語です。

「スシラ」とは、全能の神の御意志に適った、人間の正しい生きかたという意味であり、「ブディ」

とは、人間の内部にある生命力のもつ特性をあらわし、「ダルマ」とは、全能の神に従い、信頼し、誠実な態度を持つという意味です。

これがスブドの意味です。私たちはラティハンを通して神を礼拝し、本当に神に仕え、神の命令に従う人間になりたいと願うのです。

スブドにおいては、あなたは自分の頭の働きを無理に静めようとする必要はなく、精神を統一させる必要もありません。ただ、完全に神を信じ、信頼し、誠実な態度で全能の神に自分を委ねるだけです。

神は、人類をも含めて宇宙に存在するあらゆるものの創造主です。ですから、神は一切が始まるまえにすでにおられ、一切が終わった後にもまた存在されることは明らかです。簡単に言えば、全能の神は、神の創られた万物についてすべてを知り、すべての権威を持っておられます。

神を礼拝するときには、自分の内部を感じるようにして、神を完全に信じ、信頼し、誠実な態度で従えばそれで十分です。

神を礼拝する際には、意志を働かせたり考えをめぐらせたりすることなく、神を信じ、信頼し、誠実にすべてを委ねて神に従うのが正しい態度であり、それを少しも疑う必要はありません。

なぜなら、そのような状態においては、私たちは欲望の圧迫から解放され、人間以下の力の影響を受けないからです、実際、もしあなたがなおも自分で意志や思考を働かせるならば、欲望やさまざまな低い力の影響を受けるでしょう。なぜなら、これらの意志や考えは実のところ通路であり、そこを通って欲望やあらゆる低い力が人間の内部の感覚に出入りするからです。

以上がスブドの意味と目的です。

なお、礼拝のラティハンを受けたときあなたは何かを経験するでしょうが、それは実は浄化の過程です。あなたの身体はこれまで、意志や思考の働きによっておこされた欲望や低い力で満たされていましたが、その身体のあらゆる部分が少しずつ浄められていくという意味です。そうしてこういうことすべてが、心や頭脳によって妨げられることなくひとりでに起こり、働いていくでしょう。

これがスブドのラティハン・クジワアンであなたが受けるものです。実際のところ、ラティハン・クジワアンは、教えではなく受けることです。そのため、スブドの礼拝であるラティハンを行うときはいつも、私たちの内部にある感覚は一切の欲望や願望から解放された状態におかれ、しかも私たちは、受けつつあることがらをはっきりと自覚しているのです。

ロサンゼルスにおいて　一九五八年五月十六日

おわりに

服部聖風兄を八事の火葬場でお送りして、淋しい気持ちでいるとき、谷口さん、砂川さん、伊藤さん、岩井御夫妻、富樫さん、私と家内で昼食を共にすることにしました。レストランに入って席についたとき、誰からともなく「先生もとうとう煙になってしまうなあ」と嘆きました。

このまま、先生の、人間としてのすばらしい生き方が、日を経る毎に私たちの記憶から薄らいでいくと思うと、大変貴重なものを失うような気がしました。スブドのみならず人生全般について、先生から受けた御指導は実に大きいものがあります。私自身、本文にも述べましたが、今、人生に充実感を持つことができることの幸運をしみじみと感じています。これは、服部先生との比類ないすばらしい遭遇があったためであると強く感じています。そこで、先生のありし日の思い出を記述して、先生をいつでも思い出すことができる縁とするとともに、先生に多大なお世話を頂いた感謝の碑として記念するため「服部聖風兄を偲ぶ」という本を出版してはどうでしょうかと提案してみました。皆さん一様に賛意を表してくださいました。東海スブド支部だけではなく、全国のスブドの会員の有志に呼びかけて投稿を依頼することにしました。

伊藤さんは服部先生との交流を、日記に克明に記録され、本稿にそれを開示してくださいました。私にはそのような記録はなく、先生の思い出を自分の脳裏に捜すしかなく、当初どれだけのものが書けるか不安でした。

スブドに関する解説はバパのトークがあれば充分であり、それ以外の説明は、スブドについての誤解を招くだけであるから避けるべきではないかとの意見があり、一時、執筆が滞りがちでした。服部先生のラティハン中の言葉が、「神」とか「クマラ」とか言われていますが、実のところ、どこに起源があるのか誰にもわかりません。しかしながら、先生のラティハン中に話される言葉が、先生御自身と、先生とラティハンを共にした多くのスブド会員の実生活の中での無数の事態において、各個人の内部感覚に適った方向に導き、神への信仰を深めるものであったと実感でき、スブドの目的と合致していると判断できました。そしてまた、私は、バパのトークとも矛盾するものでないと判断いたしました。もし、私のこの認識に間違っているところがあれば、いつでもそれを修正し、バパのトークの意味するところに従いたいと思っています。バパのトークを読んでストレートに理解できる人は少ないのではないかと思います。服部先生のラティハン中の言葉は、個人の生活状況に合った具体的なもので理解しやすく、バパのトークを補間するものであると実感いたしました。また、個人的で具体的でありながら、他の多くの人にも、有益な指導的示唆を含んだ普遍性をも持っているように思いました。このようにして、服部先生とともにしたスブドと実生活の記録を開示することは、スブドを志す後進の人々に理解を助け、勇気づけることができるのではないかと考えました。

以来、約四か月が経過し、多数の会員からの投稿を頂き、相当の内容を持った本にする見通しがたちました。ここに謝意を申し上げます。

私たちの企画を快く受け入れて下さった先生の奥さんと御家族に感謝いたします。

この本の中で、服部先生についての誤解が生ずるような事態は極力避けたいと念願しておりますが、もしそのようなことが不幸にして生じた時は、編者が至らぬためであり、そのすべての責を負う覚悟でおります。

平成八年十一月九日

前嶋　仁

【略歴】

服部　知巳　先生（法号：聖　風）

昭和15年　名古屋帝国大学医学部卒業
　　　　　久野教授生理学教室に助手として入局
昭和16年　召集
昭和21年　復員
昭和21年　名古屋大学眼科教室入局
昭和25年　沼津駿東病院に勤務
昭和26年　医学博士の学位取得
昭和32年　名古屋市東区清水口にて眼科医院開業

【編者略歴】

前嶋　満弘（スブド名：仁）

昭和21年　浜松市の郊外に生まれる
昭和40年　スブドのオープンを受ける
昭和44年　名古屋大学物理学科卒業
　　　　　特許庁入庁、審査官補、審査官として
　　　　　半導体装置の審査に従事
昭和51年　特許庁を退職
昭和57年　東京医科歯科大学医学部卒業
　　　　　同大学附属病院第二内科入局
昭和62年　長野厚生連北信総合病院内科、
　　　　　循環器医師として勤務
平成2年　同病院を退職
　　　　　浜松市三方原町に内科医院を開業
平成3年　医学博士の学位を授与される

現在、日本内科学会内科専門医
　　　日本循環器学会循環器専門医
　　　静岡県立浜松盲学校学校医

神の指示によって生きる
―服部知巳先生のスブド人生と遺された偉業を偲ぶ

2023年7月31日発行

著 者 前 嶋 仁

発行者 向田翔一

発行所 株式会社22世紀アート
〒103-0007
東京都中央区日本橋浜町3-23-1-5F
電話 03-5941-9774
Email: info@22art.net ホームページ：www.22art.net

発売元 株式会社日興企画
〒104-0032
東京都中央区八丁堀4-11-10 第2SSビル 6F
電話 03-6262-8127
Email: support@nikko-kikaku.com
ホームページ：https://nikko-kikaku.com/

印刷
製本 株式会社PUBFUN

ISBN：978-4-88877-232-7